Riedes

Hanns Lilje

Memorabilia

Schwerpunkte eines Lebens

Laetare

Laetare Verlag Stein/Nürnberg

ISBN 3 7839 0051 4 (Ln)
ISBN 3 7839 0052 2 (kt)
Lektorat Brigitte Pflug
Umschlag Monika Plenk
Gesamtherstellung Universitätsdruckerei
H. Stürtz AG, Würzburg

Inhalt

Erster Teil

Zweiter Teil

Dritter Teil

Vierter Teil

Erster Teil

Die Schwierigkeit, von sich selber zu reden

Manche werden vielleicht die Darstellung auf den folgenden Blättern als zu leicht geschürzt empfinden oder gar Anstoß nehmen an einem unverkennbaren mild-ironischen Unterton. In der Zeit meines Umgangs mit der studentischen Generation habe ich gelernt, mit welcher Intensität der junge Akademiker alles Pathos ablehnte. Die allergische Empfindlichkeit gegenüber pathetischen Aussagen an der falschen Stelle war sehr ausgeprägt und entsprach im übrigen völlig meinem niedersächsischen Naturell. Solange die Ironie nicht eine ätzende Schärfe enthält und nicht dem andern in seinem Persönlichkeitswert unrecht tut, kann sie ein sehr wertvolles Element der Reinerhaltung der geistigen Aussage darstellen. Gerade in Glaubensaussagen ist jede Form von Pathos der Unglaubwürdigkeit verwandt. Die volltönende Aussage soll da stehen, wohin sie gehört, aber nicht zu einem durchgängig erbaulichen Stil führen. Diese Haltung entspricht dem englischen understatement; es war als hohes Lob gemeint, wenn die britischen Studenten sagten: not bad, und das niedersächsische Denken und seine Ausdrucksformen sind dieser Haltung nahe verwandt. Das ist jedenfalls meine stilistische Grundüberzeugung auch in den folgenden Blättern.

Damit ist aber auf der andern Seite die Möglichkeit gegeben, an den wenigen entscheidenden Stellen mit großem geistlichem Nachdruck zu reden. Der aufmerksame Leser wird spüren, daß eine solche Darstellung, die einen Rückblick auf eine beträchtliche Strecke des eigenen Lebensweges enthält, alles andere als ein leichtes Werk ist. Wenn man ein gewisses Maß von Ehrlichkeit der Selbsteinschätzung voraussetzen darf, dann ist ganz klar, daß gerade diejenigen Stellen, die sich auf etwas wie erreichte Leistungen beziehen, mit doppelter Wachsamkeit geschrieben und gelesen werden müssen. Mir ist beim Nachdenken über das, was ich in diesen Blättern auf-

zeichnen wollte, immer die Leitfigur aus Camus' »Der Fall« ins Gedächtnis gekommen. Der Mann, der dort in dem bernsteinfarbenen Nebel eines Herbsttages in Amsterdam sitzt und über seinen Lebensweg monologisiert, erwähnt immer wieder ausdrücklich oder in Umschreibungen den »unbestechlichen Richter«. Camus sagt zwar immer nur »Le juge«, aber gemeint ist eben jener unbestechliche Richter, vor dessen Augen keinerlei überhöhte oder gefälschte Selbstdarstellung Bestand hat. Dieses Bild ist mir gegenwärtig gewesen, weil ja eine solche Darstellung des eigenen Lebensweges ganz von selbst dazu zwingt, in äußerster Wahrhaftigkeit zu reden. Die deutsche Übersetzung von »Le juge« – »Der unbestechliche Richter« ist, obwohl das Adjektiv beigefügt ist, völlig treffend; und wer eine solche Arbeit ernsthaft unternimmt, muß von der ersten bis zur letzten Zeile von dem entschlossenen Wunsch geleitet sein, nichts zu sagen, was man nicht wirklich in letzter Verantwortlichkeit ausdrücken kann. Der Terminus bei Camus hat eschatologischen Klang, das heißt, er drängt die Darstellung an den Rand der menschlichen Existenz. Eine andere Dimension leuchtet schon in die Darstellung hinein. Darin liegt fast eine christliche Reminiszenz, und ich bekenne mich zu der Überzeugung, daß ohne diese Grundhaltung eine solche Darstellung, wie ich sie im folgenden zu bieten versuche, schlechthin unverantwortlich wäre.
Mir ist diese Haltung deutlich geworden, als ich mich zum ersten Mal literarisch über die Zeit meiner Gestapohaft geäußert habe. Es war ein törichter Einwand, der mir gelegentlich begegnete, daß in einer solchen Darstellung zuviel vom eigenen Ich die Rede sei. Ich halte diesen Einwand deswegen für töricht, weil ich gar nicht wüßte, wie man eine solche, das eigene Leben betreffende Schilderung geben sollte, ohne von sich selber zu reden. Die einzige sinnvolle Forderung kann nur die sein, daß man mit äußerster Ehrlichkeit, soweit ein Mensch dazu in der Beurteilung seiner selbst fähig ist, darstellt, was darzustellen ist. Ich habe infolgedessen auch die Reflexion in den folgenden Blättern, soweit wie möglich, zurückgedrängt und mich auf die Erzählung beschränkt: so habe ich das, was

ich darstelle, gesehen, und so schildere ich es, ohne jeden Anspruch auf absolute Geltung.

Biographisches Präludium

Die Story dieses Buches beginnt in einem Augenblick, der für den Historiker der größeren Gesamtgeschichte Deutschlands klar erkennbar ist; sie setzt bei dem deutschen Zusammenbruch des Jahres 1945 ein. Die Versuche zu einem Neuanfang begannen an allen Enden. So auch die neue Phase meiner Lebensarbeit.

Krieg und Gestapogefangenschaft waren zu Ende. Ich hatte den Weg zurück in den heimatlichen Kirchendienst angetreten; durch Landesbischof Marahrens wurde ich zum Oberlandeskirchenrat im hannoverschen Landeskirchenamt berufen. Dies war ein Wendepunkt in meiner Biographie, der einen Augenblick der Rückschau rechtfertigt.

Hinter mir lagen schöne und im ganzen unvergeßliche Jahre der Arbeit, vor allem im Dienst der Christlichen Studentenbewegung. Ich war Generalsekretär der Deutschen Christlichen Studentenvereinigung; einige Jahre später wurde ich zum Vizepräsidenten des Christlichen Studentenweltbundes gewählt. Damals habe ich auf den Reisen durch die deutschen Universitäten die geistige Situation Deutschlands gleichsam aus erster Hand kennengelernt; der Umgang mit den Studenten, unter denen zahlreiche hochbegabte waren, erschloß auch die Hintergründe der geistigen Situation. Gleichzeitig ergaben sich die ersten Berührungen mit den wichtigen zeitgenössischen Denkern; die erste Begegnung mit Paul Tillich oder Eugen Rosenstock-Huessy fällt in diese Zeit, von den bekannteren Deutschen wie Gogarten und Hirsch, selbstverständlich auch Karl Barth abgesehen. Die ersten Reisen in die ökumenische Weite waren für mich in jenen jungen Jahren schlechthin faszinierend. Ich war noch nicht dreißig Jahre alt, als ich den Fernen Osten, vor allem Indien kennenlernen konnte, und die Berührungen mit der amerikanischen Christlichen Studentenbewegung und vor allem der britischen waren eine unschätzbare Bereicherung meines Gesichtskreises, die ich förmlich beglückt zur Kenntnis nahm. Die großen studentischen Konferenzen der britischen und niederländischen, aber auch die Kontakte mit den differenzierten Mitgliedern der französischen Bewegung, die zumeist substantielles christliches Engagement mit der bekannten clarté cartésienne verbanden, haben mich im ökumenischen Umgang kritisches Denken gelehrt.

Seit mein Bewußtsein voll erwacht war, seit also die Frühstadien kindlicher Phantasie, in denen man Schiffsoffizier, Leichenkutscher, Generalfeldmarschall, Flugzeugführer oder ähnliches werden wollte, überwunden waren, hat bei mir der Wunsch dominiert, Pastor zu werden. Daran habe ich im Grunde ein Leben lang, von wenigen Schwankungen abgesehen, festgehalten. Der Psychologe mag daraus, wenn er will, auf eine konstitutiv konservative Seelenhaltung schließen; mir ist wichtiger, daß ich diesen eigentlichen Antrieb so lange festgehalten habe. Es war nicht eigentlich ein lebenslänglicher Wunsch, sondern das Empfinden, dazu gerufen zu sein, und zwar im Sinne eines Lebensauftrages, den willkürlich preiszugeben ich nicht das Recht hatte. Dies Bewußtsein hat mich auch durch die schwierigsten Situationen der Gestapoverhöre begleitet; ich bin daran nicht irre geworden. Noch als ich Bischof geworden war, bin ich diesem Wunsch treu geblieben. Ich wollte Pastor sein, Verkündiger und Seelsorger, nicht kirchlicher Verwaltungsbeamter und schon gar nicht Hierarch. Die seelische Spannweite der einzelnen Menschen ist verschieden. Mancher kann sehr verschiedene Aspekte menschlicher Tätigkeit verbinden und praktizieren, ohne in dilettantische Vielgeschäftigkeit zu versinken; andere sind von einer gesegneten Sturheit und Einlinigkeit. Was davon auf mich zutraf, möge der Leser entscheiden, falls diese Frage ihm interessant genug ist. Ich möchte bei der Unbefangenheit der Darstellung bleiben und erzählen, wie es war. Dann aber wird deutlich, wie mancherlei verschiedene Ansätze zu Nei-

gung und Begabung in meiner Lebensarbeit sich verbunden haben und mir dieses Amt, das ich nie bewußt begehrt habe, auszurichten ermöglicht haben. Die pastorale Neigung stand am Anfang; was mir sonst auf den Lebensweg mitgegeben war, hat sich diesem Lebensauftrag eingefügt. Selbst die Tatsache, daß ich der einzige Bischof meiner Epoche war, der über eine eigene Wochenzeitung verfügte, ist nur eine Illustration dafür, wie auch scheinbar auseinanderstrebende Neigungen sich doch zu einer einheitlichen Lebensleistung verbinden können.
Ehe die eigentliche Story beginnt, seien wenige knappe Bemerkungen über die drei vorhergehenden Entwicklungsstufen gegeben.

Meine Lebensgeschichte beginnt in jenem inzwischen längst zerstörten Haus, das Pfarr- und Gemeindehaus der Apostelkirche in Hannover war, in der mein Vater als Diakon wirkte. Grund und Boden waren von dem bekannten Schokoladenfabrikanten Sprengel der Gemeinde gestiftet – vermutlich in der Erwartung, daß ein Pfarrhaus das soziologische Niveau der dort entstehenden Vorstadt günstig beeinflussen würde. Ganz hat sich diese Erwartung nicht erfüllt. Um uns her wohnten in jenen Großstadtstraßen einfache Leute. Sie bildeten einen angenehmen Bevölkerungsanteil, unkomplizierte und freundliche Menschen; ich habe die Fühlung mit ihnen nie verloren. Der enge Kontakt mit ihnen hat mich dazu erzogen, jede geschwollene Ausdrucksweise zu vermeiden und so einfach und direkt wie möglich zu sagen, was zu sagen war. Der Umgang mit diesem Menschentyp, der sich dann auch in den kirchlichen Veranstaltungen vorfand, in den Gemeindevereinen, vor allem im Kirchenchor, hat mich ohne Mühe und Krampf volkstümliche Umgangsformen gelehrt. Die Pastoren standen im allgemeinen noch in unbestrittenem Ansehen, zumal sie in der Mehrzahl eindrucksvolle Gestalten waren. Der Pfarrer, der mich getauft hat, war in seiner äußeren Erscheinung schon so etwas wie der Prophet Elia – nicht nur wegen seines imposanten Bartes. Er war ein eindrucksvoller Beter, wie er in Jakobus 5,17 geschildert wird, und hatte eine unbezweifelbare geistliche Autorität.

Der Schritt in die große Welt geschah, als ich auf die Höhere Schule kam. Es lohnt, einen kleinen Vorgang zu schildern, der, ohne mißverstanden zu werden, als ein Eingreifen der göttlichen Weltlenkung in einen so bescheidenen Lebenslauf wie den meinen gelten kann. Ich wäre nie auf die Höhere Schule gekommen, wenn die Entwicklung ihren normalen Verlauf genommen hätte. In unserer Gegend war das höchste der Gefühle die sogenannte Realschule, ein Schultyp, der nur bis zur mittleren Reife führte und sich mit der Erlernung von zwei Fremdsprachen begnügte. Der Andrang zu diesem Schultyp war begreiflicherweise groß, nicht nur aus finanziellen Gründen, sondern weil dieses Erziehungsideal dem der Leute unserer Gegend entsprach. So wurde auch mein um ein Jahr älterer Bruder dort zur Aufnahmeprüfung angemeldet. Man muß ohne Zynismus sagen, mit Gottes Hilfe fiel er durch. Was aber zuerst im Familienkreise als großes Unglück erschien, wandelte sich in eine sehr positive Situation. In der nicht weit entfernten Leibnizschule, einem hervorragend geleiteten Reformgymnasium, fanden die Aufnahmeprüfungen etwa vierzehn Tage später statt. Auf einen guten Rat hin meldete mein Vater meinen älteren Bruder dort zur Aufnahmeprüfung an; er bestand sie, und von da ab war unser Weg in diesen Schultyp gesichert; denn ich folgte ihm. Es war eine ausgezeichnete Schule; man muß hier den lutherischen Katechismus zitieren: »Ohn all mein Verdienst und Würdigkeit« bin ich auf eine sehr moderne, ungewöhnlich leistungsfähige Schule geraten, der ich – im Unterschied zu den handelsüblichen Schulerinnerungen – bis heute dankbar bin für das, was sie mir mitgegeben hat. Der Lehrplan war für den Durchschnittsschüler einfach zu hoch, er war ambitiös und auf das Experiment eingestellt. Man begann mit Französisch; das ist der Grund, weswegen ich schon auf der Schule diese schöne Sprache fast konversationsreif gelernt habe. Es folgten Latein mit neun Wochenstunden und nach wiederum drei Jahren

Griechisch, das sprachgeschichtlich gelehrt wurde vom Homerischen bis zum Attischen und zur Koine*. Dieser Unterricht war ungewöhnlich gut, so gut, daß ich später, als ich in der Gestapohaft in meiner Zelle monatelang allein war, griechische Lyrik mir auswendig vorsagen und mich daran erquicken konnte. Auch der hebräische Unterricht war unter der Leitung von ausgezeichneten gelehrten Männern, darunter dem bekannten und verdienten Pädagogen Schuster, sehr gut.

Das Abitur fand natürlich in jenen Kriegsjahren – es war 1917 – als sogenanntes »Notabitur« statt mit einigen naheliegenden Erleichterungen; wir sollten ja, wie man so schön sagt, zu den Fahnen eilen. Mit noch nicht achtzehn Jahren wurde ich also mit manchen meiner Altersgenossen Soldat. Die Faszination vaterländischer Gesinnung wirkte damals noch so kräftig fort, daß man mit der zu erwartenden Begeisterung Soldat wurde, obgleich wir, wenn wir ein gewisses Maß normaler kritischer Denkweise besessen hätten, uns hätten sagen müssen, daß der Krieg, der nun mit achtzehnjährigen Soldaten gewonnen werden sollte, schon verloren war. Die Kriegszeit war entsprechend schwierig. Nach kurzer Ausbildung in der Festung Neubreisach im Elsaß kamen wir an die Westfront, zuerst im elsässischen Raum und dann in rascher Folge im Priesterwald, in der Champagne und an der Somme. Es waren die Schlachtfelder des immer härter werdenden Stellungskrieges. Wir waren mitten in die Materialschlacht des letzten vollen Kriegsjahres geworfen worden. Die äußeren Bedingungen der Kriegsführung waren hart genug, Trommelfeuer, Versorgungsknappheit, äußerst dürftige Grabenunterkünfte – das waren die Merkmale dieser Kriegsführung.

Den Zusammenbruch der Front habe ich intensiv miterlebt. Beim Verladen von Kisten, die wir aus den zu räumenden Stellungen mitnehmen wollten, kam mein linker Fuß schwer zu Schaden, und nur unter äußersten Schwierigkeiten habe ich den Rückzug mit unserer Truppe bewerkstelligen kön-

* *Umgangssprache der hellenistischen Welt*

nen, bis ich nach tagelanger Irrfahrt im Feldlazarett in Eupen landete. Beim völligen Zusammenbruch gelang es mir, in abenteuerlicher Fahrt in einem der überfüllten Züge, in denen die wankende Front nach der Heimat zu drängte, unterzukommen, und als der Zug kurz vor dem Hauptbahnhof Hannover aus unerklärten Gründen halten mußte, stieg ich auf offener Strecke aus und ging zu Fuß von dort in mein Elternhaus, wo die daheimgebliebene Familie mit Ausnahme der Mutter schwer grippekrank im Bett lag. Das war mein November 1918.

Auf dem Hintergrunde düsterer politischer Vorkommnisse vollzog sich das Studentenleben in Göttingen. Zur Glorifizierung des Krieges hatte ich keinen Anlaß, und der Rückweg in das bürgerliche zivile Leben war nicht weniger verdunkelt. Es war der Augenblick, da der Versailler Vertrag unterzeichnet wurde. Die niederdrückenden Verhandlungen über Reparationszahlungen erfüllten in wechselnden Konferenzsituationen die politische Luft. Es ist mir immer noch eine Erinnerung von negativer Eindringlichkeit, daß die meisten Studenten der Georgia Augusta solche wesentlichen Vorgänge wie die Unterzeichnung des Versailler Vertrages nur in einer seltsamen Distanz miterlebten.

Aber die Georgia Augusta war nun der Schauplatz friedlicher Tätigkeit für heimgekehrte Krieger. An den bürgerkriegsähnlichen Vorgängen im Zusammenhang mit dem Kapp-Putsch haben wir eigentlich alle teilgenommen. Die einen trugen die Knarre mit den Bataillonen der »Zeitfreiwilligen«, die in Thüringen Krieg führten, und die anderen in den rasch gebildeten »Bürgerwehren«. Abenteuerlich genug sahen wir aus, wenn wir unsere alten Uniformen auftrugen.

Die Professoren waren in der Regel behutsam und entgegenkommend. Die Disziplin akademischen Denkens und Lebens erwies sich als immer kräftiger, und, man kann sagen, was man will, wir haben studiert. Wenn ich im Unterschiede zu den Gepflogenheiten mancher Memoirenschreiber Schwänke der Schulzeit und Berichte über unsere Aufsässigkeit gegenüber den Lehrern ausgelassen habe, soll das gleiche auch von einer Schilderung der akademischen Lehrer der Universität gelten. Es waren einflußreiche, dominierende, bedeutende Gelehrte unter ihnen, und wenngleich wir in turbulenten Versammlungen genug Aufsässigkeit gegenüber den Autoritäten, nicht zuletzt gegenüber dem damaligen Kultusminister Haenisch, an den Tag gelegt haben, so war doch im Gesamtergebnis die Universitätszeit sehr ergiebig. Auf dem Hintergrunde normaler Curricula vollzogen sich die damaligen umwälzenden Vorgänge der Theologie, vor allem der Ausbruch der wichtigsten theologischen Revolution: das Aufkommen Karl Barths. Als er im Sommer 1922, noch als Schweizer Pfarrer von Safenwil, zu einer Probepredigt nach Göttingen gekommen war, mit der die reformierte Kirche den für eine Honorarprofessur vorgesehenen Mann vorstellen wollte, und als er nach dem Gottesdienst noch auf der Straße stand, legte Siebo Buß, ein hochgewachsener, hochblonder Ostfriese, der später im 2. Weltkrieg fiel, ihm die Hand auf die Schulter und sagte: »Herr Pfarrer, Sie müssen aber noch zu uns Studenten kommen, damit wir Sie kennenlernen«, und Karl Barth tat das. Obwohl die Kraft seiner Polemik von Anfang an in seiner öffentlichen Wirksamkeit beträchtlich war, bewies er doch im Umgang mit Studenten viel Geduld. Auf meiner Studentenbude, die sich als geräumig genug erwies, fand dieses seltsame »Glaubensexamen« statt, dem der große, damals noch nicht große Theologe sich mit vorbehaltloser Freundlichkeit unterwarf. An der Tür meines Kleiderschrankes demonstrierte er die Vertikale und die Horizontale, die das Diagramm seiner Theologie darstellten, und wir haben, so gut wir es konnten, diese Ausführungen in uns aufgenommen. Das Gespräch bewirkte jedenfalls, daß wir der Entwicklung dieses großen Mannes immer aufmerksamer gefolgt sind und den Zugang zu diesem völlig neuen Typus theologischen Denkens gefunden haben. Der einzige Theologe, den Barth als Gegner gelten ließ, war Emanuel Hirsch. Die Spannung zwischen beiden großen Theologen erwies sich als ungewöhnlich fruchtbar und hat uns alle in nicht geringem Umfange beeinflußt. In jene Zeit fielen auch die ersten Versuche einer studentischen

Selbstverwaltung und die Wahlen zum ersten Asta. Die Anteilnahme der Studenten war unterschiedlich. Die Rufer im Streit waren vielfach Studenten, die für so etwas Zeit hatten. Der erste Vorsitzende des ersten Asta in Göttingen war ein hochbetagter Jurist, der endlos lange studiert und es verstanden hatte, sich den Notwendigkeiten eines Examensabschlusses vorerst zu entziehen. Mein Mißtrauen gegenüber solchen Typen war groß, und mit vielen anderen habe ich mich der unmittelbaren Mitarbeit nach einer gewissen Zeit entzogen. Später haben, das ist nicht zu leugnen, diese Versuche Form gewonnen, und die studentische Selbstverwaltung ist mehr und mehr ein beachtlicher Faktor des Universitätslebens geworden. Die späteren revolutionären Exzesse waren damals noch nicht üblich.
Ein einschneidender Vorgang war aber die Tatsache, daß ich in die Leitung der Christlichen Studentenbewegung berufen wurde. Im April 1927 begann ich meine Tätigkeit in Berlin als Generalsekretär der Deutschen Christlichen Studentenvereinigung (DCSV). Zustimmung zu diesem Schritt fand ich eigentlich nur im allerengsten Kreise, während die Mehrzahl meiner Ratgeber mir dringend davon abriet, die Möglichkeiten einer heimatkirchlichen Laufbahn preiszugeben und in die etwas ungewisse Situation dieses Unternehmens einzutreten. Es war in der Tat ein riskanter Schritt. Nach den damaligen strengen Regeln mußte ich aus dem Dienst der heimatlichen Landeskirche – ich war zuletzt Studentenpfarrer gewesen – völlig ausscheiden, und die Frage irgendeiner Sicherung gegen Unfall oder Alter war monatelang unklar. In der Unbekümmertheit der Jugend habe ich das alles auf mich genommen und kaum als ein Opfer angesehen. Daß ich damit von der heute geltenden Mentalität mich schlechthin unterschied, sei nur am Rande vermerkt. Aber daß ich mit diesem Schritt aus der gesicherten heimatlichen Umgebung und Tradition in eine unbekannte, weite und faszinierende Welt eintrat, konnte ich damals nur ahnen. Eine meiner ersten Amtshandlungen war die Teilnahme an einer großen Veranstaltung im Saal des Berliner CVJM-Wilhelmstraße, bei der

1 *In Breisach 1917*

2 *Vor dem Volksgerichtshof 1945*

der international bekannte Missionsmann Dr. John R. Mott sprach. Er fand Wohlgefallen an mir und lud mich stehenden Fußes zu einem Besuch der amerikanischen Studentenbewegung ein. Den heimatlichen Auguren ging das zu schnell; und obwohl ich schon bei Red Star einen Schiffsplatz gebucht hatte, wurde ich veranlaßt, diese Reise wieder abzusagen und zunächst brav zu Hause zu bleiben, was vermutlich auch richtig war.

Aber der Weg in die Ökumene war unaufhaltsam. Visser't Hooft hat in seinen Lebenserinnerungen seine eigene Mitarbeit im Christlichen Studentenweltbund unter die Überschrift gesetzt: »Pflanzstätte und Versuchsfeld der Ökumene«. Dies war für ihn der Christliche Studentenweltbund. Wegen der Bedeutung der deutschen Bewegung, die sich freilich mit der amerikanischen und britischen nicht messen konnte, aber doch einen großen Einfluß verdiente, wurde ich bald in das Exekutiv-Komitee dieser Bewegung und später zum Vizepräsidenten gewählt. Das war zurückzuführen auf die erste größere Tagung, an der ich teilnahm, nämlich die Tagung des Zentralkomitees in Mysore/Indien. Derartige Auslandsreisen waren in jener Zeit – man schrieb das Jahr 1928 – noch sehr ungewohnt. Die Finanzierung war nicht so leicht zu bewerkstelligen wie heute. Wir kamen auf folgende gloriose und charakteristische Idee: Wenn jedes Mitglied der Altfreundeschaft (was bei anderen studentischen Verbänden die Altherrenschaft war) nur eine Mark zeichnen würde, würde die Schiffskarte nach Indien – denn an eine Flugreise war begreiflicherweise noch nicht zu denken – möglich sein. Ein solcher simpler Aufruf hatte vollen Erfolg, und ich konnte die Reise antreten.

Damals habe ich für einige Monate unter der britischen Flagge gelebt. Das Schiff gehörte einer schottischen Reederei, und da zu jener Zeit das britische Empire noch voll bestand, berührten wir auch bei den Zwischenlandungen nur englische Häfen.

In Indien zeigte sich das britische Empire noch in vollem Glanz. Die Engländer herrschten, die Lebensformen waren durch die englische Aristokratie geprägt, die hier einige ihrer tüchtigsten Leute durch den Kolonialdienst geschult hatte, die aber auch von den Problemen internationaler, christlicher Erziehung hier immer aus erster Hand gelebt und gelernt hatte. Als wir Gäste des Maharadscha von Mysore waren, der uns ein schönes, geräumiges Zeltlager zur Verfügung gestellt hatte, stießen wir auf den »Resident«, einen pensionierten britischen Offizier, der in tadellosem Zivil den Berater des Maharadscha abgab. Ich habe damals vergeblich darüber nachgedacht, wie sich in diesem Herren die Funktionen des gesellschaftlichen Beraters mit der Möglichkeit einer politischen Beaufsichtigung verbanden. Übrigens war einer von den wichtigen Männern des Hofstaates ein Deutscher, nämlich der Leiter der Kapelle – um das Maß meiner Überraschung vollzumachen, stellte sich heraus, daß er Schmidt hieß und ein unverfälschtes Sächsisch sprach.

Immerhin waren die Teilnehmer jener Tagung in Indien über die Anteilnahme der Deutschen erfreut und wählten mich in das Exekutivkomitee. Diese unvermutete Ehre war für mich der Beginn einer langen Kette ökumenischer Aktivitäten. Die Beziehungen der deutschen Bewegung zur Gesamtarbeit des Christlichen Studentenweltbundes führten zu manchen weiteren Berührungen. Ein besonderer Höhepunkt war die Tatsache, daß wir, die Deutschen, als Gastgeber für eine der regelmäßig stattfindenden Tagungen des Exekutivkomitees dienen konnten. Unsere finanziellen Verhältnisse hätten es uns nie erlaubt, in jener Zeit schon eine solche Konferenz bei uns gastweise zu beherbergen, zumal wir gar nicht daran dachten, öffentliche Mittel in Anspruch zu nehmen. Da half uns die Generosität des Fürsten von Schönburg-Waldenburg, dessen geräumiges Schloß im sächsischen Waldenburg von ihm bereitwillig zur Verfügung gestellt wurde; wir waren damit der Sorge enthoben, wie wir eine so wichtige und komplizierte Tagung angemessen beherbergen sollten.

Als ich im Jahre 1945 im gastlichen Henriettenstift zu Hannover eine vorübergehende Bleibe gefunden hatte, trat eines Tages dieser Fürst in mein Zimmer. Von all seinen Besitzungen, den Schlössern und Waldungen, hatte er nur behalten, was er in einem Rucksack mit sich trug. Er hat seinen weiteren Weg, der ihn schließlich als Professor an ein amerikanisches College führte, mit einer großartigen Noblesse klaglos zurückgelegt und sich als ein wahrer Aristokrat des Herzens und der Seele erwiesen.

Langsam schob sich nun vor diese schöne innerdeutsche und außerdeutsche Tätigkeit die Aufgabe des Kirchenkampfes. 1933 machten wir den Versuch, angesichts der nationalsozialistischen Bedrohung eine eigene Organisation des kirchlichen Widerstandes aufzubauen. Es entstand die Jungreformatorische Bewegung, die Vorläuferin der Bekennenden Kirche. Der dazu auffordernde Appell war von Niemöller, Künneth und mir unterzeichnet. Den sichtbaren Ausdruck fand diese Arbeitsgemeinschaft in der Gründung der Zeitschrift »Junge Kirche«, für die ich als Herausgeber fungierte und die unter der Schriftleiterschaft von Fritz Söhlmann bald eine Auflage von über 33 000 erreichte, in jenen Zeitläuften eine hohe Auflagenziffer. Andere Aufgaben im Zusammenhang des Kirchenkampfes kamen hinzu; wir waren alle durch eine lebhafte Reise- und Vortragstätigkeit in Anspruch genommen, und gerade in den immer schwieriger werdenden Auseinandersetzungen spielte dieser persönliche Kontakt mit den Bekennenden Gemeinden eine beträchtliche Rolle. Daß man dabei häufige Bekanntschaften mit der Gestapo machte, war fast selbstverständlich und ist jedenfalls von keinem von uns als ungewöhnlich empfunden worden; die meisten von uns haben dies ohne Dramatisierung hingenommen. Bekanntlich hat der Apostel Paulus nie Gelegenheit zu ausführlichen biographischen Äußerungen genommen; was wir dennoch von ihm an eindrucksvollen Notizen haben, ist immer aus einer polemischen Auseinandersetzung erwachsen und diente der Rechtfertigung gegenüber den unverständlichen Attacken von Glaubensbrüdern. Ähnliches galt auch für uns; die meisten von uns haben die Zusammenstöße mit der Gestapo und anderen Parteistellen nie als Anlaß zum Selbstruhm benutzt. Es wäre uns als im tieferen Sinne unsachlich erschienen.

Der Zweite Weltkrieg ging, was das Militärische anlangt, an mir vorüber – wie sich herausstellte, buchstäblich aus Versehen. Als ich im Jahre 1940 von dem Wehrbezirkskommando aufgefordert wurde, mich zu melden, mußte ich feststellen, daß ich die plakatierte Aufforderung zu einer solchen Meldung ohne jede Absicht unbeachtet gelassen hatte; dem Feldwebel jener Dienststelle, die sich dann für mich interessierte, war es noch nicht vorgekommen, daß jemand mit ehrlichem Antlitz versichern konnte, er habe das übersehen. In der Tat hatte ich nicht die leiseste Absicht, mich um irgend etwas zu drücken; mir wurde Glauben geschenkt, und irgendwelche Weiterungen aus diesem Versehen sind mir nicht erwachsen. Dafür habe ich den Bombenkrieg in Berlin mitgemacht bis einschließlich meiner Verhaftung durch die Gestapo.

Hier ist der Augenblick, in besonderer Weise meiner Frau zu gedenken. Wir waren bei Ausbruch des Zweiten Weltkrieges dreizehn Jahre miteinander verheiratet. Mit unseren drei Kindern hatten wir ein uneingeschränkt glückliches Familienleben führen können. Ich habe, obwohl ich meiner niedersächsischen Wesensart nach über solche persönlichen Empfindungen nur sehr ungern zu anderen sprach, meine Frau heiß geliebt. Hier muß ich einiges vorwegnehmen und berichten, wie wir nach der Vollversammlung von Neu-Delhi 1961 noch Agra besucht haben, jene indische Stadt mit dem herrlichen Bauwerk des Tadj Mahal. Obwohl wir mit Reserven diesem Kunstwerk gegenübergetreten waren, muß ich doch bekennen, daß die Wirklichkeit alles übertraf, was wir uns gedacht hatten. Ein Bauwerk von vollendeter Harmonie! Nicht weniger wirkte auf uns die in der Nähe gelegene Stadt Fatehpur Sikri, die nicht eigentlich eine Ruinenstadt war, sondern von den Bewohnern verlassen worden war, nachdem sich herausgestellt hatte, daß oben auf der Bergeskuppe, wo diese Stadt lag, plötzlich das Wasser wegblieb. Aber die herrlichen Bauten standen noch da, und wir haben einen tiefen Eindruck von der Schönheit und Kraft indischer Architektur bekommen und empfunden, wie schlechthin ungerecht unser europäischer Hochmut gegenüber solchen indischen Lebensformen gewesen war. – Als meine Frau und ich diese Stätten besucht hatten, trennten wir uns auf dem kleinen Flughafen von Agra; sie flog voraus nach Jerusalem, wo wir uns wiedertreffen wollten, während ich noch in den Osten reiste, um das Arbeitsfeld des Lutherischen Weltbundes in Hongkong zu besuchen. Dieser Augenblick des Abschiedes ist mir bis auf diesen Tag in Erinnerung. Ich dachte an Werfels Verse:

»Alle Welt heißt letztes Mal,
Abschied heißet jedes Tal.«

Die bange, wenn auch nicht ausgesprochene Frage, ob, wann und wie wir uns wiedersehen würden, beschäftigte mich. Und ich habe etwas davon gespürt, daß jeder Abschied ein vorweggenommenes Sterben ist. In solchen Augenblicken wird einem bewußt, was man voneinander hält, und je intensiver man aneinander gebunden ist, um so weniger kann man diese Augenblicke des Abschiedes leicht nehmen. Das für mich Wertvollste am Zusammensein mit meiner Frau war ihr klares, immer an die Sache gebundenes Urteil. Sie hat nicht zu den Ehefrauen gehört, die ihren Männern das Leben mit der ständigen Klage schwer machen, daß sie nicht genug berücksichtigt werden und daß die Familie über der Tätigkeit des Mannes zu kurz komme. Empfunden haben wir das natürlich auch, aber sie hat es nie in einer Weise ausgesprochen, die mir die amtliche Tätigkeit belastet hätte. Im Gegenteil – ich konnte mich auf ihr Urteil unbedingt verlassen und habe von ihrer unbestechlichen Art, Dinge und Menschen zu beurteilen, lebenslang Unschätzbares gehabt. Das lag daran, daß sie wirklich an der Sache orientiert war. So wie eine gute Pfarrfrau das Leben in der Gemeinde mit ihrem Mann teilt, so hat sie die Aufgaben meines bischöflichen Amtes mitgetragen. Selbstverständlich nicht so, daß sie sich in alles eingemischt oder in jedem Augenblick verlangt hätte, daß die Rücksicht auf die Familie der sachlichen Arbeit vorangestellt würde –

alles das nicht. Und das hat mir in all den Jahren die Gemeinschaft mit ihr über alles Persönliche hinaus auch sachlich unschätzbar gemacht.
Das Problem, das damit berührt wird, ist gewiß nicht leichtzunehmen. Wie viele Eheschicksale habe ich kennengelernt, in denen die häufige Abwesenheit des Mannes aus dienstlichen Gründen für die Frau psychisch zu schwer geworden ist! Damit hing es zusammen, daß manche von uns – sofern sie es sich leisten konnten – ihre Frau auf den Reisen mitnahmen. In späteren Jahren, als es auch mir möglich war, habe ich die Freude gehabt, meine Frau mehr als einmal in Amerika bei mir zu haben, wo wir im übrigen viel Gastfreundschaft empfangen haben, und es ist mir eine besondere Freude, daß sie an der Fahrt nach Indien teilnehmen konnte, die so viele große Eindrücke bot. Es war die Vollversammlung von Neu-Delhi, die durch den Beitritt des Moskauer Patriarchats zum Ökumenischen Rat in spektakulärer Weise ausgezeichnet war. Dazu kamen die vielen Eindrücke von Indien selbst; das ich 1928 zuerst als fernes, fremdes Land kennengelernt hatte, und die Eindrücke jener ersten großen Reise waren noch frisch. Es war von größtem Wert, daß meine Frau die Stätten dieser Begegnungen und die Problematik nun auch aus eigenem Augenschein kennenlernen konnte. Bei den Besuchen in Amerika war das in noch ausgeprägterem Maße der Fall. Die Amerikaner hatten schon damals die schöne Sitte, bei allen festlichen Anlässen die Ehepaare nicht zu trennen. An der Tafel saß man neben seiner Frau, und wir haben es unendlich genossen, bei solchen Gelegenheiten unsere Eindrücke sofort austauschen zu können und uns gegenseitig auf Persönlichkeiten und Sachzusammenhänge hinweisen zu können, die uns wichtig schienen. Die Vollversammlung des Lutherischen Weltbundes von Minneapolis 1957, die ich noch als Präsident zu leiten hatte, verlief fast mit jedem Tage festlich und darum besonders eindrucksvoll. Mir ist es im Rückblick eine zu äußerster Dankbarkeit stimmende Genugtuung, daß wir gemeinsam dort sein konnten. Den Anforderungen zu einer kurzen Ansprache oder einem Grußwort, wie sie bei

solchen Anlässen häufiger ausgesprochen wurden, hat meine Frau sich immer gestellt, und wir waren beide glücklich, daß ihre sprachliche Gewandtheit diesen Austausch in amtlichen Reden wie in kurzen persönlichen Begegnungen möglich machte. – Auf meinen Amerikareisen habe ich dann auch von meinen Kindern das eine oder andere mitnehmen können, und so haben wir in einer Welt der Anschaulichkeit gelebt, wann immer diese ökumenischen Tagungen am Familientisch zu Haus besprochen wurden.

Die Treue meiner Frau war besonders leuchtend sichtbar geworden in den Monaten meiner Gestapohaft. Obwohl Berlin unter schweren Bombenangriffen lag, war sie doch auf die Nachricht von meiner Verhaftung hin sofort von ihrem ländlichen Refugium zurückgekehrt und hatte unermüdlich versucht, mit mir Fühlung zu halten und, soweit es möglich war, auch durch zusätzliche Ernährung und anderes mir mein Los zu erleichtern. Es war manchmal rührend festzustellen, aus welchen Einzelspenden sich das Kontingent an Kaffee zusammensetzte, das ich gelegentlich als besondere, hochwillkommene Erquickung aus einer Thermosflasche genießen konnte. Noch wichtiger aber war die Unerschrockenheit, mit der meine Frau damals zu mir gehalten hat, und dieser persönliche Mut hat der Gestapo einen Respekt abgenötigt, den sie mir mehrfach ungefragt bezeugt hat.
Wir waren also schon hart geprüft, als der neue Lebensabschnitt begann; und als sich herausstellte, daß wir unter erstaunlich bescheidenen äußeren Verhältnissen neu anfangen mußten, in einer Notwohnung, die an Armseligkeit nichts zu wünschen übrig ließ, war das besonders Erfreuliche, daß meine Frau und meine Kinder sich diesen schwierigen Verhältnissen ohne jede Klage unterzogen haben. Es mag schon hier erwähnt sein, daß auch das Ende unseres gemeinsamen Weges unter ähnlich harten Voraussetzungen stand. Ich war nach 21 Jahren des Dienstes an einer Tuberkulose erkrankt und für Monate ans Krankenhaus gefesselt. Wenig später erkrankte meine Frau an einer ähnlichen Krankheit. Am 24. Ja-

nuar 1969 mußte sie sich im Friederikenstift, das uns oft in ähnlichen Fällen Zuflucht geboten hatte, einer Operation unterziehen, während ich in der hannoverschen Lungenklinik Heidehaus lag; ich konnte also während ihrer Operation und ihres darauffolgenden komplizierten Krankenlagers nicht bei ihr sein. Ich habe das als ungewöhnlich hart empfunden, und ihr wird es nicht anders ergangen sein. Durch ein seltsames, fast dramatisches Zusammentreffen sind wir, als wir aus unseren diversen Spitälern entlassen wurden, noch für eine kurze Zeit in unserer schönen neuen Wohnung zusammen gewesen, bis dann am 26. Oktober 1969 das Leben meiner Frau erlosch. Man erlasse mir eine Schilderung davon, wie bitter dies alles für mich war und wie schwer ich an einem Abschied trug, der natürlich nicht unvermutet kam, aber der mir immerhin so schwer war, daß ich kaum darüber zu reden vermochte. Wohltuend war die Anteilnahme vieler bei diesem Heimgange und vor allem bei der Trauerfeier, bei der unser Freund Landessuperindendent Johannes Schulze eine eindrucksvolle, von großer persönlicher Wärme getragene Predigt über den Text hielt, der unser gemeinsamer Konfirmationsspruch gewesen war:

»Fürchte dich nicht, denn ich habe dich erlöst;
ich habe dich bei deinem Namen gerufen,
du bist mein!« (Jes. 43,1)

Bei diesem Anlaß wurde noch einmal erkennbar, wie vielen Menschen meine Frau in ihrer schlichten Klugheit und Güte und charakterlichen Verläßlichkeit unmittelbare menschliche Hilfe gewährt hat. Die Dankbarkeit war wie ein starker Strom und hatte natürlich für uns alle, die Hinterbliebenen, tröstliche Kraft.

Wir hatten die große Freude gehabt, meinen Vater noch lange unter uns zu haben. Er ist an der Grenze zum 98. Lebensjahr friedlich entschlafen, und die ihn kannten, haben die schlichte, aber eindrucksvolle Gestalt geliebt und verehrt. Er war der älteste noch lebende Diakon gewesen und genoß unter seinen Amtsbrüdern hohes Ansehen und Vertrauen. Ich habe empfunden, wie unschätzbar es ist, eine solche Verbindung mit der Vergangenheit zu haben und immer wieder auch nach Ereignissen der vergangenen Zeit fragen zu können. Vor allem wurde mir immer wieder deutlich, wieviel ich einem Elternhaus zu verdanken hatte, das in einer Atmosphäre natürlicher und ganz und gar unpathetischer Frömmigkeit uns in den frühen Lebensstadien begleitet hat. Da mein Vater auf eine ganz selbstverständliche Weise Autorität war ohne jeden Hauch von Tyrannis, hatte ich keinen Anlaß zu jener Aufsässigkeit gegenüber der älteren Generation, die literarisch so oft als Kennzeichen der geistigen Unabhängigkeit gilt.

Zu den weiteren biographischen Notizen gehört die Tatsache, daß ich in kirchliche Leitungsgremien gewählt wurde, die über den einzelnen Berufsauftrag und auch über die landeskirchliche Bindung hinaus Bedeutung hatten. Bei der Bildung des Rates der Evangelischen Kirche in Deutschland im Jahre 1945 wurde ich zum Mitglied gewählt; ich habe später einmal die Rolle des Stellvertretenden Vorsitzenden gespielt, bis ich dieses Amt 1967 an Bischof Scharf abtrat. Nach dem Tode von Landesbischof Meiser, der nach der Gründung der Vereinigten Evang.-Luth. Kirche Deutschlands das Amt des Leitenden Bischofs mit Eifer und Autorität versehen hatte, wurde ich zu seinem Nachfolger als Leitender Bischof gewählt und habe dieses nicht einfache Amt bis zum Jahre 1969 innegehabt. Eine Wiederwahl, um die ich mehrfach gebeten wurde, habe ich abgelehnt, weil ich es nicht für richtig hielt, eine solche Position schon so früh nach zwei Termini zu einer Art Erbgut zu machen. Der dann erkorene Nachfolger, Bischof Wölber aus Hamburg, hat deutlich gemacht, daß er im Verfolg einer völlig eigenen geistvollen Linie diesem Amt neue Möglichkeiten erschließen konnte.
Meine Zeit wurde außerdem noch durch die Mitgliedschaft in ökumenischen Gremien weitgehend in Anspruch genommen; ich war Mitglied des Zentralausschusses des Ökumenischen Rates von der Gründung an und wurde im Jahre 1968 in Uppsala in das Präsidium des Ökumenischen Rates ge-

wählt. Man wird verstehen, daß ich diese Ehre ganz besonders dankbar empfunden habe, zumal die Mitgliedschaft eines Deutschen in diesem höchsten Leitungsgremium der Ökumene auf diese Weise lückenlos an das anschloß, was voraufgegangen war: Dibelius und Niemöller waren Mitglieder des Präsidiums gewesen. Bei der Wahl von Dibelius in das Präsidium, die auf der Vollversammlung des Ökumenischen Rates von Evanston 1954 vollzogen wurde, hatte es einige interne Komplikationen auf seiten der deutschen Delegierten gegeben. Einige hatten die These vertreten, daß nicht unbedingt ein Theologe, sondern nach Möglichkeit ein bewährter »Laie« gewählt werden sollte, und hatten den Präsidenten des Kirchentages, D. Dr. Reinold von Thadden-Trieglaff, vorgeschlagen. Dibelius hat es nicht ganz leicht genommen, daß seine Wahl nicht ohne solche Vorerwägungen vor sich gegangen war, die natürlich in keiner Weise gegen seine Person gerichtet waren.

In der parallelen ökumenischen Organisation, dem Lutherischen Weltbund, wurde ich 1952 zum Präsidenten gewählt; dieser Turnus dauerte bis 1957 und endete mit der glanzvollen Vollversammlung des Lutherischen Weltbundes in Minneapolis 1957. Dem Leitungsgremium bin ich aber treu geblieben und zuletzt noch Ehrenmitglied des Präsidiums des Lutherischen Weltbundes gewesen.

Ich erwähne diese Tatsachen nur, um deutlich zu machen, in welchem Maße meine Zeit über mein eigentliches landesbischöfliches Amt in Hannover hinaus belastet war. Freilich war die zeitlich und sachlich schwierigste Belastung doch die Mitgliedschaft im Rat der EKD; zunächst einfach deswegen, weil es eine auch räumlich naheliegende Arbeit war, die ständige Beanspruchung verlangte, zum anderen aber auch deswegen, weil die Schwierigkeiten, die dort laufend zu bewältigen waren, eminent waren. Wir haben Zeiten scharfer prinzipieller Auseinandersetzungen durchzufechten gehabt, auch personeller Art; es war die Zeit der Auseinandersetzungen über die Aufrüstung, besonders die atomare Rüstung, die Militärseelsorge und viele Krisen um die öffentlichen Auftritte von Martin Niemöller. Das alles bedeutete eine außerordentliche Belastung für alle Beteiligten. Ich weiß nicht, in welchem Maße diese Tatsache von den Amtsbrüdern der eigenen Kirche oder auch von anderen empfunden und gerecht beurteilt ist. Trotzdem ist es selbstverständlich, daß eine Landeskirche von der Größe der hannoverschen sich für solche übergreifenden Aufgaben bereithalten muß; nicht ohne Grund hat eines der nobelsten Glieder unserer Bischofskonferenz, der Bischof Noth von Sachsen, immer wieder betont, das Bischofsamt sei ein ökumenisches Amt, das der ganzen Kirche zu dienen habe. Das gilt auch für diese zeitliche und sonstige Belastung, von der die Rede war.

Am Anfang dieses neuen Lebensabschnittes ereignete sich eine unerwartete Ehrung, nämlich die Verleihung der theologischen Ehrendoktorwürde durch die Universität Edinburgh. Im Jahre 1933 hatte ich dort an einer großen Tagung der britischen Christlichen Studentenbewegung teilgenommen, zu der außer 1500 Vertretern der britischen Bewegung auch 500 Studenten aus anderen Ländern und Kontinenten eingeladen waren. Ich war aufgefordert worden, einen Vortrag über das Verhältnis von Christentum und Kommunismus zu halten, der manchen Rumor erregt hat. Es gab Leute, die den Verdacht äußerten, ich hätte durch die Hintertür den Kommunismus in England einführen wollen, wahrscheinlich weil ich mich bemüht hatte, den Kommunismus nicht von vornherein als eine fluchwürdige Erscheinung darzustellen, sondern ihn auf seinen ideologischen Gehalt, vor allem auch seine messianischen Ideen abzutasten. Ich hatte klarzumachen versucht, daß der Überzeugungsglut des frühen sowjetischen Kommunismus nur eine ebenso glutvolle Überzeugung im geistigen Bereich gewachsen sein würde und daß weder politische noch wirtschaftliche Leistungen zu einer echten Konfrontation ausreichen würden. Der Vortrag liegt noch vor, ich hatte ihn auf englisch verfaßt und damals im Plenum vorgetragen. Das war im Schicksalsjahr 1933 geschehen, und zwar ausgerechnet im Januar. Ein äußerst wohlmeinender englischer Beurteiler, der mir von den verschiedenen Kontroversen berichtet hatte, die im Anschluß an meinen Vortrag entstanden waren, hatte es gut gemeint, wenn er auf offener Postkarte mit der scherzhaften Wendung schloß: »Heil Lilje, dem christlichen Kommunisten!« Er ahnte nicht, welche Folgen es gerade in jener Zeit für mich hätte haben können, wenn diese Postkarte beachtet worden wäre!

Nun war vierzehn Jahre später Edinburgh noch einmal Schauplatz eines für mich denkwürdigen Vorgangs. Die theologische Fakultät von Edinburgh war auf den Gedanken gekommen, mir sehr bald nach Beendigung des Krieges die theologische Ehrendoktorwürde zuzuerkennen. Das war deshalb ehrenvoll, weil diese schottischen Gelehrten ein besonders nahes Verhältnis zur deutschen wissenschaftlichen Mentalität hatten. Vor allem hatte Karl Barth eine große Gefolgschaft unter den schottischen Theologen gefunden. Die Ehrung, die mir im Jahre 1947 zuteil wurde, ist mir deshalb plastisch in Erinnerung, weil sie noch einmal Gelegenheit zu einem bei uns schon nicht mehr vorhandenen akademischen Glanz bot. Die Prozession der Mitglieder des Lehrkörpers in den roten Talaren wirkte wie eine Versammlung von Kurfürsten. Die glanzvollsten Erscheinungen waren die Pedellen, weil ihre roten Talare mit Silber verziert waren; und die beiden silbernen Szepter, die sie dem Rektor und dem Dekan vorantrugen, waren von eindrucksvoller Schönheit. Der Vorgang selbst, die Promotionsfeier, verlief nach dem alten Universitätsritual der britischen Inseln. Die Veranstaltung begann mit einem Gebet, das der Dekan der theologischen Fakultät sprach. Es folgte die Präsentation des »Angeklagten«, und dann die Laudatio durch ein Mitglied der Theologischen Fakultät und die formelhafte Verleihung des Doktorgrades, die mit der Bekleidung durch den »Hood«, das Zeichen der Theologischen Fakultät, und dem akademischen Barett verbunden war. Diese letztere Verleihung war allerdings auf ein symbolisches Minimum zusammengeschrumpft; irgendeiner der an der festlichen Prozession Beteiligten tippte mit einem solchen Behauptungsmodell an meinen Kopf, und damit war dieser Teil der Zeremonie beendet. Es kam hinzu, daß der Delinquent nach Beendigung der Zeremonie aufgefordert wurde, diejenigen Embleme, die Eigentum der Fakultät waren, zurückzugeben. Es wurde von unseren schottischen Freunden mit Vergnügen berichtet, daß Karl Barth bei ähnlichem Anlaß den Wunsch geäußert hatte, den Hood, dieses schöne violette Zeichen der Fakultät, zu behalten. Man hatte ihm bedeutet, daß dies nicht möglich sei; aber er hatte die volle, ungeteilte Bewunderung seiner schottischen Gastgeber gefunden, als er am nächsten Morgen vorschlug, die Kosten für Hood und Barett einfach den Reisekosten zuzuschlagen! Ich konnte mich also doppelt geehrt fühlen, daß mir dieses Ehrenzeichen ohne vorhergehende schwierige Verhandlungen überlassen wurde.

Wesentlich verstärkt wurde der festliche Eindruck durch die Tatsache, daß ich aufgefordert war, am darauffolgenden Sonntage, dem 9. November 1947, die Predigt im festlichen Gottesdienst in der schönen St. Giles-Kathedrale zu halten; es war Remembrance-Day, was unserem Volkstrauertage entspricht. Ich habe es bewundert, daß diese schottischen Christen einen Deutschen, wenig mehr als zwei Jahre nach Beendigung des Krieges, zu einer solchen Predigt aufforderten, und habe mich immer wieder gefragt, ob wir in Deutschland ähnlich gehandelt haben würden. Als Text wählte ich eine in Schottland nicht sehr bekannte Stelle aus den Apokryphen, die nach strenger calvinischer Tradition in den üblichen Bibeldrucken nicht enthalten waren, während bekanntlich Martin Luther, der die Apokryphen in seine Bibelausgaben aufgenommen hatte, von ihnen gesagt hatte: »Das sind Bücher, so der heiligen Schrift nicht gleich gehalten, und doch nützlich und gut zu lesen sind.« Die Stelle, die ich gewählt hatte, steht im Buch der Weisheit 3,1–7:

Aber der Gerechten Seelen sind in Gottes Hand,
und keine Qual rühret sie an.
Vor den Unverständigen werden sie angesehen, als stürben sie, und ihr Abschied wird für eine Pein gerechnet, und ihre Hinfahrt für ein Verderben; aber sie sind im Frieden. Ob

sie wohl vor den Menschen viel Leidens haben, so sind sie doch gewisser Hoffnung, daß sie nimmermehr sterben. Sie werden ein wenig gestäupt, aber viel Gutes wird ihnen widerfahren; denn Gott versucht sie, und findet sie, daß sie sein wert sind. Er prüft sie wie Gold im Ofen, und nimmt sie an wie ein völliges Opfer.

Es war ein Text, der auch unser deutsches Gedenken an die vielen Opfer einschloß, an Bonhoeffer, den Grafen Moltke, Adam von Trott zu Solz und viele andere, mit denen wir im Kampf der Bekennenden Kirche zusammengekommen waren und von denen ich einige noch in den letzten Monaten der Gestapohaft im Gefängnis gesehen hatte. Die große Gemeinde hörte dem deutschen Bischof, der an diesem bedeutsamen Tage predigte, zu; man spürte etwas von der Realität dessen, von dem unser Bekenntnis sagt: »... des Reich kein Ende haben wird«. Die über die Grenze hin wirksame Kraft des gemeinsamen Evangeliums war mit Händen zu greifen. Wir spürten alle etwas von dem, was ein schottischer Freund in einem Buchtitel so genannt hatte: »The kingdom without frontiers«.

Noch einmal muß von Edinburgh die Rede sein. Die Leitung der berühmten »Edinburgh Festivals«, die als musikalische Veranstaltung einen weltweiten Ruhm genossen, hatte mich im Jahre 1958 eingeladen, im Eröffnungsgottesdienst die Predigt zu halten. Für die schottische Mentalität war es selbstverständlich, daß dieses große musikalische Ereignis mit einem Festgottesdienst begann, zu dem diesmal eine Einladung an alle Oberbürgermeister der europäischen Hauptstädte ergangen war, die von den meisten angenommen worden war. Auch die Vertreter der osteuropäischen Hauptstädte fehlten nicht. Nicht nur war der Anblick dieser Stadtoberhäupter in ihren Amtstrachten sehenswert, so daß ich von der Kanzel aus den Eindruck hatte, zu einer Schar mittelalterlicher Würdenträger zu sprechen; sondern es hat mich auch sehr bewegt, daß Vertreter kommunistischer Staaten und Stadtverwaltungen an diesem Festgottesdienst teilnahmen. Die fröhliche

Unbekümmertheit der Schotten hatte alle diese Herren mit einer Einladung zum festlichen Gottesdienst versehen. Als ich über den 98. Psalm predigte (»Singet dem Herrn ein neues Lied«), konnte ich nur um das bitten, was in der Sprache der Kirche ein »fröhliches Auftun des Mundes« heißt – es war eine einzigartige Gelegenheit, Menschen vom Lobe Gottes zu sagen, die offensichtlich nicht zu den gewohnheitsmäßigen Predigthörern gehörten. Eine andere »christliche« Impression ist mir aus jenen festlichen Tagen noch in Erinnerung. Am Abend bot sich auf der Burg von Edinburgh, die hochgelegen im Glanz festlicher Beleuchtung erstrahlte, ein militärisches Schauspiel, eine festliche Parade unter dem Namen »Tattoo«. Der Schluß bei diesem Zapfenstreich war, parallel zu der deutschen Gepflogenheit, ein Choral, und zwar das in Schottland beliebte Lied: »The Lord's my Shepherd«. Mich hat es sehr beeindruckt, daß die ganze große Versammlung dieses Lied auswendig mitsang.

Eine kurze Bemerkung soll dies biographische Präludium abschließen – ein Wort zum Titel dieses Buches. Wer das Bewußtsein hat, nicht im Mittelpunkt der Weltgeschichte, noch nicht einmal seiner heimatlichen Lokalgeschichte zu stehen, wird kaum die Unbefangenheit aufbringen, von sich zu erzählen. Es wird ihm nicht sicher sein, daß es andere ernsthaft interessieren könnte, was er erlebt hat. Infolgedessen hat Ludwig Marcuse den hier vorhandenen gordischen Knoten dadurch zerhauen, daß er seinen Memoiren die Überschrift gab: »Mein zwanzigstes Jahrhundert«. Das ist ein klares Bekenntnis zur Subjektivität seiner Ausführungen. Insofern ist auch unter dem Titel von den »Memorabilien« etwas anderes zu verstehen als Memoiren. Wer das schwere Werk von Memoiren unternimmt, geht unwillkürlich die Verpflichtung ein, lückenlos und objektiv zu berichten. Wer von Memorabilien redet, hat etwas anderes im Sinn. Luther hat gelegentlich die Historiker ermuntert, die Augen für geschichtliche Vorgänge zu öffnen mit dem Satz, daß eigentlich in jeder Generation etwas »Merkliches« geschehen sein muß, das heißt etwas Bemerkenswertes, das der Beobachtung wert ist. In diesem Sinne ist der Ausdruck »Memorabilia« zu verstehen. Es handelt sich um Denkwürdigkeiten, große oder geringe, aber jedenfalls um Vorgänge, die zu notieren sich lohnt. Zugleich aber wird der Unterschied gegenüber dem anspruchsvolleren Titel von den Memoiren deutlich. Es wird nicht der Anspruch erhoben, objektiv über Vorgänge von absoluter Geltung zu berichten, sondern es handelt sich um die persönliche Sicht von Vorgängen, die es vielleicht wert sind, in der Erinnerung aufbewahrt zu werden.

In einer anderen Hinsicht aber habe ich gelernt, daß ich auf Nachsicht angewiesen sein werde. Wer die Vergangenheit – auch die eigene jüngste Vergangenheit – zu schildern unternimmt, stößt auf die Tatsache, daß unsere Erinnerung vergänglich ist. Mancher Vorgang, den man genau im Gedächtnis zu haben glaubt, erscheint doch in den Einzelheiten nebulos verschwommen. Man muß also entweder mit vielen sorgfältigen Einzelheiten den Hergang der Ereignisse nachzukonstruieren versuchen, oder aber man muß sich tapfer auf das beschränken, was im eigenen Gedächtnis fest aufbewahrt ist. Auch das sollte nicht einfach nutzlos sein. Es fehlt an Darstellungen der letzten zwanzig, dreißig Jahre ohnehin nicht. Was den Historiker reizen könnte, wäre ein Vergleich zwischen den verschiedenen Darstellungen und die Frage, was dem einzelnen wichtig geblieben ist.

Sehr viel schwieriger als diese Sicht der äußeren Vorgänge ist die Frage, ob es gelingt, die wesentlichen Hintergünde aufzuhellen. Die Kirchengeschichte ist keineswegs in erster Linie Verfassungsgeschichte. Zwar haben sich die hinter uns liegenden Jahre sehr erheblich mit Verfassungsfragen beschäftigen müssen, aber es wäre ein Irrtum zu meinen, daß man damit den tieferen Sinn der kirchengeschichtlichen Entwicklung schildern könnte. Wer mehr als nur eine nüchterne Aufzählung von Fakten will, betritt das unsichere Gebiet der Deutung. Aber das kann ja auch auf eine redliche Weise geschehen.

3 Verleihung des Ehrendoktors, Edinburgh 1947

Zweiter Teil

Aus dem Geist von 1945
Neue Wege der kirchlichen Diakonie

Über dem völlig zerstörten Nürnberg waren wunderbare Maitage angebrochen. Freilich waren wir politischen Gefangenen noch immer der Freiheit beraubt und warteten, bis die langsam arbeitende Bürokratie der Alliierten uns in die Freiheit entlassen würde. Eines Tages standen vor dem Gefängnistor zwei Damen, die in ihrer zivilen Tracht besonders elegant wirkten, und sie verlangten nach mir. Vor diese Eleganz trat ich in meinem unwahrscheinlich schäbigen Gefangenenhabit, auf beiden Knien meiner Hose trug ich riesige Flicken und bot auch sonst keinen Anblick, der Damenherzen erfreuen konnte. Es waren Frau Dr. Antonie Nopitsch, die Leiterin des Bayerischen Mütterdienstes, und ihre erste Mitarbeiterin, Frau Pfarrer Liselotte Nold. Als im April 1945 wir Gestapogefangenen von Tegel zu unserer Reise gen Süden verfrachtet wurden, hatte – zufällig oder aus Schikane? – meine Frau noch eine Sprecherlaubnis bekommen, von der sie natürlich nicht mehr wirklich Gebrauch machen konnte. Sie konnte nur noch Zeuge werden, wie wir mit ungewöhnlich barschen Reden der uns eskortierenden Polizisten in die »Grüne Minna« verfrachtet wurden. Es gelang mir, ihr beim Abschied den Namen von Frau Dr. Nopitsch und ihre Nürnberger Adresse anzugeben. Meine Frau hatte sofort einen Brief an Frau Nopitsch abgeschickt, der erstaunlicherweise noch vor dem völligen Zusammenbruch in deren Hände gelangt war. Als dann einige Zeit nach der Kapitulation für deutsche Zivilisten die Möglichkeit, sich etwas freier zu bewegen, wieder auftauchte, hatten diese beiden Damen mit einer imponierenden Verbindung von Tapferkeit und Findigkeit den Weg zu mir in das Nürnberger Gefängnis gefunden. Angesichts der Unsicherheit auf allen Straßen war es ein Zeichen beachtlichen Mutes, sich auf Fahrrädern durch die marodierende Menge von polnischen und anderen Hilfskräften, von denen Nürnberg wimmelte, durchzuschlagen, ohne daß Fahrräder und Frauen zu Schaden kamen. Als wir endgültig freigelassen wurden und eigentlich jeder von uns vor der Frage stand, wie er in dieser turbulenten Welt weiterkommen könne, wurde ich von diesen Mitarbeitern des Bayerischen Mütterdienstes mit Freundlichkeit aufgenommen und kam nach all den Monaten der Haft in ein ziviles Dasein, in ein Haus mit einem Garten, der in wunderbarer Blüte stand. Diese Damen waren mit einem beachtlichen Maß an Psychologie ausgestattet. Sie empfanden, daß für mich nach Monaten strengster Einzelhaft der Rückweg in ein einigermaßen normales Leben sicherlich psychologisch sehr schwierig sein müsse. Die großartige Therapie, die zu allen Zeiten geholfen hat, wurde auch auf mich angewandt: man wurde an die Arbeit gestellt. So begann für mich eine sehr interessante Zeit, die von dem sprudelnden Ingenium von Antonie Nopitsch, verbunden mit ihrer unwahrscheinlichen Energie und Findigkeit angefüllt war. Das erste Ziel ihrer Aktivität war der Plan, das große Haus der HJ, der nationalsozialistischen Jugendorganisation, das am Ortsrande von Stein sehr schön gelegen war, für ihre Arbeit zu erobern. – Ich habe in dem Dienste dieser Damen Wesentliches gelernt. Erstens, daß man nicht bei untergeordneten Stellen hängenbleiben darf, wenn man etwas erreichen will, sondern an die leitenden Persönlichkeiten herankommen muß. Wir haben uns vom Ortskommandanten zum Kreiskommandanten und schließlich zum Hauptquartier emporgearbeitet und immer das Verlangen nach diesem Hause vorgebracht, das sonst irgend jemandem, vermutlich irgendeiner bürokratischen Dienststelle zugefallen wäre. Die Arbeit des Mütterdienstes aber war genau das, was in jener schwierigen Situation nötig war, und der eindeutig humanitäre Charakter dieser Unternehmung leuchtete schließlich auch den Amerikanern ein. So haben wir nach vielen mühseligen Fahrten und Besuchen bei den Potentaten der amerikanischen Besatzung erreicht, daß dieses Haus dem Bayerischen Mütterdienst übergeben wurde.

Die Fahrten waren abenteuerlich. Ein weder neues noch schmuckes Auto hat uns auf allen diesen Wegen gute Dienste geleistet; ich verstand damals vom Auto noch so gut wie nichts und habe unter der harten Notwendigkeit manches gelernt, raschen Reifenwechsel, die Besorgung neuer Reifen und anderes. Wir haben eine Gefahr immer wieder überwunden, nämlich die, als »Curfew«-Übeltäter verhaftet zu werden. Die Amerikaner achteten mit Strenge darauf, daß nach acht Uhr abends niemand mehr auf den Straßen war. Wir konnten es nicht vermeiden, diese Regel gelegentlich zu übertreten, und sind glücklicherweise nie dabei gefaßt worden.
Die Erfahrungen, die wir mit den verschiedenen Besatzungsoffizieren machten, waren im allgemeinen positiv. Wenn man unerschrocken und sehr deutlich klarmachte, worum es uns zu tun war, nämlich um eine Hilfe für die durch die Kriegserfahrungen schwer mitgenommenen Mütter, haben die Männer im allgemeinen gut reagiert. Übertroffen wurden sie gelegentlich noch durch die einfachen Soldaten. Als wir einmal von irgendwoher einen Transport von erholungsbedürftigen Müttern eingeladen hatten, brach eine von diesen durch die Kriegserfahrungen zermürbten Frauen in haltloses Schluchzen aus. Vermutlich dachte sie angesichts aller dieser jungen Männer, die sie da als amerikanische Soldaten umgaben, an ihren Sohn oder an ein anderes Glied der Familie. Ich erinnere mich noch, wie ein einfacher Soldat diese schluchzende Frau in den Arm nahm und ihr gut zuredete, bis sie sich beruhigte und willig mitfuhr. Er konnte kein Wort Deutsch, und sie konnte kein Wort Englisch, aber in einer solchen Situation ist die einfache Sprache der Menschlichkeit völlig ausreichend; und so war es in diesem Falle auch. Aber auch unter den führenden Männern und gerade unter ihnen fand sich doch mit der Zeit, wenn man nur geduldig und bewußt genug an sie heranging, manches Verständnis, und das gibt im Rückblick noch immer Anlaß zur Dankbarkeit. Eine andere Szene: Eines Tages kam ein Transport von Flüchtlingen nach Nürnberg; nach meiner Erinnerung müssen es achttausend oder mehr Menschen jeden Alters gewesen sein; aber das Bedrük-

kendste war, daß es eine ganze Reihe von Kleinkindern und Säuglingen unter ihnen gab. Sie hatten auf diesem freien Platz in Nürnberg nicht nur kein Dach über dem Kopf, was in jener milden Frühlingszeit erträglich war, sondern die schreiende Notwendigkeit war, für die Kleinkinder und Säuglinge Milch zu beschaffen. Als ich dem an sich sehr verständigen und willigen Stadtkommandanten von Nürnberg diese Kalamität vortrug, bekannte er, daß auch er gegenüber einer solchen Aufgabe, schlagartig Tausende von Leuten unterzubringen und zu verpflegen, hilflos und ohne Mittel sei. Auf meine dringlichen Vorhaltungen sagte er nur: »All I can do is to pray that there will be no rain tonight« – »Alles, was ich tun kann, ist zu beten, daß es in dieser Nacht nicht regnen möge.« Er hatte völlig recht, aber hier trat nun die erfinderische und energische Kraft der Liebe in Aktion. Die »Doktorin«, wie sie mit einem gewissen zärtlichen Unterton von ihren Mitarbeiterinnen genannt wurde, erreichte, daß in Nürnberg und Umgebung alle, die einmal einer christlichen Frauenorganisation angehört hatten, um eine Hilfsaktion angegangen wurden. In der Tat – als der Abend hereinbrach, war es gelungen, die kleinen Wesen ausreichend mit Milch zu versorgen! Mir hat damals einen starken Eindruck gemacht, welche Kraft und Findigkeit dieser diakonischen Aktivität innewohnte. Nach diesem Prinzip ist die Arbeit des Bayerischen Mütterdienstes in der ersten Nachkriegszeit an vielen Stellen angelaufen und hat sich in segensreichen Bahnen weiterentwickeln können.

Dieses Element echter, unverbildeter und unbürokratischer Diakonie hat die weitere Arbeit des Mütterdienstes geprägt. Ich habe noch, nachdem ich schon nach Hannover zurückgekehrt war, verfolgen können, wie sich diese Arbeit langsam zu dem Deutschen Müttergenesungswerk auswuchs. Die Leitidee war dieselbe geblieben, den durch den Krieg in ganz besonderer Weise mitgenommenen, erschöpften Frauen und Müttern die Möglichkeit zu vermitteln, wieder zu Kräften zu kommen. Es entstanden Mütterheime, die sich schließlich auch über die bayerischen Grenzen hinaus ansiedelten; und

nachdem der neue Bundespräsident Heuss dieser Arbeit seine Anteilnahme zugewandt hatte und nachdem vor allem seine unvergeßliche Gattin sich diesem Werk ganz zur Verfügung stellte, gelang fortschreitend der Aufbau und Ausbau dieser wahrhaft gesegneten Arbeit.
Wenn eine solche Arbeit im glückhaften Vormarsch ist, ergibt sich fast immer eine Blüte auf allen damit zusammenhängenden Gebieten. Im Falle des Mütterdienstes und des Müttergenesungswerks gilt das vor allem für die literarische Auswertung dieser Arbeit. Was im Laufe der Jahre durch das Schrifttum dieser Bewegung erarbeitet worden ist, vor allem durch die Publikationen des Laetare-Verlages, ist ein ganz wesentlicher Beitrag zur Erkundung der Situation der Frau in Kirche und Gesellschaft und bietet eine Fülle von psychologisch wertvollen und für die Praxis ergiebigen Anregungen. Man sehe darauf die Jahrgänge der »Laetare-Hefte« durch; auch einige andere Publikationen haben ein Gebiet in sehr guter Weise in das Bewußtsein gehoben, das dieser Hilfe bedurfte. Es ist ja auffallend und ein wenig rätselhaft, wie schwer sich gerade in den Anfängen dieser Perspektiven die kirchliche Öffentlichkeit tat, mit der Möglichkeit der Mitarbeit der Frau zu rechnen. Was heute längst selbstverständliches Gut des öffentlichen Bewußtseins ist, war in den Anfängen keineswegs so leicht zugänglich, und hier ist die hilfreiche Arbeit der Klärung von unschätzbarer Bedeutung gewesen. Die vielen Hürden behördlicher Bedenken auch auf seiten der kirchlichen Leitungsgremien haben diese Frauen mit Charme und Entschlossenheit und, wenn es sein mußte, Zähigkeit genommen! Hierzu gehört noch ein Element der Arbeit, das ich in der Mitarbeit dieser Frauenbewegung besonders schätzen gelernt habe: das Beste war gerade gut genug. So wurden beispielsweise Tagungen für Frauen und Mütter mit den besten Kräften in Vorträgen und musikalischen Darbietungen versehen, und es hat sich glänzend bewährt, in einer solchen Arbeit auf hohe Qualität zu achten.
Mir scheint die Tatsache, daß die Leiterin des Verlags, Frau Nold, bei der 500-Jahrfeier der Universität München mit dem

theologischen Ehrendoktor ausgezeichnet worden ist, eine angemessene Anerkennung dieser verdienstvollen Arbeit zu sein.

Mir war das Ganze noch nach einer ganz anderen Richtung wichtig. Im Jahre 1946 wurde ich von den Vertretern des Centralausschusses für Innere Mission zum Präsidenten gewählt. Es war eine einstimmige Wahl; aber auch ohne das hätte ich mich einem solchen Appell nicht entziehen mögen. Der Wiederaufbau dieser einstmals großen Organisation war gewiß nicht einfach; aber es waren noch so viele Männer und Frauen vorhanden, die an diesem Werk beteiligt waren, und es gelang, die Organisation wiederherzustellen. Die altmodische Schreibweise »Centralausschuß« weist auf den historischen Ursprung hin; bei dem großen spontanen Kirchentag in Wittenberg von 1848, der unter der charismatischen Inspiration von Johann Hinrich Wichern stand, wurde am Schluß nach einer begeisterten Stegreifrede Wicherns, der damals nur Kandidat der Theologie war, die Begründung des »Centralausschusses für die Innere Mission der Deutschen Evangelischen Kirche« beschlossen. Im Jahre 1948 war die Zentenarfeier dieser Institution fällig. Wir begingen sie in Bethel, der Stadt der Barmherzigkeit, die durch ihre eigene Geschichte der gewiesene Boden für diese Zusammenkunft war. Es war eine glanzvolle Versammlung; und die Teilnahme weit über den Bereich der Kirche hinaus bewies, daß es Menschen genug gab, die die Bedeutung einer solchen Arbeit begriffen. Es waren auch einige führende Vertreter der katholischen Kirche anwesend, und einige von den schlichten pietistischen Gemütern dieser Versammlung ertrugen es nicht ganz leicht, daß ich dieses Auditorium mit der Anrede »Exzellenzen usw.« bedachte.

Aber in einer doppelten Hinsicht ist doch dieses Ereignis dann bedeutungsvoll geworden. Einmal wurde erkennbar, welch schöner Wille zur Einheitlichkeit in jenen frühen Jahren nach dem Zusammenbruch vorhanden war. Der Geist von 1945 – so kann man es ausdrücken – brachte es mit sich, daß alle, die das Herz auf dem rechten Fleck hatten, an der gemeinsamen Arbeit zur Wiederaufrichtung unseres Landes und auch zur tätigen Mitarbeit in Caritas und Innerer Mission bereit waren. Das andere war die Tatsache, daß die Innere Mission in der veränderten Lage, in der wir alle uns befanden, von einigen traditionellen Hemmungen sich freimachen und für sehr andersartige neue Aufgaben bereitmachen mußte. Denn schon hatte die ökumenische Christenheit angefangen, sich für die unverkennbare Notlage Deutschlands zu interessieren, und war entschlossen, mit Gaben und finanzieller Unterstützung zu helfen. Es kam darauf an, diesem Hilfswillen von draußen eine ausreichende heimatliche Organisation entgegenzustellen, die den Strom der Gaben aufnehmen und gerecht verteilen konnte. Ein leiser Schatten fiel über das Ganze; als Parallelerscheinung zu der Inneren Mission trat sofort die Gründung des Hilfswerks ein. Hier war die organisatorische und kaufmännische Energie von Eugen Gerstenmaier am Werk. Er war in der Tat durch seine berufliche Schulung in der Lage, mit solchen Problemen finanzieller und organisatorischer Art umzugehen, und hat es erreicht, daß die deutschen Landeskirchen sich diesen organisatorischen Plänen öffneten. Ich selber wurde Landesbeauftragter für das Hilfswerk in meiner heimatlichen Landeskirche.

Daß es dabei nicht ohne Rivalität abging, muß leider zugestanden werden. Es gehörte zu der energischen Art von Gerstenmaier, auf vorhandene und traditionelle Gebilde nicht übermäßig viel Rücksicht zu nehmen. So hat es immerhin einige Jahre gedauert, bis diese beiden Organisationen, die überhaupt nicht nebeneinander hätten zu existieren brauchen, organisatorisch verbunden wurden. Das geschah dann endlich im Jahre 1957, indem eine ganz neue Form der Organisation aufgezogen wurde, die sich hinterher sehr gut entfaltet hat und viel wesentliche Dienste hat leisten können. Im Rückblick bin ich dankbar, daß ich, ehe diese neuen, weitschichtigen organisatorischen Probleme über uns hereinbrachen, noch einmal in der Mitarbeit am Deutschen Müttergenesungswerk etwas von dem habe spüren können, was unmittelbarer, echter diakonischer Wille sein kann. Mein besonderer Respekt gilt dabei der Mitarbeit der Frau in der Diakonie der Kirche; denn die hierfür begabte und befähigte Frau hat ein Talent, über alle bürokratischen, schwerfälligen Hemmungen hinweg unmittelbar auf das sachlich Erforderliche, die gerade in Notzeiten besonders wichtige menschliche Seite der Aufgabe zuzugehen.

In den Jahren, in denen ich Präsident des Centralausschusses der Inneren Mission war, hat mir diese Arbeit unbeschattete Freude gemacht. Der Kreis der Männer und Frauen, die in den einzelnen Landeskirchen und Fachverbänden die Arbeit trugen, trat zu regelmäßigen Tagungen zusammen, und ich denke an die klare, ebenso brüderliche wie sachliche Atmosphäre jener Zusammenkünfte mit Dankbarkeit zurück. Eine besondere Erwähnung verdient der langjährige Vizepräsident des Gesamtunternehmens, D. Ohl. Daß er mit zwei Ehrendoktoraten, einem theologischen und einem medizinischen, ausgezeichnet wurde, entsprach der sachlichen Bedeutung dieses schlichten Mannes. Er verfügte über eine ungewöhnlich detaillierte Kenntnis der Sozialpolitik der damaligen Zeit und hatte gleichzeitig ein tiefes Verständnis für die geschichtliche Bedeutung der Vereine und Verbände, die zuerst diese Arbeit trugen. Sein sachliches Urteil war deswegen wohltuend, weil er in einer vorbildlichen Weise von allen Emotionen, auch polemischer Art, frei war und in den nicht immer einfachen Verhandlungen, die der Zusammenführung von Hilfswerk und Innerer Mission vorausgingen, die sachliche Aufgabe immer bewußt im Auge behielt und mit ruhigem Nachdruck vertreten konnte. Sein Anteil an der Weiterführung dieser Arbeit ist unbestritten groß. Er hat auch wesentlich dazu beigetragen, daß die Zusammenführung dieser beiden Werke gelang und daß mit Entschlossenheit der Weg in ein neues Kapitel der Diakonie angetreten werden konnte, so daß der Präsident, der heute an der Spitze dieser großen und wichtigen Organisation steht, Dr. Schober, ein bereitetes und aufgeschlossenes Arbeitsfeld vorfinden konnte. Es war für alle, die daran ein echtes Interesse nahmen, wohltuend zu se-

hen, daß diese Arbeit immer mehr von Problemen frei und für die sachliche Aufgabe befähigt wurde. Für meinen persönlichen Werdegang ist das alles nicht gleichgültig; ich bin eigentlich schon früh ein Mann der Inneren Mission gewesen; in einem sehr schwierigen Arbeitsgebiet, das man damals Fürsorgeerziehung nannte, habe ich als junger Mann selber mitgearbeitet und wesentliche Eindrücke gesammelt. Daher habe ich mir immer den Blick für die Notwendigkeit dieser sogenannten freien Arbeit neben der Arbeit der Amtskirche bewahren können. Man muß dankbar sein, daß die neue Lösung der Kirche ein Instrumentarium vermittelt, das man gerade in der gegenwärtigen Situation mit Nutzen verwenden kann. Denn die sozialpolitischen und gesellschaftspolitischen Anforderungen an die Kirche sind ungewöhnlich gestiegen und würden ohne ein solches Instrumentarium gar nicht angemessen erfüllt werden können.
Es ist interessant, daß ein anderer, ebenfalls neuer Zweig der kirchlichen Arbeit, nämlich die Evangelischen Akademien, diese gesellschaftspolitische Verantwortung der Kirche früh begriffen hat. Eberhard Müller, der Leiter der Akademie Bad Boll, hat für diese Perspektive einen offenen Blick bewiesen und ist mit immer neuen Plänen und Vorschlägen in die Diskussion eingetreten. Das beweist sein neues Buch mit dem phantasievollen Titel: »Bekehrung der Strukturen«. In dieser Hinsicht war die Kirche alles andere als wirklichkeitsfremd und durch falsche traditionelle Bindungen gehemmt.

Daß diese Arbeit der Kirche in einer nicht unumstrittenen Weise weiterging, ist nur natürlich. Die immer kompliziertere Entwicklung der modernen Industriegesellschaft, die sich auf alle Bereiche der Politik auswirkt, konnte auch an diesen Arbeitsgebieten nicht vorübergehen. Die Frage, ob alles, was Innere Mission und Hilfswerk getan haben, auf allen Seiten Beifall finden konnte, ist unnütz. Während unmittelbar nach 1945 ein großer einheitlicher Wille zum Wiederaufbau erkennbar war, wurde im Laufe der weiteren Entwicklung das Bild immer komplizierter, je differenzierter die sozialpolitische Situation im ganzen wurde. Mir scheint, daß der Weg der Kirche in dieser Hinsicht Zustimmung verdient. Abgesehen von dem inzwischen sehr ausgeweiteten und in vielen Einzelströmungen entwickelten Weg von Innerer Mission und Hilfswerk gibt es auch einige Hinweise darauf, in welch hohem Maße die evangelische Christenheit diese ihre Verantwortung begriffen hat. Ein bemerkenswertes Instrument ist beispielsweise die Kammer für öffentliche Verantwortung, die von der EKD begründet ist. Sie hat weitgehende Aufmerksamkeit gefunden, vor allem auf einem kontroversen Gebiet, nämlich den von ihr erarbeiteten Denkschriften, von denen jedoch später zu berichten sein wird.

Übernahme eines Amtes

Am 16. April 1947 war die neugewählte hannoversche Landessynode zusammengetreten. Es war die erste, aus rechtmäßigen Wahlen zustandegekommene Synode. Landesbischof Marahrens hatte selbst am stärksten darauf gedrängt, daß in einer geordneten Weise, vor allem auch durch die wesentlichen, von der Verfassung vorgeschriebenen Vorwahlen eine Synode zustandegekommen war, die allen Erfordernissen der verfassungsmäßigen Ordnung entsprach. In anderen Landeskirchen war die Wiederherstellung der Ordnung nicht mit derselben umständlichen Sorgfalt vollzogen; aber das hannoversche Verfahren schloß von vornherein die Möglichkeit späterer Bedenken völlig aus.

Dieser Synode hat der Landesbischof Marahrens, wie es sein bestimmter und festgelegter Wille war, seinen Rücktritt erklärt. In einem würdigen, ihn und die Landeskirche hoch ehrenden Rechenschaftsbericht, in dem er auch zu den gegen ihn erhobenen Vorwürfen Stellung nahm, hat er von seinem Amt Abschied genommen. Der mehrfach an ihn herangetragenen Bitte, seinen Rücktritt noch nicht zu vollziehen, hat er mit der ihm eigenen Verbindung von Würde und Beharrlichkeit widerstanden. Die Synode hat seinen Entschluß respektiert; und

der Vorsitzende des Synodalausschusses, der damalige Superintendent Schulze, hat in knappen, kräftigen Worten ihm für die lange Tätigkeit als Landesbischof gedankt, die ja in einer besonders ereignisreichen und entscheidungsschweren Situation vollzogen werden mußte. Die kraftvollen Wort von Superintendent Schulze endeten mit dem markigen Satz: »...und er war doch ein Bischof!«
Zum Bischofsvikar wurde nach der geltenden Ordnung Landessuperintendent Feltrup gewählt, der freilich, wie sich herausstellte, dieses immerhin wichtige Amt nicht lange versehen mußte. Am nächsten Morgen trat die Synode erneut zur Wahl des neuen Landesbischofs zusammen, und nachdem ich im Zimmer der Oberin des Henriettenstiftes auf den Ausgang der Wahl gewartet hatte, wurde ich von dem um die Innere Mission Hannovers hochverdienten Pastor D. Wolff, der auch Synodaler war, in die Synode gebeten. Er geleitete mich in den Plenarsaal, die Synodalen erhoben sich, der Synodalpräsident, damals der Senatspräsident des Oberlandesgerichts Redepenning aus Celle, teilte mir in bewegten Worten das Resultat der Abstimmung mit; ich war einstimmig gewählt worden. Einige Vertreter der Leitungsgremien der Landeskirche sprachen Glückwünsche. Besonders eindrücklich war natürlich das Grußwort des scheidenden Landesbischofs.
Nach diesen Grußworten wurde eine kurze Pause eingelegt, die den Synodalen Gelegenheit zu persönlichen Glückwünschen gab. Ich erinnere mich deutlich eines unserer ländlichen Synodalen aus dem Norden Hannovers, der auf mich zutrat, meine Hand wie mit einem Schraubstock ergriff und mir nur das Psalmwort sagte: »Der Herr ist mein Licht und mein Heil, vor wem sollte ich mich fürchten? Der Herr ist meines Lebens Kraft, vor wem sollte mir grauen?« Eine Landeskirche, die Laien hat, die in solch einem Augenblick so einfach und deutlich geistlich reagieren konnten, ist gut dran.

Die Tatsache, daß diese Wahl einstimmig vollzogen war, war besonders erfreulich.
Dies ist kein gewöhnlicher Vorgang; mir ist nicht bekannt,

daß eine Bischofswahl von solcher Einstimmigkeit seither wieder vollzogen worden sei. Die Gründe dafür sind nicht unwichtig.

Vielleicht der wichtigste war, daß der scheidende Bischof seinen Nachfolger der Synode in der entscheidenden vertraulichen Sitzung empfohlen hatte. So groß war eben noch immer das Vertrauen, das er genoß, daß seine Stimme ohne allen Zweifel für viele den Ausschlag gegeben hat. Es kam hinzu, daß in jener eigenartigen, ungewissen Lage, in der die Zukunft undeutlich war, die Bereitschaft zum einmütigen Handeln größer war, als sie in normalen Zeiten gewesen wäre. Und schließlich kommt hier einer der besten Züge des hannoverschen Landeskirchentums, das so oft kritisch beleuchtet worden ist, zum Vorschein: Die unverkennbare Homogenität in der Haltung der Pfarrerschaft, die damals noch unbestritten und unangefochten wirksam war. Diese Haltung ist nicht etwa, wie manche Kritiker beinah böswillig behauptet haben, auf eine Subordinationstheologie zurückzuführen; davon kann keine Rede sein. Wer den Hergang des Kirchenkampfes und die Haltung der Pfarrer gerade auch in kritischen Zeiten mit dem und gegen den Landesbischof miterlebt hat, weiß, daß von dieser Unterwürfigkeit gar keine Rede sein kann. Was dahinter steht, ist ein hohes Maß von lebendiger, kraftvoller Sachlichkeit. Pfarrer und Gemeinden unserer Landeskirche haben in jenen Jahren fast immer einen nüchternen Sinn an den Tag gelegt, der den vielfachen kirchlichen und anderen Gegebenheiten mit einem realistischen Urteil begegnete. Manche Auseinandersetzungen, an denen andere kirchliche Gebiete zum Teil sehr schwer getragen haben, sind bei uns nicht zu dieser Belastung geworden, weil der Sinn für die gemeinsame Aufgabe und die sachliche Verpflichtung immer stark genug entwickelt war. Diese wohltuende Atmosphäre der Sachlichkeit habe ich während der ganzen Zeit meiner bischöflichen Amtsführung dankbar empfunden. Nur ein Beispiel: im Bischofsrat, der Versammlung der Landessuperintendenten, also der Sprengelbischöfe, in dem ich bei Übernahme des Amtes der Jüngste war, stieß ich auf eine vor-

bildliche Noblesse der Haltung, die sich durch die gesamte Zeit meiner Amtsführung bewährt hat.
Auch die sachlich klare Regelung der Bischofswahl von damals schien mir gut und hat zu dem günstigen Eindruck des Anfangs beigetragen. Man bedenke: zwischen dem Rücktritt des scheidenden Bischofs und dem Eintritt des neuen Amtsträgers lag nur eine Nacht! Nahtlos ist der Übergang vollzogen worden. Das war das Ergebnis der knappen, vernünftigen, auf das Sachliche begrenzten Vorschriften über die Wahl. Wenn sich inzwischen das Bedürfnis nach Wahlgremien, nach der Nominierung mehrerer Kandidaten und dergleichen durchgesetzt hat, so darf man nicht übersehen, daß damit auch die Gefahr auftaucht, daß die verschiedenen Namen der öffentlichen Erörterung und damit eben meist auch der öffentlichen Abnutzung ausgesetzt werden. Noch weniger glücklich ist die Methode, einen Bischof zu wählen und monatelang auf den Antritt seines Amtes warten zu lassen. Der rasche und pausenlose Wachwechsel, wie er damals auf Grund unserer Verfassung vollzogen werden konnte, erschien mir sachgemäß.

Die Einstimmigkeit muß auch aus den zeitlichen Umständen erklärt werden. Wir waren in der gesamtdeutschen Situation auf einem Tiefpunkt; nur mühselig erholte sich das Land von den schweren Schäden des Krieges. Daran hatte auch die Kirche Anteil. Aber eine solche Situation hatte nicht nur Bedrükkendes, sondern rief auch die Kräfte positiven Aufbruchs wach. Die Willigkeit, die Offenheit, die Aufgeschlossenheit für die damals erforderlichen Aufgaben war groß. Ein einzelner zusätzlicher Ausdruck dieser Tatsache war auch, daß die Landesregierung, die nach den damals noch geltenden Bestimmungen ein nihil obstat zu erklären hatte, noch in die Sitzung der Synode hinein ihre Zustimmung erklärte – ein Akt politischer Courtoisie, der von der Synode dankbar hingenommen wurde und der es erlaubte, daß der neugewählte Landesbischof schon in der Sitzung, die seine Wahl vollzogen hatte, sein Amt rechtens antrat.

Ich war also seit dem 17. April 1947 rechtmäßiger Bischof der hannoverschen Landeskirche. Daß die Zustimmung der Landesregierung so rasch erfolgte, war dem persönlichen Einsatz des damaligen Ministerpräsidenten Kopf zu danken, dessen Autorität groß genug war, um diesen Akt der Zustimmung prompt zu vollziehen, und der seinen Kabinettskollegen Gelegenheit gab, später zuzustimmen! Ein Zeichen der Echtheit seiner Autorität war dies, daß niemand auf die Idee kam, sein Vorgehen aus formalistischen Gründen anzuzweifeln.

Die feierliche gottesdienstliche Einführung in das Amt geschah am 28. Mai 1947. Die äußeren Umstände waren geradezu symbolkräftig. Die Stadt Hannover lag noch in Ruinen; die Fotografien des festlichen Zuges zeigen die hochgeschichteten Trümmerhaufen zu beiden Seiten der Straße. Die Marktkirche, die große historische Kirche unserer Stadt, war nicht vollständig zerstört; aber sie hatte weder Fenster noch ein vollständiges Dach. Die Amtsbrüder trugen das Barett, weil es in der Kirche kalt und zugig war. Aber der geniale Architekt Oesterlen, dessen wesentliches Werk die Wiederherstellung der Marktkirche ist, hatte dafür gesorgt, daß auch der noch ruinöse Raum ein würdiges Äußeres hatte. Ich predigte über Amos 9,11: »Zur selben Zeit will ich die zerfallene Hütte Davids wieder aufrichten und ihre Lücken verzäunen, und was abgebrochen ist, wieder aufrichten und will sie bauen, wie sie vorzeiten gewesen ist.« Mir war natürlich bewußt, daß die meisten Exegeten dies für einen »unechten« Amosschluß halten, und mir war das Wesentlichere nicht unbewußt, daß es kühn oder leichtfertig sein konnte, einen solchen Text für eine solche Stunde in Anspruch zu nehmen. Mir aber schien es als ein Gebot des Glaubensgehorsams, Gott zuzutrauen, daß er eine solche Verheißung auch in der Gegenwart wahr machen könne. Er hat es getan.
Ich will nur zurückhaltend daran erinnern, daß in der Zeit meines bischöflichen Amtes viele Kirchen gebaut und wiederhergestellt wurden, weit über 200 an der Zahl. Es ist uns darüber hinaus möglich geworden, das organisatorische und

verfassungsgemäße Gehäuse der Kirche wiederherzustellen. Wir haben der kirchlichen Arbeit neue, wichtige Zweige hinzufügen können, wovon noch die Rede sein wird. Jedenfalls bin ich auch heute noch der Meinung, daß es nicht ein Ausdruck geistiger Anmaßung war, ein solches Verheißungswort in concreto in Anspruch zu nehmen. Der Tag der feierlichen Einführung, der unter großer Anteilnahme der Öffentlichkeit verlief, stand unter dem Glanz der Freundlichkeit Gottes und war ein Zeichen der Ermutigung für alle Beteiligten.

Natürlich führt das von selbst zu der Frage, ob die hohen Erwartungen einer solchen feierlichen Stunde sich alle erfüllt haben. Wer unter so günstigen äußeren Voraussetzungen ein Amt antreten darf, ist zu doppelter Wachsamkeit der Selbstprüfung verpflichtet. Hat der Glanz jener Stunde gehalten, was er versprach? Noch eindringlicher ist die Frage: Hat der, dem ein solcher Beginn seines Amtes vergönnt war, sich dieser beglückenden Anfangssituation einigermaßen gewachsen erwiesen?

Ich wäre nicht nur ein dubioser Christ, sondern auch ein Mann mangelhaften Urteilsvermögens, wenn ich es wagen würde, diese Frage mit einem runden, naiven Ja zu beantworten. Der Augenblick einer solchen Rückschau wie dieser ist Anlaß genug zur Selbstprüfung. Auf die Gefahr hin, daß es banal klingen könnte, möchte ich die berühmten Verse aus Conrad Ferdinand Meyers »Huttens letzte Tage« einfügen:

»Mich reut, daß ich in meine Fehden trat
mit schärfren Streichen nicht und kühnrer Tat.«

Was übrigens die Aufgabe der Selbstkritik angeht, so haben sich immer eine Reihe von »Brüdern«, Mitchristen und Kritikern darum bemüht, durch ihre begleitende kritische Wachsamkeit den Bischof vor hochmütiger Selbstsicherheit zu bewahren. Daß die Schwere des Amtes von selbst dafür sorgte, war vielen von ihnen nicht bewußt. Was ich in manchen Predigten ausgesprochen habe, nämlich daß der Christ von Lob und Tadel der Mitwelt gleichermaßen unabhängig sein müsse, habe ich selber laufend praktizieren müssen.

Auf der anderen Seite läßt sich nicht leugnen, daß eine ganze

Reihe von erfreulichen Geschehnissen zu verzeichnen ist. Unwiederholbar ist diese Periode des Neubeginns auf allen Gebieten. Wieviel war damals möglich! Unter dem Eindruck, daß der Wiederaufbau alle Kräfte erforderte, hatte sich eine Gesamtatmosphäre ergeben, an die man nur mit dankbarem Staunen zurückdenken kann. Es gab zum Beispiel noch keine sozialpolitischen Kämpfe, weil Arbeitgeber und Arbeitnehmer in dem Willen verbunden waren, in dieser ruinösen Gesamtsituation so schnell wie möglich die alten Arbeitsplätze wiederaufzubauen. Ohne allen Zweifel ist dies einer der besten Züge in der Gesamthaltung des deutschen Volkes in jenen Jahren gewesen.

Für die Kirche bedeutete dies, daß viele von den anstehenden Aufgaben nicht umständlich erklärt werden mußten. Im Rückblick muß ich bekennen, daß die wichtigsten neuen Ereignisse meiner bischöflichen Amtszeit am Anfang lagen. Die Evangelische Akademie, das Pastoralkolleg, die Kirchlichen Wochen, eine ganze Reihe anderer Neuansätze sind damals möglich gewesen, weil eigentlich niemand den Mut gehabt haben würde, solchen Planungen zu widersprechen. Das ist, sobald die Situation sich normalisierte, anders geworden. Das heißt aber nicht, daß alle mit gleichem Enthusiasmus den neuen Plänen zugestimmt hätten.

Die Gründung der Evangelischen Akademie, die zunächst nach Hermannsburg und später nach Loccum verlegt wurde, hat selbstverständlich manchen Widerspruch gefunden, auch manchen wirklich törichten Widerspruch. Aber es ließ sich doch erreichen, daß sie über alle solche Bedenken hinweg am 30. Oktober 1946 in Hermannsburg vollzogen wurde.

Ebenso stieß der Plan des Pastoralkollegs zunächst auf Widerspruch und Unverständnis. Es gab sogar vereinzelte Amtsbrüder, die den Verdacht äußerten, daß sie hier auf eine landeskirchliche Normaltheologie ausgerichtet werden sollten. Aber auch hier ließen sich die Widerstände durch die sachliche Arbeit, die unter der ausgezeichneten Leitung von Professor Hoffmann und Dr. Holze geschah, verhältnismäßig rasch überwinden.

5 *Einführung in das Bischofsamt 1947*

6 *Rat der EKD 1948 (s. S.163)*

7 *Unterzeichnung des Staatsvertrages 1955*
durch Hinrich Wilhelm Kopf

Das gleiche galt für die Wiederaufnahme der Beziehungen zu zwei Gruppen, die traditionellerweise sich von der Kirche weit entfernt hatten. Es war mir klar, daß ich mich in besonderer Weise einsetzen wollte für die Wiedergewinnung des Vertrauensverhältnisses zur Lehrerschaft und zu den Gewerkschaften. In jener nach allen Richtungen offenen Zeit war zu meiner großen Freude beides möglich. Ich habe auf die Wiedergewinnung der Vertrauensbasis mit den Lehrern sehr viel Mühe und persönlichen Einsatz verwandt. Immer wieder habe ich erklärt, daß wir keine geistliche Schulaufsicht begehrten. In den Gesprächen mit den Gewerkschaften habe ich deutlich gemacht, daß die alte Hypothek des Mißtrauens nicht mehr berechtigt sei und abgetragen werden müsse. Auf beiden Gebieten bin ich zu meiner großen Freude auf Gesprächspartner gestoßen, die solche Bereitschaftserklärungen gelten ließen und an ihrem Teile auch zu verwirklichen bereit waren. Ich muß hier in besonderer Weise des damaligen Kultusministers Dr. h. c. Adolf Grimme gedenken, jenes geistig überragenden Mannes, der in vorbildlicher Weise sich dieser Bereitschaft der Kirche aufgeschlossen zeigte. Wichtig war, daß wir als Kirche alle Ansprüche, die hierarchisch mißverstanden werden konnten, zu beseitigen trachteten. In der Neuordnung des Schulwesens sind wir in unserer Landeskirche vorangegangen mit der Erklärung, daß wir auch den Fortbestand der Konfessionsschulen von einst nicht verlangen. Es war nicht einmal einfach gegenüber den eigenen Leuten, diese Wendung plausibel zu machen. Aber es gelang mit der Zeit klarzumachen, daß das Konzept der bisherigen Konfessionsschulen in die veränderte schulpolitische Situation nicht mehr paßte.
Ähnlich war es im Blick auf die sozialpolitischen Fragen. War es in jenen Zeiten schon ein auffallendes und hervorragendes Kennzeichen bewährter christlicher Persönlichkeiten, wie etwa des Vorsitzenden des Ruhrbergbaus Dr. h. c. Kost, daß er sich um eine neue Sozialordnung bemühte, so stießen wir auch auf wirkliches Verständnis bei einer so überlegenen Gestalt wie Dr. h. c. Hans Böckler, dem Vorsitzenden des Deut-

schen Gewerkschaftsbundes, der Wesentliches für die Neuordnung unserer sozialpolitischen Situation getan hat. Ein besonderes Wort der Dankbarkeit gebührt aber der staatsmännischen Erscheinung von Hinrich Wilhelm Kopf, dem ersten Ministerpräsidenten Niedersachsens. Was er für die Neuordnung des öffentlichen Lebens getan hat, ist in der Tat mit einem Worte gar nicht zu beschreiben. Er war als Mann einer gewachsenen, ganz unprätentiösen Autorität in der Lage, in der Öffentlichkeit Vertrauen zu der neuen demokratischen Ordnung einzuflößen. Der Volksmund hatte ihm zwei charakteristische Beinamen zugelegt; man nannte ihn den »roten Welfen« und bezeugte damit, daß man ihm die Verbindung seiner politischen Überzeugung mit einer – in unserm Lande besonders geschätzten – Heimattreue zutraute. Und viele nannten ihn einfach den »Landesvater«, und auch das war ein Ausdruck dafür, daß man eine gewachsene Autorität gelten ließ. Als Kirche haben wir in ihm einen noblen Gesprächspartner gehabt, der, obwohl er überzeugtes Glied der SPD war, doch in souveräner Form das, was ihm möglich erschien, tat. Die Krönung seiner Haltung uns gegenüber war seine Bereitschaft, den Loccumer Vertrag von 1955 abzuschließen, jenen exemplarischen Staatsvertrag, der das Verhältnis zwischen Staat und Kirche in unserem Lande neu ordnete und für viele andere Bundesländer vorbildlich geworden ist.

Der Weg in die landeskirchliche Arbeit

Der Weg in die landeskirchliche Arbeit ist von mir mit großer Freude angetreten worden. Natürlich hat es alle jene Bedenken gegeben, die einen redlichen Mann zu Beginn einer solchen verantwortungsvollen Tätigkeit überfallen, bis hin zu der immer wiederholten Frage, ob man dieser Aufgabe gewachsen sein würde. Aber von verklemmten psychologischen Hemmnissen bin ich frei gewesen. Für mich entsprach der neue Auftrag einem Ruf. Mein theologisches Denken war so

gestaltet, daß ich ohne Gewißheit um einen Ruf Gottes den Weg überhaupt nicht angetreten hätte. Es gab Hilfserwägungen, die mir diesen Gedanken nahegebracht hatten, am meisten die Tatsache, daß ich trotz der schweren Gefährdung des Bombenkrieges und der Gestapohaft am Leben geblieben war und die Freiheit wiedergesehen hatte; aber auch die einstimmige Wahl zum Landesbischof und die Zustimmung meiner Landsleute und meiner lutherischen Brüder, nicht zuletzt auch das positive Wort meines Bischofs und meiner nächsten kirchlichen Freunde. Jedenfalls habe ich nicht gezögert zu glauben, daß ich hier einen Auftrag hatte.
Dieser Gedanke ist mir, je intensiver ich die landeskirchliche Arbeit wieder kennenlernte, um so gewisser geworden.

Reichte schon das Gebiet der Landeskirche von der Nordsee bis an den Harz und von der westfälischen Grenze bis an die Zonengrenze, so war innerhalb dieses weiten Bereichs die Vielzahl charakteristischer Landschaften ein besonderer Reiz. Es gab die Nordseeinseln mit dem ganzen ostfriesischen Hinterland, das mich immer besonders angezogen hat, es gab das Artland und das Land Hadeln, dessen weltlicher Patron Johann Hinrich Voss, der Homerübersetzer, aus Otterndorf war, mit seinen großen alten Höfen, darauf die »Lateinbauern« saßen, in der Regel höchst gebildete und kundige Männer über ihren eigentlichen landwirtschaftlichen Beruf hinaus; da waren Hameln und die Weserrenaissance, die Münchhausenstadt Bodenwerder mit ihrem schönen Schloß aus dem 18. Jahrhundert und schließlich die alte Herzogstadt Celle mit ihren reizvollen Bauten und dem charakteristischen Hinterland der Lüneburger Heide, mit Hermannsburg als kirchlichem Zentrum. Alle diese Landschaften waren von einer beachtlichen Schönheit, die von den Besuchern immer wieder empfunden wurde. Dazu kam die besondere Ausprägung innerhalb der Geschichte der Frömmigkeit. Einige der besten Gestalten der hannoverschen Kirchengeschichte sind gerade in dieser Hinsicht sehr bodenverwurzelt und volkstumsbewußt gewesen.

Im Lauf der Jahre haben wir diese verschiedenen Landesteile mit ihren Charakteristika sehr genau kennengelernt, und ich denke mit großer Dankbarkeit an die vielen Begegnungen und Treffen zurück, die wir z. B. während der »Kirchlichen Wochen« gehabt haben. Unsere »Kirchlichen Wochen« wie auch die verschiedenen Sprengeltage wiesen Besucherzahlen zwischen drei- und achttausend auf, und das sehr entfaltete Programm brachte uns mit den typischen Bevölkerungsschichten in gute Berührung. Harburg zum Beispiel war das Muster einer modernen Industriestadt, und wir haben mit Elbschiffern und Bauern der Heide ebenso Fühlung gehabt wie mit Führern der Landwirtschaft und der Justiz.
Im Harz sind wir auf schwierigen unterirdischen Gängen in das Innere eines Erzbergwerks vorgedrungen und haben an der Küste am Leben der Fischerbevölkerung teilgenommen. Was mich am meisten bewegte und beeindruckte, war die verschiedene Frömmigkeitsstruktur dieser Landesteile. Es gab Gegenden, die von Erweckungsbewegungen geprägt waren, und andere, bei denen kein Hauch einer Erweckung zu spüren war. Die erwecklichen Gebiete haben ihren Charakter erstaunlich lange erhalten. Wo immer Ludwig Harms in seinen Tagen gewesen war, spürte man die Auswirkungen seiner Besuche noch bis in die Gegenwart. Als Loccumer Kandidaten hatten wir mit den Predigten auch das Filialdorf Winzlar versorgen müssen, uns war regelmäßig aufgefallen, welch guter Kirchenbesuch trotz der Tatsache, daß nur Kandidaten predigten, uns erwartete. Als ich einmal eine Rückfrage bei einem der Bauern hielt, sagte er nur: »Hier hat vor hundert Jahren Ludwig Harms zwei Bibelstunden gehalten.« Ich habe damals gestaunt über die Tatsache, daß geistesmächtige Verkündigung eine so über die Jahre hin dauernde Wirkung haben konnte.

Es war reizvoll, diese Vielgestalt in immer neuen Formen und Begegnungen zu erleben. Sie bot Anknüpfungspunkte genug für eine gegenwartsgemäße Form der Verkündigung.
Am leichtesten war unsere Arbeit, wo noch ein erkennbares

Element Erweckungsfrömmigkeit vorhanden war. Wenn ich an die Frage nach der Bedeutung von Erweckungsbewegungen in unserer Landeskirche und an einige charakteristische Erscheinungen der jüngsten Theologiegeschichte in unserem Lande denke, fällt mir die Formel ein, mit der Generalfeldmarschall von Manstein, vermutlich der bedeutendste Heerführer des Zweiten Weltkrieges, seine Erinnerungen überschrieben hat: »Verlorene Siege«.

Einer der auffallendsten dieser verlorenen Siege ist die theologische »Erledigung« des Pietismus. Es ist bekannt, daß diese prinzipielle Ablehnung des Pietismus sich seit etwa vier Jahrzehnten innerhalb von Theologie und Kirche durchgesetzt hat. Es gibt respektable Restgruppen, die ihren Einfluß behalten haben, und zwar in zahlenmäßig nicht geringem Maße; aber das Gesamtbild von Theologie und Kirche ist von wesentlichen pietistischen Dominanten frei. Der »Sieg« ist errungen, aber es ist ein verlorener Sieg. Denn mit den pietistischen Restbeständen der nachfolgenden neupietistischen Erweckungsbewegung ist vieles andere verlorengegangen: die Bibelkenntnis überhaupt, die Fähigkeit von Laien, Gottes Wort zu verstehen und auszulegen, das Bewußtsein der Zusammengehörigkeit einer lebendigen Gemeinde, die Erkenntnis von dem Entscheidungscharakter des christlichen Glaubens und schließlich auch der Ernst der Nachfolge. Jedes dieser Themen wäre eine ausführliche Darstellung wert, um klarzumachen, in welchem Umfange es sich bei der »Erledigung« des Pietismus um einen verlorenen Sieg handelt.

Aber auch in unseren Tagen haben solche revisionistischen Bewegungen keine lange Lebensdauer. Man wird unwillkürlich an die lateinische Formel vom lustrum erinnert, das bekanntlich einen Abschnitt von fünf Jahren bezeichnet. Manche der modernisierenden Erscheinungen in der Theologie haben tatsächlich kaum ein längeres Leben als ein solches Jahrfünft gehabt, und es ist keine übertriebene und unbegründete Hoffnung, daß sich die geistliche Bewegung, die man als Nachfolge des Pietismus bezeichnen kann, stärker und wirksamer zu Worte melden wird.

Ein Problem, das von Anfang an bestand und immer wiederkehrte, war die Frage, wie man die Größe der Landeskirche recht in den Griff bekommen könnte. Hier hat sich ein schablonenhaftes Fehlurteil herausgebildet, das lästig, aber leicht zu widerlegen war. Natürlich haben die Väter der hannoverschen Kirchenverfassung dieses Problem deutlich gesehen und auch Maßnahmen ergriffen. In der Diskussion ist immer wieder übersehen worden, daß es das Institut der Landessuperintendenten gab, neun an der Zahl; und die Sprengel dieser Geistlichen waren übersehbar, auch wenn jeder von ihnen größer war als einige benachbarte Landeskirchen. Wenn der Landessuperintendent einen bischofsähnlichen Titel geführt hätte, wäre noch deutlicher für den Außenstehenden erkennbar gewesen, daß er an den bischöflichen Funktionen teil hatte. Die Landessuperintendenten haben die Ordinationen vollzogen, haben mit ihren Ephoren und Pastoren Konvente gehalten, haben visitiert und waren also in vollem Umfange Bischöfe in ihrem Bereich.

Es kam nur darauf an, das Verhältnis zwischen Bischof und Landessuperintendenten so zu gestalten, daß es zur fruchtbaren Arbeit führte. Das geschah auch. Ich habe schon davon geredet, daß diejenigen Inhaber des Amtes, die ich bei meinem Amtsantritt vorfand, noble, sachliche und aufgeschlossene Männer waren. Es hat keinerlei wesentliche Reibungen gegeben, und die Gemeinsamkeit der Arbeit kam in den regelmäßigen, mindestens monatlich stattfindenden Zusammenkünften deutlich zum Ausdruck. Der »Bischofsrat«, wie die Gemeinschaft der Landessuperintendenten genannt wurde, der unter dem Vorsitz des Landesbischofs tagte, hat in seinen regelmäßigen Zusammenkünften vor allem auch die Zeit gehabt, grundsätzliche Fragen zu erörtern und nicht in nur administrativen Funktionen unterzugehen. Daß jeder Sprengel seine Eigenarten hatte, versteht sich von selbst. Das gleiche gilt für die Träger des Amtes auch. Es hat mir immer Vergnügen bereitet zuzuhören, wenn die einzelnen Landessuperintendenten die Vorzüge und Schönheiten ihres Sprengels rühmten. Das galt für die landschaftliche Verschiedenheit, das galt auch für die Verschiedenheiten des Volkstums, der Sitte und anderer Charakteristika. Ostfriesland war natürlich anders als Südhannover, Osnabrück mit seinem unübersehbaren Einschlag von erwecklichen Einflüssen war anders als das Gebiet um den Harz. Auch wirtschaftliche Verschiedenheiten traten hervor. Alles in allem ergab sich ein sehr interessantes, vielgestaltiges Bild der Landeskirche.

Nach einer anderen Seite empfand ich von Anbeginn das Problem der Größe dieser Landeskirche . Das war die Frage, inwieweit es möglich sein könnte, auf eine geistliche, theologisch fundierte Weise den einzelnen Teilen der Landeskirche nahezukommen. Nach einigem Nachdenken habe ich bald den Versuch sogenannter »Kirchlicher Wochen« begonnen. Sie bestanden darin, daß ein bestimmtes Gebiet, das sich dafür eignete, das groß, aber nicht zu groß war, sondern immer übersehbar blieb, unter der Mitwirkung von willigen Amtsbrüdern mit einem sorgfältig durchdachten volksmissionarischen Programm überzogen wurde. Das sah dann so aus, daß wir zu Beginn in Form eines offiziellen Empfanges Rathaus und bürgerliche Obrigkeit anredeten und unter Zuhilfenahme der örtlichen Presse programmatisch unser Vorhaben ankündigten. Da gerade in den ersten Jahren die öffentlichen Institutionen noch nicht so entwickelt waren, ergab sich immer große Bereitwilligkeit von seiten der Magistrate und anderer öffentlicher Institutionen; und der Austausch von Grußreden zwischen dem Bürgermeister und dem Landesbischof war interessant, nicht selten auch amüsant. Die jeweils angeredete Stadt versuchte begreiflicherweise ihr bestes Bild hervorzukehren, und wir haben erstaunliche Versicherungen über die Kirchlichkeit solcher Gemeinwesen vernommen. Natürlich hatten wir Bürgermeister und Rat bei diesen volltönenden Aussagen über ihre Kirchlichkeit behaftet und auch eine gute Resonanz für unser Vorgehen gefunden. Ebenso wichtig war für uns der Kontakt mit der Schule. Es war eigentlich mühelos möglich, Besuche in den verschiedenen Schulen eines solchen Ortes zu vereinbaren; und da wir

im Laufe der Zeit immer mehr Mitarbeiter gerade auf diesem Gebiet einsetzen konnten, wurde das Netz dieser Schulbesuche wirkungsvoller. Es handelte sich dabei um eine gar nicht einfache Arbeit; aber es war gelungen, Männer und Frauen zur Mitarbeit zu gewinnen, die ein besonderes Charisma im Umgang mit jungen Menschen hatten.
Ein weiterer Ansatzpunkt waren die Bemühungen um die verschiedenen Berufsorganisationen. Für die Ärzte, für die Pädagogen, für die Glieder der Verwaltung haben wir regelmäßig besondere Veranstaltungen gehalten und eigentlich immer eine große Bereitwilligkeit zur Teilnahme und zum Zuhören gefunden. Auch das Handwerk wurde bedacht, die am Ort befindliche Industrie; wenn es bedeutendere Industriewerke gab, haben wir sie fast immer regelmäßig besucht und die Belegschaft angeredet – kurz, es gelang im Tageslauf die verschiedenen Aspekte des öffentlichen Lebens einer solchen Kommune anzureden. Alles tendierte auf den Abend zu, wo im größten Raum des Ortes, der größten Kirche oder noch besser in irgendeinem großen weltlichen Raum ein biblischer Vortrag stattfand, Abend für Abend, den ich meist selbst gehalten habe und der hochwillkommene volksmissionarische Gelegenheiten bot. Diese Planung verursachte begreiflicherweise viel Arbeit und Einsatzbereitschaft auf seiten derer, die mitarbeiteten. Wir nannten jene Arbeitsgemeinschaft, die auszog, um eine solche »Kirchliche Woche« zu gestalten, das Team. Es traf sich vorher und vor allem hinterher, um das, was sich im Laufe des Tages ereignet hatte, zu besprechen; uns wurde auf diese Weise eine meist sehr gute und umfassende Kenntnis der jeweiligen Ortschaft vermittelt, auch ihre geistliche Qualität und ihre besondere Problematik. Diese Arbeitsgemeinschaft des »Teams« war im allgemeinen beglückend; es entstand eine sehr dichte Form von Kameradschaft, und das Hand-in-Hand-Arbeiten war erfreulich.
Natürlich verlangte eine solche »Kirchliche Woche« ein hohes Maß von Arbeit und Einsatz von den Mitarbeitern, von denen ich in den Anfangsjahren nur Helmut Flor, Elisabeth Griesang, Gerhard Stier und vor allem Hans-Jürgen Baden

und die pausenlose Einsatzbereitschaft des Landesgeschäftsführers der Männerarbeit, Ernst Meyer, erwähne. Wir haben uns wirklich bemüht und oft auch geschunden; aber der Einsatz war es wert, und die Arbeit selbst war uns Lohn genug. Mit der Zeit gelang es auch, die Anteilnahme der Landeskirche im ganzen zu gewinnen. Zuerst folgten viele Amtsbrüder einem solchen Plan nur zögernd, für manche von ihnen waren diese angriffigen Methoden zu fremd. Aber die meisten ließen sich doch im Ablauf einer solchen Woche überzeugen und arbeiteten mit. Es entstand eine interessante Selektion: nur diejenigen, die Interesse an einer solchen Arbeit hatten, die ihren Sinn begriffen, die bereit waren, sich auch einzusetzen, taten mit. Die weniger Bereitwilligen blieben ohnehin zurück. Auch dieser Prozeß der Klärung war sehr interessant. Ein solches volksmissionarisches Unternehmen hatte seine Zeit. Es ließ sich nicht auf lange Sicht ausdehnen, aber in der Zeit, in der wir diese Arbeit taten, war es gut und gelang.

Anfänglich tauchten gewisse Schwierigkeiten mit den Veranstaltern des Kirchentages auf. Sie empfanden diese Kirchlichen Wochen als eine Konkurrenz und argwöhnten, daß unsere Versuche ihnen das Wasser der Anteilnahme und des Interesses am Kirchentage abgraben würden. Man ließ sich im Laufe der Zeit überzeugen, daß eine solche Konkurrenz nicht zu befürchten war, zumal der Kirchentag unter ganz anderen zahlenmäßigen Voraussetzungen antrat und auch mit viel längerer Terminierung arbeitete, als wir es taten. Die Zeit für solche geballten Vorstöße volksmissionarischer Art ist im Augenblick vorüber. Die Arbeit hat sich gewandelt, das System viel kleinerer Gruppen, ja Zellen ist an die Stelle getreten, aber die Absicht ist die gleiche. Daß auch die theologische Färbung sich wandelte, kann nicht verschwiegen werden. Der direkte, unmittelbare, planmäßige, evangelistische Vorstoß hat seine Glaubwürdigkeit und Attraktivität vor allem bei den jüngeren Theologen verloren. Vom Statistischen und Wirtschaftlichen her geprägte Arbeitsversuche sind an die Stelle getreten. Wie groß ihre Intensität und Wirkung sein kann, läßt sich nicht ohne weiteres vorweg sagen. Es besteht aber kein Anlaß zur grundsätzlichen Kritik oder Skepsis.

Das Problem der großen Zahl innerhalb der Volkskirche hat uns unablässig beschäftigt. Nicht nur die Landeskirche, die in ihrer gesamten Ausdehnung fast vier Millionen Glieder zählte, sondern auch die Großstadtgemeinden, die alle viel zu groß waren, haben uns immer wieder bedrückt. Die zahlreichen Versuche, diesem Problem organisatorisch beizukommen, waren keinesweges befriedigend. Das Problem ist in den letzten Jahren um so drückender geworden, je weniger die nächstliegende Hilfe realisiert werden konnte; wirkungsvoll hätte man nur mit einer wachsenden Zahl von Pfarrern und kirchlichen Mitarbeitern helfen können. Wenn statt dessen die Zahlen der Theologiestudenten sogar zurückging, wurde das Problem mehr und mehr verschärft. Natürlich gab es die Möglichkeit anderer Hilfen. So war der Trend, Menschen ohne Universitätsbildung in das Pfarramt zu führen, immer stärker geworden. Ich selber habe diese Tendenz immer begünstigt, weil mir nicht nur die pragmatische Notwendigkeit deutlich war, sondern weil ich auch der Überzeugung war, daß in einer wirklich lebendigen Kirche auch Menschen ohne ein akademisches Studium in der Lage sein müßten, zu predigen und seelsorgerlichen Dienst zu tun, falls sie wirklich von dem Auftrage des Evangeliums ergriffen waren. Wir haben interessanterweise immer wieder Beispiele dafür gehabt, daß Menschen, die auf diesem Wege ins Pfarramt gelangten, oft wendiger und praktischer ans Werk gingen als manche Universitätsabsolventen. Man darf daraus sicherlich keine Regel machen; aber es ist ermutigend, daß diese Quelle uns offen steht.

Hier kommt ein Problem in den Blick, das in seiner Tragweite noch nicht voll begriffen ist, nämlich das Verständnis der Gemeinde, der Ortsgemeinde, der Lokalgemeinde, der Parochialgemeinde. Diese Auseinandersetzung ist jüngeren Datums, aber der Gegensatz zu dem überlieferten Parochialsystem mit allen seinen Verzweigungen ist Gemeingut, mindestens der jüngeren theologischen Generation. Eine

Umfrage der Bochumer Theologischen Fachschaft, deren Ergebnisse man nicht überschätzen darf, weil es sich um vereinzelte Beobachtungen handelt, die aber interessant sind, weil es sich um Glieder der jüngsten deutschen theologischen Fakultät handelt, will festgestellt haben, daß unter den befragten Studenten nur zehn Prozent den Dienst in der Kirche, also den herkömmlichen Pfarrdienst, als Berufsziel haben. Die übrigen haben Vorstellungen, die, wie es in dieser Erhebung heißt, sich alle in der Nähe des Berufsbildes vom Sozialarbeiter bewegen. Auch hier ist der »Sieg«, wie es scheint, vollständig. Die herkömmliche Gemeindestruktur der Kirche findet wenig Verteidiger und zeigt nur eine geringe Attraktivität. An die Stelle dessen, was sonst der Pfarrer tat, ist das getreten, was ihm die Soziologen raten. Das Bild einer Gemeinde, die von einem »Hirten« geführt, beraten, versorgt, betreut wird, ist dem Anschein nach hoffnungslos antiquiert. Und an die Stelle seelsorgerlicher Verbundenheit mit der Gemeinde sind jene »Bezüge« getreten, von denen die Soziologen reden. Die Unterschiede sind tiefgreifend, auch wenn man sie hier nur andeuten kann. Der Pfarrer weiß, wie es scheint, oft von der unmittelbaren Verantwortung für seine ganze Gemeinde nicht mehr.

Ich habe den Eindruck, daß die Frage, was an die Stelle dieser entschwundenen pietistischen Möglichkeiten treten kann, um die Lebendigkeit der Gemeinden wieder anzufachen, bislang innerhalb der Theologie kaum eine Antwort gefunden hat und daß ihre Dringlichkeit nur sehr schwach verstanden ist. Die Beobachtungen, die wir in der Arbeit der »Kirchlichen Wochen« machten, waren folgende: Die kirchliche Struktur wurde zunächst noch im allgemeinen hingenommen. Der Pfarrer hatte noch seinen Platz in der Öffentlichkeit, wenngleich sein Dienst in zunehmendem Maße seine deutlichen Konturen verlor; aber es gilt festzustellen, daß der prinzipielle Ausverkauf der Kirche keineswegs die Formen angenommen hatte, die man in literarischen Erörterungen vorfand. Noch immer brauchte der Pastor sich nicht zu erklären, wenn er die Glieder seiner Gemeinde besuchte. Um so

dringlicher war die Frage: Ist das alles lebendig genug, und welche Möglichkeiten gibt es, an Menschen ernsthaft heranzukommen?
In dieser unübersichtlichen Situation des Übergangs wurde im Grunde der gesamte kirchliche Apparat in Frage gestellt. Ich weiß nicht, in welchem Umfange es allen Beteiligten klargeworden ist, daß ein besonderes Problem die verwaltungsmäßige Struktur der Kirche war. Sie wurde zwar viel diskutiert; die Synoden waren eifrig im Durchdenken neuer organisatorischer Pläne, nur war damit ständig die Gefahr verbunden, daß Verwaltungsfragen die Oberhand bekamen, und es hat mich immer mißtrauisch gemacht, daß in fast allen Bereichen der Evangelischen Kirche in Deutschland die Strukturprobleme die am meisten und zugleich am inbrünstigsten verhandelten Fragen waren und daß dahinter die Frage, wie es zu einer wirklichen Lebendigkeit der Kirchenglieder kommen könne, zurücktrat. Denn schließlich kommt es bei einer Kirche darauf an, ob ihre Glieder glauben, beten, in der Bibel lesen und die vielen drängenden Fragen der modernen Gesellschaftsstrukturen in bezug auf diese eigentlichen Zentren der kirchlichen Arbeit zu durchdenken bereit sind.
Wie wichtig eine gute und geordnete Verwaltung in der Kirche ist, habe ich langsam und, wie ich meine, immer deutlicher begriffen, zumal wir darin ausgezeichnete Mitarbeiter hatten; aber mir hat nicht eine einzige Maßnahme eingeleuchtet, die mit der zentralen Aufgabe der Verkündigung nicht unmittelbar oder mittelbar verbunden war.
Hiermit hängt eine Reihe von sehr ernsthaften geistigen und geistlichen Problemen zusammen. Ich will sie ohne eine zu rasche Systematisierung erwähnen. Mir ist während der ganzen Zeit meiner Amtsführung von entscheidender Wichtigkeit die Erkenntnis gewesen, daß zu dem Auftrage eines christlichen Predigers eine großartige Form von geistiger Unabhängigkeit gehört. Da er seine Maßstäbe nicht primär der Umwelt entnimmt, entsteht ganz von selbst ein Fluidum der inneren Selbständigkeit, und uns Älteren ist es gerade durch

die harten, kritischen Zeiten des Kirchenkampfes unausweichlich nahegebracht, in welchem Maße der Prediger von Lob und Tadel der Welt, von Furcht und dem falschen Bedürfnis der Akkomodation frei sein muß. Er ist es auch, wenn er seinen Auftrag wirklich ernsthaft wahrnimmt, und ich habe in vielen Berührungen mit der Gestapo gelernt, welche großartige Unabhängigkeit dem Prediger damit vermittelt ist, daß er in diesem Sinne seinen Predigtauftrag niemals aufs neue durchdenken muß, sondern sich an diesen Auftrag ohne Wanken halten kann.

An dieser Stelle füge ich das freimütige Bekenntnis ein, daß ein nicht geringer Teil der pastoralen Weisheit der Väter mir immer noch viel wesentlicher und wertvoller erscheint als manche methodische Mühsal der jüngeren Zeit, die sich darum bemüht, den Auftrag der Verkündigung der Kirche neu zu definieren.
Als ich die Aufgabe des Generalsekretärs des Lutherischen Weltkonvents übernommen hatte, hat mir Bischof Meiser den Rat gegeben, über aller administrativen Tätigkeit nicht die Predigtaufgabe zu vernachlässigen, weil der Predigtkontakt mit der Gemeinde ein Element der geistigen und geistlichen Gesundheit sei. Ich habe mich an diesen Rat entschlossen gehalten und bin noch heute der Meinung, daß diejenigen »Funktionäre der Kirche«, die den engen Kontakt zur Predigtaufgabe lockern oder gar verlieren, an dem Mangel an geistlicher Entschlossenheit kenntlich sind.
Aber noch ganz andere Elemente können auf diese Weise gewahrt bleiben. Die hohen Verwaltungsämter in der Kirche, die uns – man sage, was man will – zu Funktionären machen, verlieren ihre eigentliche Würde, wenn solche normalen Funktionen des christlichen Glaubens, das Gebet und die brüderliche Gemeinschaft, bis an den Rand der Unkenntlichkeit zurücktreten. Ob in der Wahrnehmung führender Ämter der Geist des Gebets eine Rolle spielt oder nicht, ist unter allen Umständen erkennbar, und ich habe immer Respekt vor jener reformierten Tradition gehabt, die auch in den Verwal-

tungsmaßnahmen der Kirche sich an die Notwendigkeit des Gebets fest gebunden hat.
Schließlich ist ein untrüglicher Prüfstein für das, was an geistlicher Qualität in solchen Ämtern wohnt, die Frage nach der Kraft und Vollmacht zur Seelsorge. Ich bin immer wieder betroffen darüber, wenn im Denken vieler dieser Aspekt zurücktritt, und bin auf der anderen Seite beglückt davon, mit welcher Dankbarkeit echte seelsorgerliche Kontakte von den Amtsbrüdern aufgenommen und festgehalten werden. Es gibt Bischöfe in unserer Kirche, die hier ihren Amtsbrüdern – oft in aller Stille – ihr Bestes gegeben haben. Es ist selbstverständlich, daß diese Begegnungen niemals nach draußen drangen und kein öffentliches Aufsehen erregten.
Einige der Grundfragen zur pastoralen Ethik müssen hier aber berührt werden. Es setzt sich unter manchen Jüngeren die Neigung durch, den Beruf des Pfarrers mit den Maßstäben anderer weltlicher Berufe zu beurteilen. Das ist sicherlich nicht grundsätzlich verwerflich; daß ein Pfarrer ein ausreichendes Gehalt, eine ausreichende Wohnung, eine ausreichende Urlaubsregelung und manche anderen Elemente heutiger Berufsauffassung für sich in Anspruch nimmt, ist selbstverständlich nicht zu tadeln. Mich hat nur immer wieder schockiert, wenn diese Aspekte den Vordergrund ausmachten. Jener Amtsbruder, der sich um eine Pfarre in einem Vorort von Hannover beworben hatte und, als er mit seiner Frau sich dem Pfarrhaus näherte, stehenden Fußes umkehrte, weil ihm dieser Anblick schon zur negativen Entscheidung genügte, ist ganz gewiß kein vorbildlicher Pfarrer. Als Zinzendorf eine schwierige Missionsaufgabe in Alaska, was zur damaligen Zeit zweifellos noch viel weniger attraktiv war, als es heute erscheinen mag, suchte, hat er einige seiner jüngeren Brüder gefragt, ob sie bereit wären, um ihres Evangeliumsauftrages willen dort zu arbeiten; und zwei von den mährischen Brüdern antworteten auf die Frage, ob sie bereit seien, dort hinzugehen: »Morgen, wenn man uns ein Paar Schuhe gibt!« Es wird berichtet, daß Zinzendorf in den freudigen Ruf ausgebrochen sei: »Gens aeterna! – Diese Mähren!«

Es ist völlig überflüssig zu sagen, daß wir mit diesen Kategorien unmittelbar heute nicht arbeiten können; aber wenn die Schwierigkeit einer Aufgabe schon genügt, um einen unmittelbaren Einsatz nicht zu vollziehen, dann ist das sehr schmerzlich.
Ich muß diesen Eindruck aber sofort vor Mißdeutungen schützen. Ich habe viele junge Brüder ins Amt gehen sehen, die, sobald sie nur an die Arbeit gehen konnten, es mit einer erfreulichen Intensität wahrnahmen, eine Findigkeit der organisatorischen Liebe entwickelten und eine Einsatzbereitschaft, die ich im Rückblick nur mit größter Dankbarkeit registrieren kann.

Wiederaufbau und neue Ansätze

Nur andeutungsweise kann dieser kurze Überblick zeigen, was es um jene unvergleichliche Situation des Wiederaufbaus war, in die hinein mein bishöflicher Auftrag stieß. Denn es ging um die Aufgeschlossenheit für die neuen Möglichkeiten, die Bereitschaft, unkonventionelle Wege zu gehen, und freilich auch die Fähigkeit, die sich herausschälenden Probleme rasch zu erfassen und ihnen sachgemäß auch in der organisatorischen Neuordnung der Kirche zu begegnen. Aber mit Dankbarkeit muß ich jener einzigartigen Möglichkeit gedenken, die sich dem Träger des Bischofsamtes dadurch bot, daß, so vieles neu gestaltet werden mußte und daß viele bereit waren, diesen Neuansätzen zu folgen.

Ein interessantes Einzelgebiet war die Notwendigkeit des Kirchbaus. Wir haben in dieser Zeit über zweihundert Kirchen neu gebaut und andere wiederhergestellt. Das Problem fächerte sich naturgemäß nach mehreren Richtungen auf. Eine wesentliche Frage bestand darin, ob man die großen, alten historischen Kirchen, die zumeist wertvolle Baudenkmäler, aber zum Teil sehr zerstört waren, wieder aufbauen sollte. Unsere amerikanischen Glaubensbrüder, die uns in jener Zeit

wesentlich geholfen haben, verstanden im allgemeinen unser historisches Bedürfnis nicht. Sie gaben der nüchternen Erwägung Raum, daß an Stelle kostspieliger Kirchtürme ein neues Gemeindehaus wahrscheinlich eine bessere Kapitalanlage sei. Wir haben, soweit es möglich war, hier den historischen Gegebenheiten Rechnung getragen und uns dabei bemüht, vernünftig und planmäßig vorzugehen. Als Musterbeispiel sei die Wiederherstellung der Marktkirche in Hannover, der eigentlichen Bischofskirche, genannt, die unter den Händen des Architekten Professor Oesterlen in der Tat in ihrer alten Schönheit, aber ohne das nicht immer glückliche Beiwerk, das sich im Laufe der Jahrhunderte im Innern angesammelt hatte, wiederhergestellt worden ist. Mir war diese Erneuerung immer ein Symbol für das, was Gottes Gerichte während des Krieges bedeutet haben: Vieles wurde zerschlagen, damit es nachher um so schöner aus den Ruinen wieder auferstehen konnte. In wachsendem Maße wurden aber gute, zweckmäßige Formen der Modernisierung eingebaut, von zusätzlichen Räumen für die Gemeindearbeit bis hin zu völlig neuen Formen von »Mehrzweckbauten«. Im Falle der Marktkirche wurde das Problem der Zweckmäßigkeit so gelöst, daß unter dem mächtigen Turm eine Art Unterkirche entstand, die für alle Formen der Gemeindeversammlungen bis hin zum fröhlichen Zusammensein Raum bot.
Vielleicht das beste Beispiel einer Wiederherstellung war St. Michaelis in Hildesheim, eine unserer schönsten Kirchen überhaupt. Dieser herrliche romanische Bau, den der kunstsinnige Bischof Bernward im Jahre 1001 als Gruß an das heraufziehende neue Jahrtausend bauen ließ, war nicht unerheblich beschädigt worden und wurde unter der ungewöhnlich tatkräftigen Leitung des damaligen Stadtsuperintendenten Degener in seiner ursprünglichen Schönheit wiederhergestellt. Heute ist er ein hinreißendes Beispiel für ein Gotteslob in Steinen.

Aber auf die Aufbauperiode folgte die Verwandlung der Aufbruchsituation in das Normale. So beglückend es war, daß

8 *Kirchliche Woche in Emden 1961*
(Besichtigung der Deutschen Werft mit Willy Brandt)

9 *Kirchliche Woche in Soltau 1968*

10 800-Jahr-Feier in Kloster Loccum 1963

11 Erzbischof Ramsay in Loccum 1965

12 Im Gespräch mit Rudolf A. Schröder 1955

13 Bei der Eröffnungsfeier von St. Marien in Lübeck 1959

sich die wirtschaftliche Situation Deutschlands besserte, daß aus einer ungewöhnlichen Niederlage heraus sich dieses Volk mit seiner Wirtschaft so verhältnismäßig rasch seinen Platz unter den Nationen wiedererwerben konnte (wozu die beiden staatsmännischen Erscheinungen von Theodor Heuss und Konrad Adenauer unstreitig Wesentliches beigetragen haben), so beglückend es war, daß die äußere Not langsam überwunden und durch einen Wohlstand abgelöst wurde, der so gut wie allen zugute kam, so ernsthaft wurden doch die Fragen, die sich mit der Herstellung des normalen Zustandes einstellten. Das vielerörterte »Wirtschaftswunder« schuf eine Reihe von Problemen, die sich nicht nur auf das Wirtschaftliche beschränkten. In der politischen Situation entstand eine eigentümlich gereizte interne Diskussion. Es gab Fragen der Wiederaufrüstung, es gab Probleme, die sich mit dem weiteren Aufbau unseres Staatswesens einstellten, es gab vor allem die Frage nach der inneren Haltung gegenüber dieser wiedergewonnenen Normalität. Diese Fragen haben die Kirche mehr mitgenommen, als nach außen sichtbar wurde.

Es ist uns allen schwer geworden, in der Frage der Wiederaufrüstung Deutschlands eine einheitliche Stellung einzunehmen. Das Problem war nicht so einfach, als stünden sich eine christliche und eine nichtchristliche Haltung gegenüber, sondern innerhalb der Christenheit wurde die Frage verschieden beantwortet, wie man sich der neuen Bundeswehr gegenüber verhalten solle oder der Zugehörigkeit zu dem Verteidigungssystem des Westens und vielen anderen Fragen. Vielfach wurde dabei völlig übersehen, daß man nicht in eine solche Situation hineingehen kann, ohne zur Übernahme der Folgerungen bereit zu sein. Jede dieser Fragen ging bis ans Mark. Als 1948 die Währungsreform beschlossen wurde, war damit ohne allen Zweifel ein scharfer Schnitt zwischen den beiden Teilen Deutschlands vollzogen, der sich mit der Gründung der Bundesrepublik verstärkte. Noch im Rückblick spürt man die Fragen, die damals die Kirche erschütterten. Aber wer hätte dem Gang der Dinge im Ernst Einhalt gebieten können?

Unsere Landeskirche ist im allgemeinen von den heftigen Erschütterungen verschont geblieben, die damals die Synoden der Evangelischen Kirche in Deutschland zu fast unerträglich politisierten Gremien machten. Vieles hat sich durch den Gang der Ereignisse selbst erledigt. Meine eigene Anteilnahme an diesen Fragen konnte nur darin bestehen, im Bereich der EKD an den Verhandlungen teilzunehmen, meine Stimme in die Waagschale zu werfen und ein Interpret der Problematik für die heimatliche landeskirchliche Situation zu sein.

Wichtiger aber ist noch der Einschnitt, der sich seither vollzogen hat. Während die hier angedeuteten politischen Fragen sich allmählich ausgeglichen haben, hat eine völlig neue Welle von Fragen das Feld der Evangelischen Kirche in Deutschland überschwemmt: die Frage nach den theologischen Veränderungen. Innerhalb der zwei Jahrzehnte, auf die ich in diesem Augenblick zurückblicke, muß ich dies doch wohl als den tiefgreifenden Wandel der Gesamtsituation bezeichnen. Die Tiefenwirkung dieser Wandlung ist nur ein weiterer Beweis dafür, daß die recht verstandene Theologie niemals nur ein Ornament unseres geistigen Bestandes ist, sondern die Grundfragen unserer Existenz berührt.

Für die Kirche bedeutete dies zunächst eine Überprüfung ihres Verhältnisses zur Bibel. Schon im Jahre 1942 war der sensationelle Vortrag von Rudolf Bultmann, »Neues Testament und Mythologie«, erschienen, dessen volle Brisanz sich erst in der Folgezeit auswirken sollte. Inzwischen ist die Diskussion lebhaft weitergegangen; jener grundlegende und aufregende Vortrag gehört schon der Geschichte an, wiewohl er in seinen Auswirkungen noch immer spürbar ist. Für die Kirche der Reformation ist es von ausschlaggebender Bedeutung, die Frage zu beantworten, inwiefern die Bibel als Wort Gottes angesehen werden kann. Die Fortschritte der Exegese und die neuen hermeneutischen Erkenntnisse haben diese Frage gerade auch in Deutschland in aller Radikalität neu gestellt.

Dazu kam aber eine zweite Frage, nämlich die, wie sich unser Glaubensdenken in einer völlig veränderten geistigen Welt-

lage zurechtfinden soll. Die herkömmlichen metaphysischen Kategorien waren, wie es scheint, unbrauchbar geworden. An ihre Stelle trat die Frage, wie man glaubhaft von dem reden kann, was in der Überlieferung des christlichen Glaubens an wesentlichen Aussagen gemacht worden war. Schon Bultmanns Vortrag war der Versuch gewesen, die Verkündigung des Neuen Testamentes mit der geistigen Situation der Gegenwart entschlossen zu konfrontieren. Es erwies sich, daß dies nicht nur eine Aufgabe des Exegeten, sondern auch des Systematikers sei, und von daher entbrannte die Auseinandersetzung um die »moderne Theologie« in ihrer Breite.
Der Fortgang der Diskussion hat längst erwiesen, daß man nicht einlinig von »moderner« Theologie reden kann. Es sind so viele verschiedene Ausprägungen dieses Neuansatzes festzustellen, daß eine pauschale Beurteilung nicht möglich ist. Hier ergab sich und ergibt sich laufend eine alle Kräfte herausfordernde geistige Auseinandersetzung. Es kann einer Kirche nicht gleichgültig sein, was und wie in ihr gepredigt wird. Für den, der das heutige theologische Gespräch auf den Universitäten kennengelernt hat, ist der Übergang in das praktische Pfarramt mit seiner Verpflichtung zur sonntäglichen Predigt alles andere als einfach. Es ist aber ebenso deutlich, daß gerade der junge Prediger diese Aufgabe nicht so bewältigen kann, daß er von der wissenschaftlichen Fragestellung absieht und im Pfarramt vergißt, was er auf der Universität gelernt hat. Hier der Auseinandersetzung auf der Spur zu bleiben, stellt die Predigerseminare vor eine schwierige Aufgabe: auf der einen Seite der Öffnung zu diesen neuen Perspektiven hin und auf der anderen der Notwendigkeit, der Predigt der Kirche ihre geistliche Schlagkraft zu erhalten. Dies ist bis in die Gegenwart ein Konglomerat sehr schwieriger Einzelaufgaben, das an die Person des jeweiligen Studiendirektors hohe Anforderungen stellt. Mit besonderer Dankbarkeit denke ich hier übrigens auch an das Prediger- und Studienseminar der Vereinigten Lutherischen Kirche Deutschlands in Pullach, das, wie ich bei meinen Besuchen als Leitender Bischof der VELKD mich überzeugen konnte,

durchweg sehr gute und fruchtbare Arbeit unter der Leitung von Dr. Breit getan hat.
Innerhalb unserer Landeskirche ist das wichtigste Instrument für diese Aufgabe das Pastoralkolleg. Es ist vielen sorgfältigen Erwägungen entsprungen. Mir ist immer klar gewesen, daß der Gemeindepfarrer, und zwar gerade der Parochus, der seine Gemeindeverpflichtungen ernst nimmt, nur mit äußerster Mühe sich über den Fortgang der theologischen Diskussion auf dem Laufenden halten kann. Wenn man sich klarmacht, wie schwierig es schon für den Fachgelehrten ist, den Publikationen zu folgen, die auf seinem besonderen Fachgebiet erscheinen, dann wird man verstehen, daß es kaum möglich ist, von dem tätigen Gemeindepfarrer zu erwarten, daß er die theologische Literatur im einzelnen verfolgt. Da nun eine solche Aufgabe aber auf der anderen Seite unabweisbar ist, sollte es die unmittelbare Aufgabe des Pastoralkollegs sein, die Amtsbrüder laufend mit dem Fortgang dieser Diskussion vertraut zu machen. Das geschieht in den regelmäßigen Tagungen, zuerst unter der fachkundigen und sorgfältigen Leitung von Professor Hoffmann, der durch die kompetente und feinsinnige Arbeit von Dr. Holze abgelöst wurde. Diejenigen Amtsbrüder, die diese Aufgabe verstanden, haben sich in aller Regel dankbar über diese Möglichkeit, auf dem Laufenden zu bleiben, ausgesprochen, zumal das Pastoralkolleg die Möglichkeit hat, der lebendigen, sich immer wieder wandelnden Gesamtproblematik durch seine Wendigkeit in der Programmgestaltung sich anzupassen. Es ist meine Überzeugung, daß es uns nicht erlaubt ist, an diesen wissenschaftlichen Erwägungen vorbeizugehen, sondern daß wir nach dem Maß unserer Kräfte und Möglichkeiten ihnen folgen.
Nur dann gewinnen wir auch die Freiheit, das zu sagen, was wesentlicher als dieser Fortgang der theologischen Diskussion ist. Es geht um die geistliche Erneuerung unserer Gemeinden. Nach wie vor kann man nur mit großem Ernst wünschen, daß wir diese Seite unseres Dienstes ernsthaft im Auge behalten und mit allen Mitteln ihr gerecht zu werden

versuchen. Für das geistliche Leben der Kirche ist – das ist meine tiefste Überzeugung – die Predigt das wirksame Mittel. Aus einer vom Heiligen Geist geleiteten und erfüllten Verkündigung kann sich das Leben der Kirche erneuern. Ich halte diesen Satz für unabdingbar; er kann durch nichts eingeschränkt werden. Die Fragen der organisatorischen Erneuerung der Kirche, die niemals nur organisatorischen Charakter haben, sind von Wichtigkeit und verlangen ein hohes Maß geistiger Wachheit und Disziplin von den Trägern des Amtes. Aber sie sind immer nur abgeleitete Aufgaben und ergeben sich aus der eigentlichen Verkündigung des Evangeliums. Was das ist und wie wir sie angemessen ausrichten können, das sind besondere Fragen. Aber die Rangordnung der Werte sollte unverworren bleiben. Die Frage, wie es zu einer geistlichen und nicht nur organisatorischen Erneuerung der Kirche kommen kann, ist die entscheidende.

Loccum

Loccum liegt von schönen, dichten, heute noch einsamen Waldungen umgeben, nordwestlich von Hannover in der Niederung, halbwegs zwischen dem Steinhuder Meer und der Weser. Mit der landschaftlichen Schönheit klingt das zusammen, was Loccum seit über acht Jahrhunderten in der Hauptsache seine Besonderheit gegeben hat, das alte Zisterzienserkloster, eine der wenigen baulichen Anlagen jener Zeit, die fast vollständig erhalten geblieben sind. Von einigen Erneuerungen und Veränderungen des 18. Jahrhunderts abgesehen, ist die gesamte Klosteranlage so geblieben wie zur Zeit der Entstehung, die sich natürlich in verschiedenen Abschnitten vollzogen hat, aber dem Ganzen einen ungewöhnlich geschlossenen Charakter verleiht. Wie alle Zisterzienser-Gründungen ist Loccum durch eine herbe Schönheit gekennzeichnet, die am eindrücklichsten in der großen, langen Kirche sichtbar wird. Hier fehlt jeder zusätzliche Schmuck; es

spricht nur die gewaltige, allerdings eindrucksvolle Sprache des Steins.
Freilich ist noch ein besonderes Element zu erwähnen, das der Schönheit zuzurechnen ist, die fast geheimnisvolle Akustik. Die große Loccumer Kirche ist als Predigtkirche kaum geeignet, und die Kandidaten, die in früheren Zeiten dort auch Gelegenheit haben sollten, sich in der Kunst des Predigens zu üben, mußten viel Aufmerksamkeit und Training daran verwenden, in dieser mit Überschall versehenen Kirche in klarer Artikulation zu predigen. Aber das war ganz anders, sobald die Musica Sacra in ihr Recht trat. Dann haben auch schon kleine Chöre und Orchester dem Gewölbe eine solche Fülle von Klang entlockt, daß ich – sooft ich bei solchen Anlässen in der Kirche saß – eigentlich nur ein Wort wußte: überwältigend! Zur Existenz von Loccum gehört daher die Nähe der Musica Sacra, auch in ihren neueren Formen, zum Gesamtbilde unablöslich hinzu.
Das Alter ist eines der Hauptmerkmale von Loccum. Vieles ist unverändert geblieben und scheint die Idee einer Weiterentwicklung grundsätzlich unmöglich zu machen. Das gilt nicht nur für die Architektur, sondern auch für das Leben, das die alten Mauern umschließen. Interessanterweise oder seltsamerweise ist diese Ordensgründung, die durch einen nicht weiter bekannten Grafen Wulbrand von Hallermund 1163 vollzogen wurde, niemals offiziell aus dem Zisterzienserorden ausgeschieden. Die alte klösterliche Verfassung ist nie offiziell abgeschafft worden, der Übergang zur Reformation hat sich fast lautlos, aber, wie man zugeben muß, auf eine echt evangelische Weise vollzogen; man hat eines Tages angefangen, lutherisch zu predigen. Das war zunächst alles.
Im Laufe der Zeit sind von den alten rechtlichen und gottesdienstlichen Formen manche erloschen; übriggeblieben ist bis auf weiteres die jeden Abend um sechs Uhr stattfindende sogenannte Hora und die Verfassung, die einen aus sechs Mitgliedern bestehenden Konvent vorsieht, der unter seinem Abt ein hohes Maß von Unabhängigkeit genießt. Im Laufe der Zeit wurde das Kloster zwar der hannoverschen Landeskir-

che eingefügt und bildet in der landeskirchlichen Verfassung einen eigenen Abschnitt; aber die Autonomie des Klosters hat sich in der Tat durch die Jahrhunderte hindurch aufrechterhalten lassen. Noch heute wählt der Konvent seinen Abt selbst und ergänzt sich durch eigene Zuwahl. Man könnte sagen, daß diese niedersächsische Eigentümlichkeit, in der sich viel Beharrlichkeit, vielleicht sogar Unbeweglichkeit findet, einer Eigentümlichkeit des englischen Lebens am nächsten kommt, in dem manche altertümliche Form aufrechterhalten blieb, ohne daß man eine Begründung für den Fortbestand zu geben versucht hätte.

Natürlich ist ein solches Anwesen in unmittelbarer Gefahr, in eine lediglich museale Existenz abzusinken. Diese Möglichkeit ist für das Kloster Loccum zunächst deshalb nicht besonders akut geworden, weil sich ein Institut, das sich spätestens im Laufe des 17. Jahrhunderts formiert hat, durch die Jahrhunderte hin erhalten hat, nämlich das Predigerseminar. Da seine Satzungen, die sogenannten leges, auf das Jahr 1677 datiert werden, könnte man Loccum das älteste evangelische Predigerseminar in Deutschland nennen. Es hat immer junge Geistliche ausgebildet, ursprünglich zur Hilfeleistung der Konventualen, denen es bei ihrer geringen Zahl nicht immer leicht wurde, die Zahl der liturgischen Gottesdienste durchzuführen, später auch um jungen werdenden Theologen zusätzliche Möglichkeiten der theologischen Ausbildung zu gewähren. Nach einer Neuordnung im Jahre 1821 durch den klugen, menschenfreundlichen und pädagogisch begabten Abt Salfeld wurde dann die gegenwärtige Ordnung eingeführt. Loccum war eine Ausbildungsstätte, die jungen Theologen die Möglichkeit zusätzlichen Studiums bot. Ursprünglich herrschte ein relativ strenges Auswahlprinzip; wer in das Predigerseminar, das den lateinischen Namen Hospitium führte, aufgenommen wurde, betrachtete sich als ein bevorzugtes Glied der werdenden hannoverschen Geistlichkeit. Das alles wurde natürlich im Laufe der Zeit egalisiert, und wenn heute dieselbe hannoversche Landeskirche über fünf Seminare verfügt, so ist es wohl selbstverständlich, daß sie alle ihren eigenen Charakter ausgeprägt haben und eine elitäre Besonderheit Loccums nicht mehr angenommen werden kann. Aber die Arbeit ist fort und fort geschehen, die Bedingungen erschienen im Laufe der Zeit schwerer und härter, als man sie früher ansah; wer in das Predigerseminar eintrat, mußte sich für zwei Jahre verpflichten, und es galt die Regel, daß er in dieser Zeit nicht heiraten sollte. Das war der bescheidene Rest des Zölibats, der in Loccum noch lange geherrscht hat, aber in seiner Gesamtheit in der ersten Hälfte des 19. Jahrhunderts abgeschafft worden ist. Nun ist seit Jahren auch dieser Restbestand verschwunden; in allen hannoverschen Predigerseminaren, also auch in Loccum, gehören verheiratete Kandidaten zur Hausgemeinschaft.

Ein weiteres Charakteristikum der Arbeit bestand darin, daß die Vorlesungen von den Kandidaten, den hospites, selber gehalten wurden und daß der Studiendirektor nur die Rolle eines Moderators, eines Gesprächs- und Diskussionsleiters hatte. Diese Regelung habe ich immer als ausgezeichnet empfunden. Da in der Tat meist Leute mit einem guten Examen in Loccum waren, hielten sie von selbst Niveau, und die Diskussionen nach den vorgetragenen Arbeiten waren von einer erbarmungslosen Sachlichkeit. Das war äußerst nützlich und sowohl dem Charakter als auch der Schärfe der theologischen Urteilsbildung dienlich. Man mußte lernen, miteinander auszukommen und sich mit Einwänden auseinanderzusetzen. Die Leitung lag in der Zeit, in der ich im Hospiz war, in den Jahren 1922–24, in den Händen von D. Fleisch, einem der originellsten Geistlichen, den unsere Landeskirche besaß. Wir nannten ihn später einen Universalspezialisten und meinten damit, daß er auf so gut wie allen Gebieten ausgezeichnet beschlagen war. Diese profunde und ausgebreitete Gelehrsamkeit war auch das sicherste pädagogische Mittel für diesen an sich trockenen, nach außen fast phantasielos wirkenden Mann, wenn es galt, eine so unruhige Schar wie die unsrige unter einer gewissen Autorität zu halten; denn bis auf einen waren wir alle Kriegsteilnehmer, und es ist eine Erfahrung jener Jahre nach dem Ersten Weltkrieg, daß es außeror-

dentlich schwierig war, diese jungen Menschen mit einer gesunden Autorität zu leiten.
Das Geheimnis der unbestrittenen Führung von Paul Fleisch in jenen Jahren bestand in seiner überlegenen Sachlichkeit. Er hat uns, unter denen Kriegsteilnehmer, darunter einige mit Offiziersrang, waren, niemals direkt pädagogisch behandelt, aber durch seine wissenschaftliche Überlegenheit und seine völlige Sachlichkeit die Arbeit in rechten Bahnen gehalten. Es kam hinzu, daß schon damals in Loccum eine Sitte bestand, die sich erst allmählich auch anderswo durchgesetzt hat, daß nämlich weder der Konvent noch der Studiendirektor unmittelbare Anordnungen trafen. Wenn Probleme auftauchten (ich habe das später, als ich selbst Abt war, immer so gehalten), bat man den Senior des »Hospizes« zu sich, besprach die Frage mit ihm, und in einer besonderen Zusammenkunft, die merkwürdigerweise die Bezeichnung »Salon« trug, wurde von den jungen Männern, den hospites selber, die Frage geklärt. Ich kenne keinen gravierenden Fall, in dem diese Methode nicht wirksam gewesen wäre. Diese seit langem geübte Methode war ein frühes Beispiel von Demokratisierung und Mitbestimmung.

Es ist hier nicht der Ort, das Schicksal Loccums nach der Seite des Predigerseminars ausführlicher zu schildern. Es sind viele durch das Hospiz hindurchgegangen, die später in Kirche und Gesellschaft einen guten und bemerkenswerten Dienst geleistet haben; ich will aus der Zeit, in der ich dem Hospiz angehört habe, nur einen Namen nennen, der für andere stehen mag, das ist der von Heinz Brunotte, dem späteren Präsidenten der Kanzlei der Evangelischen Kirche in Deutschland, einem sehr begabten Theologen, der gleichzeitig eine fast bewunderungswürdige Fähigkeit für juristische Gedankengänge entwickelte und daher für den Posten eines Leiters der Kirchenkanzlei eine besondere Qualifikation mitbrachte. Er ist später, wie man weiß, der eigentliche spiritus rector der »Grundordnung« der Evangelischen Kirche in Deutschland geworden. Aber auch andere, deren Namen später sehr bekannt geworden sind, gehören zu den früheren Angehörigen dieses Hospizes.*)

Das Loccumer Ritual wurde zu meiner Zeit noch sorgfältig beachtet. Es gab zwar kaum spektakuläre Vorgänge, die besonders nach außen gewirkt hätten; aber im internen Betriebe hielt man, wenn auch nicht ohne einen leisen selbstironischen Unterton, am Alten fest. Es gab einen Abt, der bei den seltenen feierlichen Anlässen eine Abtstracht trug, dazu einen sehr schönen silbergetriebenen Abtsstab und ein wertvolles altes Diamantkreuz; bei Prozessionen, die selten genug vorkamen, ging er an der Spitze. Ihm folgten die Mitglieder des Konvents und des Hospizes; ein interessantes Unikum war die Tatsache, daß alles, was geistlich war, *singulariter et passim monachaliter*, d. h. auf gut deutsch »im Gänsemarsch« zu gehen hatte, und die wenigen juristischen oder sonstigen Amtsträger des Klosters schlossen sich dann zu zweien an. Diese Prozessionen, die sich durch den Kreuzgang in die Kirche bewegten, hatten, weil sie so selten stattfanden, in jenen Jahren kaum öffentliche Aufmerksamkeit erregt. Das trat erst später ein, als Loccum auch nach anderer Richtung bekannter wurde. In den skandinavischen lutherischen Kirchen waren ebenso wie in der Church of England solche klerikale Trachten noch im Gebrauch geblieben und wurden infolgedessen von der Öffentlichkeit unbefangen akzeptiert. Im deutschen Raum war Loccum in dieser Richtung die einzige Ausnahme; sie erregte denn auch die Aufmerksamkeit, die man einem ungewöhnlichen Phänomen gegenüber empfindet. Es lag wohl an der deutschen Mentalität überhaupt, daß die Reaktion nicht nur Zustimmung zu diesem Überbleibsel mittelalterlichen Glanzes war, sondern überwiegend kritisch. Da wir in Deutschland leben, mußte der Einspruch auch theologisch sein. Was für Gegenargumente sind von einigen unserer reformierten und merkwürdigerweise auch unserer unierten Brüder aufgefahren worden!

* Unter den bekannteren Theologennamen auch der früheren Zeit nenne ich nur die von Professor D. Georg Hoffmann, Kiel, Professor Dr. Dr. Peter Kawerau, Marburg, Privatdozent Dr. Strecker, Bonn, Professor Dr. Mahlmann, Marburg, Professor Dr. Burchard, Heidelberg.

Mit nicht unerheblichem Vergnügen habe ich festgestellt, daß aus Anlaß des Essener Kirchentages in Buchläden und anderen Schaufenstern eine Fotografie einer solchen Loccumer »Prozession« ausgestellt war, die mich im pontifikalen Glanz an der Spitze des Zuges darstellte. Für einige Glieder der Christenheit im westlichen Bereich war das offensichtlich ein nicht leicht zu verarbeitendes Novum. Ich selber habe es ohne große Erregung zur Kenntnis genommen, denn nachdem ich mich bereit gefunden hatte, die Wahl zum Abt von Loccum anzunehmen, habe ich mich entschlossen, das Amt denn auch herzhaft und ohne Timidität zu übernehmen. Wenn ich denn schon eine solche Tracht tragen sollte, habe ich die Meinung vertreten, daß es diesen alten überkommenen Formen nicht dienen würde, wenn ich unsicher oder gar schüchtern sein würde. Es hat sich denn auch herausgestellt, daß dies Staunen über ungewohnte Traditionen sich bald in normale Bahnen lenken ließ.

Einer der bedeutendsten Äbte, der Abt Uhlhorn, großer Kirchenhistoriker und weiser Kirchenführer, der die schwierige Aufgabe hatte, die neu entstandene hannoversche Landeskirche unmittelbar nach 1866 zu leiten, hat wiederholt darauf hingewiesen, daß ein Ort wie Loccum von der Gefahr musealer Erstarrung bedroht sei, wenn nicht neue, in die Zukunft weisende Aufgaben in Angriff genommen würden.

Er sah dieses petitum zu seiner Zeit in dem pfleglichen Ausbau des Predigerseminars erfüllt. Als ich im Jahre 1950 als Nachfolger von D. Marahrens zum Abt gewählt war, war mir bewußt, daß diese Uhlhornsche Devise mit noch viel größerer Entschlossenheit verwirklicht werden mußte, und es war vielleicht ein genialer Augenblick, als einigen von uns, die wir uns in den Jahren nach dem Krieg zur gemeinsamen kirchlichen Arbeit zusammengefunden hatten, auf einer Fahrt nach Tutzing die Idee kam, die in der Bildung befindliche Evangelische Akademie von Hermannsburg nach Loccum zu verlegen.

Diese Akademie, die auf den Wunsch einiger Mitglieder unserer Kirchenleitung in Erinnerung an den niedersächsischen

Reformator Corvinus-Akademie genannt wurde, hatte sich im Jahre 1946 gebildet und war zunächst in einem alten, traulichen, aber eben doch sehr altertümlichen Gasthof in dem durch Ludwig Harms und die von ihm begründete Mission bekanntgewordenen Heidedorf Hermannsburg untergekommen. Der Gedanke, dieses Institut, das noch völlig in den Anfängen war, obwohl es sich durch einige faszinierende Tagungen schon ausgezeichnet hatte, nach Loccum zu verlegen, stieß auf allseitigen Widerstand. Rückschauend kann ich bekennen, daß ich kaum jemanden wüßte, der sich damals für diesen Gedanken in besonderer Weise eingesetzt hätte. Aber ich war entschlossen, den Schritt nach Loccum zu tun. Dort stieß man auf die ausgemachte Aversion, wenn nicht den regulären Widerstand der alten Loccumer; auch D. Fleisch war ein entschlossener Gegner dieses Plans, und nur dem Umstand, daß ich gleichzeitig als Abt des Klosters den Konvent zu leiten hatte, ist es zuzuschreiben, daß es mir nach manchen mühseligen Gesprächen gelang, vom Konvent des Klosters ein Grundstück für den Bau der Akademie zu erlangen. Sie liegt heute an einem sanften Hang oberhalb des alten Klosters, und das Resultat ist nach meinem Eindruck sehr schön.
Diese neue, völlig der Gegenwart zugewandte Arbeit der Kirche blickt auf 800 Jahre Tradition und Geschichte in der Gestalt des Klosters, das ganz in der Niederung liegt. Ich empfand es als ein glückliches »Responsorium«, daß so im Zweitakt das alte und das neue Loccum sichtbar einander zugeordnet waren, die Kirche der Tradition und die der Zukunft zugewandte neue Arbeitsstätte.
Aber der Weg bis zur Vollendung der Akademiebaulichkeiten war schwierig genug. Eine begreiflicherweise sehr bedrängende Frage war die nach der Finanzierung. Hier ging alles erstaunlich zu. Als wir unsere ersten Tagungen in Hermannsburg gehalten hatten, in denen wir jenes offene Gespräch begannen, das für die Arbeit der Akademie hinterher so kennzeichnend geworden ist, genossen wir manche ideelle Hilfe von seiten der britischen Militärregierung. Sie vermittelte uns einige bedeutende Vortragende.

Es fand sich, daß der amerikanische Hochkommissar McCloy großes Interesse an dieser Art der geistigen Selbsthilfe der Deutschen bewies und sich zu einem Besuch in Hermannsburg ansagte. Für die dörfliche Welt Hermannsburgs war es eine Sensation eigener Art, daß der Sonderzug des amerikanischen Hochkommissars auf den Gleisen der Kleinbahn bis in den Ort fuhr, umgeben von den Sicherheitsvorkehrungen der amerikanischen Militärbehörde.
Es war die Zeit, in der die Alliierten sich um das bemühten, was sie Re-Education nannten. Daß diese Bestrebungen der Alliierten, aus Deutschland wieder eine anständige Demokratie zu machen, keineswegs immer glücklich waren, ist allgemein bekannt. McCloy gehörte aber zu den sehr einsichtigen Vertretern der Militärregierung, der in seinen Bemühungen von seiner ausgezeichneten und wahrhaft bedeutenden Frau auf das beste unterstützt wurde. Ihm gefiel das, was wir in der Hermannsburger Evangelischen Akademie zu tun versuchten, sofort, und er bot mir ungefragt eine namhafte finanzielle Unterstützung an, die ich selbstverständlich gern entgegennahm. Das war der Grundstock für den Aufbau der Evangelischen Akademie in Loccum. Die ganze schöne Möglichkeit war nun freilich, ohne daß ich es wußte, plötzlich auf das schwerste gefährdet. Nach der damaligen Praxis mußten Beihilfen der Amerikaner in unserem Bereich auch über den Tisch der britischen Militärregierung gehen. Der englische Offizier, der diesen Fall bearbeitete und offensichtlich nicht viel von den Dingen verstand oder durch das Wort »evangelisch« irregeführt war, hatte bereits vorgeschlagen, die Ablehnung dieser Unterstützung zu verfügen. Ganz zufällig traf ich bei einem Empfang den Kommandeur der britischen Militärregierung und redete ihn darauf an, daß dieser zugesagte Betrag noch immer nicht in Erscheinung getreten sei. Es stellte sich heraus, daß er schon von der Ablehnung dieses Vorschlages erfahren hatte, weil das Mißverständnis eingetreten war, es solle eine theologische Anstalt unterstützt werden, und das lag außerhalb des Aufgabengebietes der finanziellen Hilfe der amerikanischen Militärregierung. Es gelang

mir buchstäblich im letzten Augenblick, den Kommandanten zu überzeugen, daß es hier um eine völlig andere Aufgabe gehe und zwar eine, die von der Militärregierung begrüßt werden müßte, wenn der Gedanke der Re-Education sinnvoll verwirklicht werden sollte. Er griff ein, und so wurde dieser namhafte Betrag gerettet; er wurde so ein wesentlicher Beitrag und tatsächlich der Grundstock für die in Loccum zu errichtende Akademie.

Ein anderer, nicht geringer Beitrag kam von einer unvermuteten deutschen Seite. Der Bundesverband Deutscher Industrie hatte sich neu formiert und suchte nach Aufgaben, um über seinen engeren beruflichen Bereich hinaus wirksam zu werden. Von dieser Möglichkeit erfuhren wir, und es gelang, einen schönen Plan zu verwirklichen. Auf Anregung einiger leitender Herren lud ich den Bundesverband Deutscher Industrie zu einer festlichen Kaffeetafel in das Kloster Loccum ein. Die Idee wirkte offensichtlich anziehend auf den großen Teil der Mitglieder; der Syndikus des Verbandes, Dr. Stein, setzte sich für das Gelingen der Veranstaltung ein, und es bedeutete für die Zusammenkunft einiges, daß der Bundeskanzler Dr. Adenauer und der niedersächsische Ministerpräsident Kopf beide an dieser Zusammenkunft teilnahmen. Wir haben in dem baulich sehr schönen Refektorium, das heute den größten Teil der Bibliothek enthält und einer der schönsten festlichen Räume in Niedersachsen ist, die Kaffeetafel gedeckt; da noch kein elektrisches Licht gelegt war, wurde der Raum mit Kerzen erhellt, es wurde ein wenig Musik gemacht, ich habe eine kurze Ansprache gehalten, und am Schluß ging alles um sechs Uhr in die Klosterkirche zur Hora. Diese Veranstaltung wirkte auf die Eingeladenen sehr. Für mich bestand die Schwierigkeit darin, während der festlichen Tafel nun gleichsam die Kollekte anzukündigen. Ich muß offen bekennen, daß mir bei dem Gedanken an diese Aufgabe keineswegs wohl zu Mute war. Ich hatte keine Erfahrung in diesen Dingen und wußte nicht, wie dieses Ansinnen von den Teilnehmern aufgenommen werden würde. So habe ich in meiner Not zu der angelsächsischen Praxis gegriffen, mit einer Story zu beginnen, und habe es gewagt, folgendes zu erzählen: Ich erinnerte die Anwesenden an St. Pauli in Hamburg und die bekannte Doppelfigur von Hein und Tedje; während sie durch das bunte und lärmende Viertel schritten, kamen sie auch an einer Vergnügungsstätte vorbei, vor der ein goldbetreßter Portier mit lauter Stimme zum Eintritt aufforderte und immer hinzufügte: »Programm: zehn Pfennig!« Als Hein den Tedje aufforderte: »Willt wi do nich rin gahn?«, sagte Tedje sofort: »Nä, dat mok ich nich«, und als er auf wiederholte Rückfrage bei seiner Weigerung blieb, fragte Hein schließlich: »Worüm willst du denn nich rin gahn?« und Tedje sagte: »Hür doch mol, wat de Kierl seggt: pro Gramm zehn Pfennig! Nun mol di dat mal ut bi min Gewicht!« Das schlug durch! Viele Halter und Bleistifte wurden gezückt, und mit Vergnügen rechneten die Teilnehmer aus, welcher Betrag sich bei ihrem Gewicht ergeben würde. Ich war froh, daß diese Story nicht nur gut ankam, sondern mit schallendem Gelächter begrüßt wurde; dem für solche Dinge sehr aufgeschlossenen Ministerpräsidenten Kopf liefen vor Lachen die Tränen die Wangen herunter. Der sehr eifrige und positiv wirksame Syndikus half beim Herumreichen der Liste, so daß wir an diesem Nachmittage mit einer schönen Summe von 120 000 Mark abschließen konnten. Das war gerade in der damaligen Zeit ein ansehnlicher Betrag, und so waren wir in der Lage, ohne Rückgriff auf Kirchensteuermittel den Neubau zu beginnen. Ich muß an dieser Stelle des Architekten, Herrn Prendel, gedenken, der sich in einer vorbildlichen Weise in die spezifische Aufgabe einer solchen Baulichkeit hineingedacht hat, und wenn heute auf jenem sanften Hang oberhalb des Klosters ein schönes, überhaupt nicht aufwendiges, aber sehr wohnliches und praktisches Gebäude sich erhebt, dann hat der Architekt entscheidenden Anteil an diesem Neubeginn. Die kritischen Stimmen sind bald verstummt, und daß sich hier eine Arbeit von einer weit über Loccum hinausreichenden Bedeutung entwickelt hat, ist bekannt. Nur der Vollständigkeit halber erwähne ich, daß zu dieser Aufgabe der Evangelischen Akademie später auch ein

Institut für Religionspädagogik hinzugefügt wurde in einem eigenen, mit dem Gesamtkorpus verbundenen Bau; daß hier auch das Pastoralkolleg der Landeskirche tagte und daß einige andere wichtige Arbeiten von gesamtkirchlicher Bedeutung ihre Heimat hier gefunden haben.
Nachdem Loccum in einer so ausgebreiteten Weise ein neuer Mittelpunkt der landeskirchlichen Arbeit geworden war, konnte man mit Sicherheit vermuten, daß die Gefahr, in ein museales Dasein zurückzusinken, vorerst überwunden war.

Über die Bedeutung der Akademiearbeit, wie sie sich in jenen Jahren entwickelte, muß noch ein Wort gesagt werden. Es gibt einen interessanten Streit um die Vaterschaft. Es ist interessant und manchmal auch leicht amüsant festzustellen, wie viele Leute die Autorenschaft für das Konzept »Evangelische Akademie« in Anspruch genommen haben. In gewissen Sinne lag die Idee in der Luft. Aber es kommt in solchen Augenblikken natürlich sehr darauf an, wer eine so naheliegende Idee in die Praxis umsetzt. Das ist zuerst in Bad Boll geschehen, und ich habe immer die Behauptung aufgestellt, daß als der eigentliche Vater der Arbeit der Evangelischen Akademien Dr. Eberhard Müller zu gelten habe. Das ist nicht unbestritten. Von der württembergischen Akademie, die in Bad Boll, dem bekannten Ort der Brüdergemeine, zuerst ihre Stätte fand, wurde behauptet, daß der ehemalige Kultminister Simpfendörfer in Verbindung mit Helmuth Thielicke den Begriff und den ersten Plan für die Akademie konzipiert hätten. Daran wird manches richtig sein; für mich ist die Tatsache wichtig, daß es Eberhard Müller gelang, diesen Plan, ob er nun dessen eigentlicher geistiger Vater war oder nicht, in die Praxis umzusetzen. In Bad Boll, in jenem etwas altertümlichen großen Saal der Brüdergemeine, haben die ersten Tagungen Evangelischer Akademien stattgefunden. Landesbischof Wurm gab eine wohlwollende Patronage ab, und der Start war glücklich, zumal Eberhard Müller zu den Leuten gehört, denen es nie an neuen Ideen und Einfällen mangelt. Andere Akademien sind gefolgt; es gibt heute noch solche,

14 Öffentliche Veranstaltung in Madras (Indien), 1956

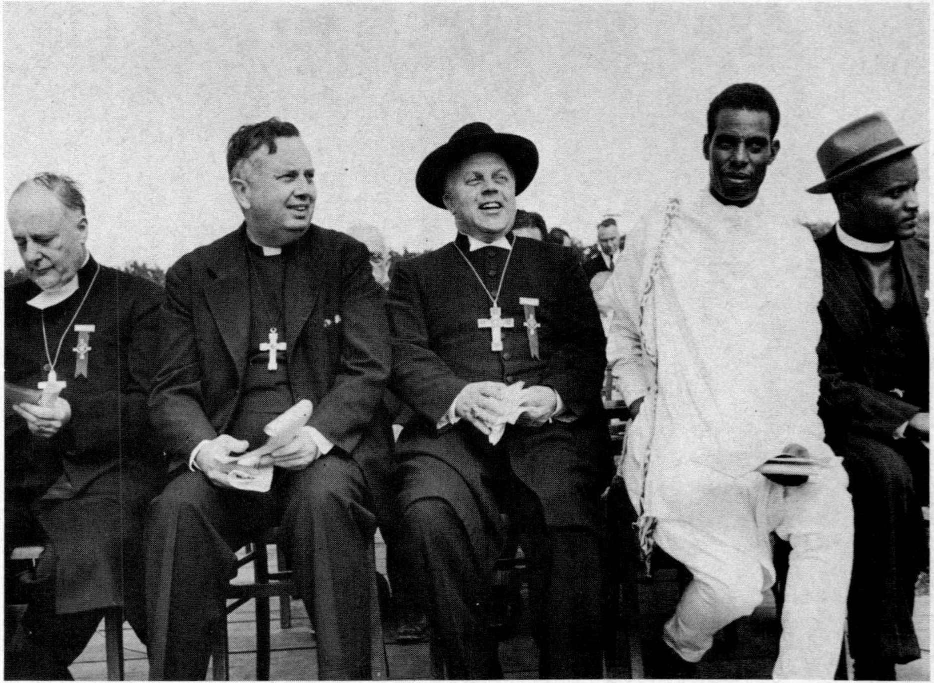

15 *Tagung des Lutherischen Weltbundes, Hannover 1952*
von links:
Bischof Nygren (Schweden),
Präsident Fry (USA),
Lilje, Daffa (Äthiopien),
Bischof Moshe (Tansania)

die den Anspruch erheben, überhaupt die ältesten zu sein. Wieweit das der geschichtlichen Realität entspricht, ist zu mühselig zu untersuchen. Loccum war jedenfalls, wenn nicht der zeitlichen Reihenfolge nach, so doch der Bedeutung nach die zweite und hat im Norden einen ähnlich guten Start genommen wie Bad Boll im Süden. Das lag natürlich auch an der geschickten Leitung der ersten Jahre. Johannes Doehring, dem später Adolf Wischmann an die Seite trat, hat die ersten Jahre die Leitung wahrgenommen. Das Ehepaar Wischmann hat in jenen ersten Jahren dem Hause eine immer wieder dankbar empfundene Atmosphäre kultivierter Häuslichkeit vermittelt. Als Wischmann zunächst Landessuperintendent für den Sprengel Osnabrück und später Präsident des Kirchlichen Außenamtes wurde, haben wir ihn nur mit großem Bedauern aus der Akademiearbeit scheiden sehen. Sein Nachfolger wurde Dr. Hans Bolewski, der sich durch ein großes Geschick in der Leitung von Aussprachen auszeichnete und mit seinem Mitarbeiterstab auch attraktive Programme zu bieten vermochte.

An dieser Stelle muß auf die Problematik aufmerksam gemacht werden, die sich allmählich innerhalb der Evangelischen Akademien herausgebildet hat. Am Anfang war es nicht schwer, geistig bewegte Menschen unter einem Dach zu versammeln, das betont christlich war. Nicht der geringste Grund war der, daß in den ersten Jahren die Kirche sozusagen konkurrenzlos war. Neue Gebilde ähnlicher Art haben sich erst viel später formiert. Zu Anfang war das Angebot, das die Kirche zu machen hatte, auf dem geistigen Markt fast ohne Rivalität. Hinzu kam ein ausgeprägter Hunger bei geistig lebendigen Menschen. Es gehört zu den härtesten und schäbigsten Seiten einer Diktatur, daß sie die geistige Freiheit einschränkt und schließlich abtötet. Ein echtes Gespräch ist unter ihr nicht möglich, und für den geistigen Menschen gehört es zu den demütigendsten Erscheinungen, daß man ihm zumutet, nur das nachzusprechen, was amtlich vorgedacht ist. Daß sich trotzdem ein lebendiges geistiges Leben in

Deutschland erhalten hat, ist bekannt und spricht für alle diejenigen, die sich geistig der Diktatur nicht gebeugt haben. Aber in der Öffentlichkeit gab es den freien Austausch der Gedanken nicht. Das war nun die große Chance der Evangelischen Akademien. Es gab zwar eine unaufdringliche christliche Hausordnung. Abends sammelte sich nach Schluß der Tagesarbeit alles auf dem großen Flur des Hauses zu einer ganz knappen Form von Hausandacht. Das war alles. Im übrigen herrschte das Prinzip einer wohltuenden Sachlichkeit. An den verhandelten Themen und Fragen richtete sich die ganze Arbeit aus.
In dieser Arbeit, den Vorträgen und noch mehr den Aussprachen herrschte das immer wieder formulierte Gesetz: »Hier kann jeder alles sagen!« Mit welcher Inbrunst ist von diesem Grundsatz Gebrauch gemacht worden! Ich habe manchmal den Eindruck gehabt, daß beispielsweise mancher Journalist hier mit mehr oder weniger geschliffenen Formulierungen das aussprach, was er im eigenen Betrieb aus Rücksicht auf Chefredakteur und Verleger nicht auszusprechen gewagt hätte. Der bekannte Publizist Erich Kuby war ein exemplarischer Fall, weil es ihm wiederholt gelang, mit seinen provokatorischen Wendungen das Auditorium gegen sich aufzubringen. Noch höre ich die Stimme von Heuss, der am Abschluß einer ziemlich lebhaften Debatte mit seiner geistigen Souveränität Kuby eine milde, aber deutliche Rüge erteilte: »Hier scheint mir Herr Kuby vorbeipointiert zu haben!«

Loccum hat in allen seinen Funktionen, als evangelisches Kloster, als Predigerseminar, aber auch als Evangelische Akademie und Religionspädagogisches Institut, an den Stürmen der Zeit teilgenommen. Es ist zu keiner Zeit leicht, Aufgeschlossenheit für das flutende geistige Leben und Treue gegenüber dem ursprünglichen Auftrag miteinander zu verbinden. Die Gewißheit, aus der heraus es möglich war, läßt sich am besten mit einem Augustin-Wort ausdrücken, das als Wandinschrift im Kapitelsaal des Klosters steht:

»Stat crux, dum volvitur orbis« –
»Fest steht das Kreuz,
wenn auch der Erdkreis sich wandelt«.

Loccumer Gäste

Rudolf Alexander Schröder gehörte zu den ersten unter denen, die in der Frühzeit unserer Akademiearbeit schon durch ihre Anwesenheit und den geistigen Beitrag etwas von dem Glanz einer weltbekannten Persönlichkeit einbrachten. Er war, als er zu uns kam, längst in das Stadium der Klassik eingetreten, und sein Name gehörte zu denen, die man nicht besonders erklären mußte, wenn sie auf dem Programm der Loccumer Akademie erschienen. Aus wirklichem, warmem Interesse an der Aufgabe einer solchen Akademie hat er den Reichtum seiner verschiedenen Begabungen und Erfahrungen in den Dienst unserer Arbeit gestellt. Er war ja vielerlei – Innenarchitekt, Maler, Übersetzer und vor allem natürlich Dichter. Aber mehr als das alles war er ein Genie der Geselligkeit. Er verbreitete eine Atmosphäre der gepflegten Behaglichkeit. Seine Schwester Dora, die dem Junggesellen den Haushalt führte, hatte ihm ein kleines wollenes Mützchen gestrickt, das er immer trug, dazu die Brasilzigarre, die er als Bremer ebenso zu schätzen wußte wie den guten Tropfen Rotwein. So war er da, wenn er kam, völlig unaufgeregt, entspannt, allen Teilnehmern aufgeschlossen und allen Wendungen des Gesprächs mit lebhafter Anteilnahme folgend. Gerade bei diesen Gesprächen kamen der Reichtum seiner Begabung wie die Vielfalt seiner Erfahrung zum Vorschein. Es wurde von allen, die einen Sinn dafür hatten, erheblich geschätzt, wenn er aus der Vergangenheit berichtete.
Unsere erste Begegnung hatte sich auf eine originale Weise vollzogen. Ich hatte den Kurpredigerdienst in Badgastein übernommen, und mir war bei einem dieser Gottesdienste während der Predigt schon ein Mann aufgefallen, der in der dritten oder vierten Reihe saß und bei dessen Anblick mir un-

willkürlich, fast unbewußt durch den Sinn schoß: Ein menschliches Gesicht! Das wollte sagen, jemand, der in keiner Weise als Schablone wirkte, sondern den Eindruck geistiger Eigenständigkeit machte. Nach Schluß des Gottesdienstes trat dieser Herr auf mich zu und stellte sich vor: Schröder. Ich replizierte – wahrscheinlich nicht sehr geschickt: Lilje. Darauf er: Dr. Schröder, darauf ich – wiederum nicht sehr originell: Dr. Lilje. Als er dann aber sagte: Rudolf Alexander Schröder, konnte ich nur ausrufen: »Warum haben Sie das nicht gleich gesagt?«, und der Kontakt war auf das lebhafteste und angenehmste hergestellt. Wir verabredeten uns sofort für den Abend, und einige der anderen Gäste aus dem Hause, die für ein geistiges Gespräch aufgeschlossen waren, nahmen teil. Ich war von dieser ersten Begegnung schlechthin fasziniert. Da kam alles zum Vorschein, nicht nur die Anfänge der »Insel« und des Inselverlages, sondern auch die vielen Beziehungen, die er zu dichterischen Kapazitäten seiner Zeit gehabt hatte und noch hatte: Hugo von Hofmannsthal, Rilke, Borchardt, Burckhardt, Jünger und mancher andere. Die Charakteristika dieser abendlichen Unterhaltung mit Rudolf Alexander Schröder waren vor allem diese: es war gar kein Klischee in dem, was er sagte, sondern man sah das Bild des Menschen, auf den er Bezug nahm, fast plastisch vor sich; zugleich aber war seine Schilderung so frei von aller Angeberei, von dem, was manches Gespräch mit bedeutenden Leuten schwer belasten kann; es war nicht eine andere Form der Selbstbespiegelung, sondern er redete in der Tat von den Männern, auf die er hinwies. Ein besonderer Reiz dieses Abends war, daß dies Gespräch im Jahre 1942 stattfand, also noch mitten unter der geistigen Herrschaft des Dritten Reichs, und auch in einem so abgelegenen Kurort wie Badgastein spürte man die allgegenwärtige geistige Zwangsherrschaft der Diktatur. Um so wertvoller war es, mit einem freien Mann umzugehen, der auch den andern den Mut zur Freiheit gab. Unter uns war damals ein Eichenlaubträger, der in der Offenheit seiner Äußerungen unübertrefflich war, und ich habe diese ganze Gesprächssituation als einen Ausdruck dafür empfunden, wieviel ein einzelner, freier, aufrechter und unbefangener Mann in der geistigen Gesamtatmosphäre eines solchen Gespräches zu tun vermag.

In den späteren Begegnungen in Loccum war Schröder ein deswegen so hochwillkommener Gast, weil er – auch ohne unmittelbar im Programm beteiligt zu sein – das Wesen der Akademie in erster Linie im Gespräch erkannte, und dies verwaltete er nun in wirklicher Souveränität. Wir haben einmal bei einem Anlaß, da Eliot, Schaeder, Hausmann und andere dabei waren, etwas davon erlebt, wie eine solche Gesprächsrunde in lebhafte, fast polemische Auseinandersetzung geriet und dennoch die Gemeinsamkeit der Sache, die uns zusammengeführt hatte, nicht einen Augenblick zweifelhaft war. Diese großen, lebendigen Geister gaben sich in einer solchen Gesprächssituation in einer beglückenden Unbefangenheit. Das waren, wenn man den Ausdruck verzeihen will, Sternstunden der Akademiearbeit, Höhepunkte geistiger Begegnung.

Ein besonderer Reiz dieser Gespräche mit Schröder bestand darin, daß man ihn fragen konnte. Dabei kam zum Vorschein, wie breit der Grad seiner Bildung war. Er war Humanist, Europäer und Deutscher, mit Homer ebenso vertraut wie mit Shakespeare, und seine Kommentare, zu denen die Fragen der Gesprächspartner Anlaß gaben, waren immer original. An seinen Dichtungen ist mancherlei Kritik geübt worden, vor allem haben manche sie als schwer zugänglich und in der Wortwahl befremdlich empfunden. Das hing aber in allererster Linie damit zusammen, daß er die Worte mit großer Sorgfalt wählte und setzte. Einer der bekanntesten Literaturkritiker der damaligen Zeit hat ihn einen »Artisten des Wortes« genannt; dieser Terminus sollte ausdrücklich nichts Geringschätziges enthalten, sondern im Gegenteil das Maß der Anerkennung ausdrücken, das gegenüber der Wortkunst Schröders am Platze war.

Nicht das schlechteste Zeichen für seine Wirkung ist, daß einige seiner religiösen Dichtungen in die Gesangbücher Eingang gefunden haben; und das wiederum hängt damit zusammen, daß hier ein wesentliches Element der Wirkungskraft Schröders aus seiner Biographie zu entdecken war: Er gehört zu den Menschen, die einen Bruch erlebt haben. Seine Gedichtsammlung »Mitte des Lebens« schildert, wie er den Weg in die Mitte des christlichen Glaubens hinein gefunden hat. Von daher ist seine Sprache, gerade auch in der religiösen Lyrik, wahrhaftig und lauter.

Ein anderer, für den eine ähnliche biographische Notiz gilt, war *T. S. Eliot.* Es gehört zu den unbestreitbaren Verdiensten der britischen Militärregierung, daß sie uns die Begegnung mit einem der führenden Geister Englands aus jener Zeit möglich gemacht hat. Unter den manchen Eingeladenen, deren Mitwirkung in Loccum sie uns vermittelte, war Eliot wohl der bedeutendste. Seine Gestalt wirkte unmittelbar, seine noble, aristokratische Erscheinung und gerade das Unpathetische seiner Diktion machten in jener Zeit, die sich nur mühsam von dem Hitlerschen Pathos erholte, einen tiefen Eindruck auf die Anwesenden, zumal die geistige Qualität seiner Darbietungen unbestreitbar war und unmittelbar wirkte. Auch er gehört zu den Menschen, die einen Bruch in ihrer Biographie haben, insofern als die bewußte Hinwendung zu einem bestimmten geprägten Typus des christlichen Glaubens für sein Schaffen, seit er diesen Bruch vollzogen hatte, bestimmend war. Seine Stoffe, wie etwa das Schicksal des Thomas von Canterbury, aber auch seine tiefsinnige, gründliche, auf die Grundelemente des Lebens ausgerichtete Lyrik trugen zu diesen Erfolgen und diesem Einsatz bei. Ich habe immer wieder beobachtet, daß gerade auf Journalisten, von denen manche noch sehr nach neuen Richtlinien in der veränderten Situation suchten, diese Persönlichkeiten einen besonderen Eindruck machten, die durch ihren Lebensweg – gerade auch durch einen solchen »Bruch« – dokumentierten, daß ihr Opus nicht Wortgepränge, sondern Ausdruck einer tiefen, existentiellen Erfahrung war.
In einem ihrer Gespräche war einer der lebhaftesten Teilnehmer *Hans-Heinrich Schaeder.* Welche ausgebreitete Bildung

ihm zu eigen war, ist wohlbekannt, und schon von daher war er ein ergiebiger Gesprächspartner; aber vor allem die Lebendigkeit seiner Anteilnahme, die Wachheit seiner Reaktionen, die Noblesse seiner Polemik haben die Gespräche mit ihm immer zu einem Gewinn gemacht. Er war in dieser Beziehung sehr ähnlich dem anderen, häufig anwesenden Dichter *Manfred Hausmann,* wiederum einer von den Menschen, in deren Leben es einen Bruch gegeben hatte, aber die ja gerade durch diese bewußte Hinwendung zum christlichen Glauben dann auch in den Äußerungen ihrer religiösen Lyrik glaubhaft wirkten. Es ist nicht schwer sich vorzustellen, wie eine so zusammengesetzte Gesprächsrunde gerade diejenigen beeindrucken mußte, die nach Loccum gekommen waren, weil sie in einer solchen evangelischen Akademie spezielle Klärung über Grundfragen des Lebens und Glaubens zu finden hofften. Ähnlich stand es mit dem englischen Historiker *Butterfield,* der eine Art Antipode zu Toynbee war. Historiographie hat immer zu den besten Leistungen des englischen wissenschaftlichen Geistes gehört, und nach den seltsamen Blüten, die von der Geschichtsschreibung im Dritten Reich zu berichten gewesen wären, tat es wohl, eine solche hochstehende, sachlich wertvolle Geschichtsbetrachtung, die zugleich hilfreich für die Bewältigung der eigenen Vergangenheit war, zu hören. Ausdrücklich erwähne ich an dieser Stelle auch den französischen Militärgeistlichen *Sturm,* der als zweisprachiger Elsässer sehr hilfreich in all diesen Diskussionen war und etwas von der kartesianischen Klarheit französischer Denkweise in das Gespräch über die Wiederaufrichtung des christlichen Abendlandes hineinbrachte. Dabei haben wir das »christliche Abendland« keineswegs formelhaft verstanden. Wir haben nicht einem Schema oder einer Schablone angehangen, sondern nur zum Ausdruck bringen wollen, daß innerhalb der reichen europäischen Tradition, die durch die schrecklichen Fehlleistungen des Tausendjährigen Reiches so verdeckt worden war, unschätzbare, um nicht zu sagen unverlierbare geistige Besitztümer vor uns lagen, die alle doch in ihrer letzten Verwurzelung auf den christlichen Glauben zurückbezogen werden mußten. Auch der Soziologe *Hans Freyer* hat durch seine originalen Beiträge zur Lebendigkeit und zum Reichtum der Loccumer Diskussionen Wesentliches beigetragen.

Von ganz anderer Art war der Augenblick, da der Bundestagspräsident *Hermann Ehlers* mit dem früheren Reichskanzler *Brüning* zusammentraf. Das Schicksal Brünings in der Nachkriegszeit war nicht ungetrübt. Rätselhafterweise haben ihn einige der führenden Männer jener Zeit so gut wie nicht rezipiert; Adenauer machte den Eindruck, daß er von Brüning am liebsten überhaupt keine Kenntnis genommen hätte. Es ist klar, daß hier manche Hypothek aus der Vergangenheit fortwirkte. Brüning, der ohnehin zurückhaltend war in der Schilderung seiner eigenen Tätigkeit als Reichskanzler der Weimarer Zeit, wies aber immer noch dieselben Züge auf, die ihn schon während seiner Kanzlerschaft sympathisch machten, sachlich, fast asketisch, stoisch, ein Mann, der keinerlei Talente besaß, sein eigener Propagandist zu sein, und der den Eindruck machte, in ganz erheblicher Weise durch die Beziehung auf die Sache geprägt zu sein. Ehlers hatte keinen sehr glücklichen Tag im Umgang mit ihm; der Gegensatz, der plötzlich zwischen beiden Männern in der Diskussion auftauchte, hatte sicherlich gar nichts mit politischen Erwägungen zu tun – darin konnte zwischen beiden kaum ein wesentlicher Unterschied bestehen –, sondern lag vor allem wohl im Temperamentsunterschied der beiden so verschiedenen Männer, von denen jeder doch Deutschland auf seine Weise geliebt und ihm gedient hatte.

Ich habe jedenfalls als Leiter der Versammlung damals Brüning mit Ehrerbietung begrüßt und tat es in erster Linie um der anwesenden Journalisten willen, um deutlich zu machen, daß ich trotz aller vorhandenen Schwierigkeiten des öffentlichen Urteils Brüning in diesem Augenblick als einen Träger des anderen und besseren Deutschland verstanden wissen wollte.

Es war mir übrigens auch gelungen, den Landesbischof

Wurm zu einem Besuch in Hermannsburg zu überreden, als die Akademie dort noch in den Anfängen war. Er hat in der Kirche vor der Gemeinde gepredigt und vor der Zuhörerschaft der Akademie ein Wort über die Lage der Kirche gesagt. Das war um so bemerkenswerter, als Wurm vor allem in den Jahren nach dem Kriege von einer zunehmenden Distanz gegenüber Hannover und vor allem Bischof Marahrens bestimmt war. Sein kritisches Urteil ist wahrscheinlich sachlich berechtigt gewesen; aber man darf nicht vergessen, daß in den letzten Jahren des Dritten Reiches die beiden lutherischen Bischöfe Meiser und Wurm sich der Führung von Marahrens durchaus gefügt und jedenfalls nicht darauf gedrängt haben, daß er die wechselnden Formen von Vorsitz, die er in jenen Jahren wahrgenommen hatte, abgeben möge. Insofern kam die kritische Haltung ein wenig post festum, und mir war lieb, daß sich Wurm bereit finden ließ, nach Hermannsburg zu kommen, um ihm Gelegenheit zu geben, einen Eindruck von einem wirklich bekenntnisorientierten Luthertum zu empfangen, dessen eigentlicher Orientierungspunkt nicht irgendeine kirchenpolitische Weichheit, sondern Ausrichtung am Evangelium war. Manche von den Kritikern im Sinne Wurms haben nie recht zur Kenntnis genommen, daß diejenigen von uns, die Glieder der Bekennenden Kirche gewesen waren, auch in Hannover ihre kritische Funktion ungescheut und uneingeschränkt wahrgenommen haben. Für manche war es ein zu komplizierter Gedankengang, sich vorzustellen, daß man seinen Bischof mit »Hochwürden« anreden und ihm trotzdem die Wahrheit sagen konnte! So haben wir es jedenfalls gehalten, gerade auch die tapfersten und besten unter den Führern der hannoverschen Bekenntnisgemeinschaft.

In memoriam J. S. Bach

Am 28. Juli 1950 feierte das westliche Deutschland in einer gemeinsamen Gedenkstunde die Erinnerung an den 200jährigen Todestag Bachs. Es war mir eine hohe Freude und Ehre, bei diesem Anlaß die Gedenkrede zu halten. Die Feier fand in der Johanniskirche in Göttingen unter der musikalischen Leitung von Fritz Lehmann genau 200 Jahre nach Bachs Tode statt, der »am 28. Julius des Jahres 1750, des Abends nach einem Viertel auf neun, 66 Jahre alt auf das Verdienst seines Erlösers sanft und selig verschied«. Am Vormittage hatte die Bachwoche Ansbach, die ein historisches Anrecht darauf hatte, eine Feierstunde unter Karl Richter gehalten. – Es war das erste Mal, daß wieder eine Veranstaltung über alle deutschen Sender übertragen wurde. Nachdem in einer merkwürdigen martialischen Einseitigkeit solche Gemeinschaftssendungen bis zum Kriegsende lediglich kriegerischen Erfolgen gewidmet waren, fand sich jetzt das westliche Deutschland wieder zu einer gemeinsamen geistigen Feier zusammen. Die universale Anerkennung, die Bach in Deutschland fand, umspannt so verschiedene Geister wie Dilthey, der die Größe Bachscher Kunst mit der Orestie, mit Dante und Giotto in eine Linie gerückt hat, und auf der anderen Seite Nietzsche, der in einem Brief vom 30. April 1870 an Erwin Rhode das erstaunliche Urteil abgegeben hat: »In dieser Woche habe ich dreimal die Matthäuspassion des göttlichen Bach gehört, jedes Mal mit demselben Gefühl unermeßlicher Verwunderung. Wer das Christentum völlig verlernt hat, der hört es hier wirklich wie ein Evangelium.« Ähnliches hat Goethe in einem Brief vom 21. Juni 1827 geschrieben: »Ich sprach mirs aus: als wenn die ewige Harmonie sich mit sich selbst unterhielte, wie sichs etwa in Gottes Busen kurz vor der Weltschöpfung möchte zugetragen haben. So bewegte sichs auch in meinem Innern, und es war mir, als wenn ich weder Ohren, am wenigsten Augen und weiter keine übrigen Sinne besäße noch brauchte.«

Ähnlich lautet das Urteil jenes Bachbiographen J.M.Forkel aus dem Jahre 1803: »Die Werke Bachs sind ein unschätzbares Nationalerbgut, dem kein anderes Volk etwas Ähnliches entgegensetzen kann ... Dieser Mann – der größte musikalische Dichter und Deklamator, den es je gegeben hat und den es wahrscheinlich je geben wird – war ein Deutscher.« Und er fährt fort: »Sey stolz auf ihn, Vaterland, sey auf ihn stolz, aber sey auch seiner werth.« Es war also im Grunde unerläßlich, einen solchen Gedenktag einem Volk ins Bewußtsein zu rufen, das an geistigen Gütern in jenem Augenblick des Jahres 1950 nicht eben reich zu sein schien und mit größter Mühe seine geistige Orientierung wieder suchen mußte. Noch lebten wir ja damals unter Trümmern und viel geistiger Armut. Durch das schwere Schicksal, das auf Deutschland gelastet hatte, war so vieles vernichtet und vieles von den geistigen Gütern unseres Volkes scheinbar für immer zerstört, daß man in jenem Augenblick nur mit ergriffener Dankbarkeit daran denken konnte, welchen unverlierbaren Schatz wir in Bachs Erbe behalten haben. Ich habe damals ausdrücklich hinzugefügt: »Wir können uns um so lieber und leichter seiner freuen, als er zu jenen geistigen Besitztümern gehört, die eine Nation niemals für sich allein haben kann; er gehört der Welt, die ihm ihr Ohr und Herz aufzuschließen bereit ist, nicht weniger als uns. Er ist eines der Geschenke unserer Geschichte an die Welt, und zwar eines der größten und schönsten. Dabei bedarf er dessen nicht, daß propagandistisch auf ihn aufmerksam gemacht würde. Er, der so deutsch ist, daß er aus keinem andern Boden hätte erwachsen können, wirkt mühelos über die Grenzen hinweg, weil er mit der Selbstverständlichkeit der echten Universalität wirkt. Alles wahrhaft Große ist universal und hat die Verheißung der universalen Wirkung, sofern es in den Grenzen der Ordnung Gottes bleibt. Weil er wahrhaft groß ist, können alle ihn sehen und hören, obwohl er aus deutschem Urgrund gewachsen ist.«

Das hat sich ja in den folgenden Jahren immer wieder aufs neue bestätigt. Man denke nur an die Bachrenaissance, die sich in Frankreich vollzogen hat – man kann sie ohne Übertreibung ein europäisches Ereignis nennen. Bis auf diesen Tag vollzieht sich die Aufführung Bachscher Werke mit unverminderter Frische und Eindruckskraft; das bei weitem Erfreulichste an diesem Vorgange ist die lebendige Anteilnahme der jungen Generation. Jede Aufführung der h-moll-Messe, der Matthäuspassion oder auch des Weihnachtsoratoriums füllt die Kirchen, und zwar in überwiegendem Maße mit jungen Menschen. Hier gibt es das Problem der Trennung der Generationen nicht; auch das, was sonst an Skepsis gegenüber dem christlichen Erbe Deutschlands vorhanden ist, scheint in solchen Augenblicken aufgehoben.

Ein besonderes Verdienst in dieser Richtung gebührt nun jener Arbeit, an der ich jahrelang mit Freude teilgenommen habe, das ist die »Ansbacher Bachwoche«. Sie verdankt ihr Dasein einem für diese Aufgabe in besonderer Weise begabten Manne, dem Dr. Carl Weymar, der diese Unternehmung organisiert hat, die von seiner Frau in vorbildlicher Weise betreut wurde. Die Anziehungskraft dieser Unternehmung war beglückend. Man sah wirklich einen Ausschnitt aus der geistigen Welt Deutschlands. Viele der bekanntesten Gestalten aus der deutschen Geistes- und Industriewelt gehörten zu den regelmäßigen Teilnehmern. Ich bin viele Jahre aufgefordert worden, den Eröffnungsgottesdienst in einer der beiden großen Ansbacher Kirchen zu halten, und habe diesen Dienst mit Freuden versehen. Obwohl es nicht einfach war, Jahr um Jahr eine Bachpredigt zu halten, erwies sich doch Bachs Lebenswerk als so vielgestaltig und reich, daß es gelang, immer neue Aspekte aus diesem Riesenwerk herauszuheben, ohne der Gefahr der Wiederholung zu erliegen. Die Fülle Bachscher Kunst erlaubte es, so zu verfahren. Alle vielgestaltigen Äußerungen der Bachschen Kunst bezeugen, daß sie aus der genialen Kraft desselben Mannes herstammen, der im neunmaligen Sanctus der h-moll-Messe den wahrhaft monumentalen Höhepunkt seines musikalischen Schaffens erreicht hat. Es ist einfach alles enthalten in seinem musikalischen Werk – Anbetung und Hingabe, Trauer und Lobgesang, Humor und Glaubenszeugnis, Liebliches und Hinreißendes, Stürmisches und Ergebenheit, weltüberwindende Geduld und unerschütterliche Festigkeit. Aus dieser unmittelbaren genialen Fülle ergibt sich wie von selbst, daß es bei Bach eigentlich keine Grenzen zwischen Himmlischem und Irdischem, zwischen den Dingen des Glaubens und denen der irdischen Welt gibt.

An einer der großartigsten Stellen seines Magnificat ist eine große Baßarie um eine Melodie von fast tänzerischen Rhythmen gerankt, und eine seiner ganz großen Kantaten, »Wachet auf, ruft uns die Stimme«, verwendet viel irdische Liebesmusik. Seine heiterste Schöpfung, die Kaffee-Kantate, ist in ihrem ausgelassenen Humor von kraftvoller Genialität getragen.
Dr. Weymars Verdienst besteht nicht nur darin, diese Bachwoche Jahr für Jahr sorgfältig und mit überlegener Sachkunde vorbereitet zu haben, sondern er erwies sich auch als in besonderer Weise für diese Aufgabe qualifiziert. Er war selbst ausübender Bratschist, aber ebenso auch Editor Bachscher Werke wie z.B. der Streichquartettausgabe der »Kunst der Fuge«; seine Kenntnis des Bachschen Werkes schien schier unerschöpflich, wenn er Jahr für Jahr dem Programm neue Aspekte hinzufügte. Dazu kam noch eine andere glückhafte Voraussetzung. Er hat im Laufe der Jahre eine sehr nahe und persönliche Kenntnis der führenden Musici erworben und unter den in Betracht kommenden Solisten mit sicherer Hand ausgewählt. Daß es nicht immer einfach war, so verschiedene Menschentypen zu einer Musikergemeinschaft zusammenzufügen, versteht sich von selbst. Aber ich habe beobachtet, daß er mit einer weisen, fast möchte man sagen vergnüglichen Pädagogik die Sterne erster Größe zur gemeinsamen Arbeit zu bringen vermochte. Von einem der großen Virtuosen, dessen Name hier freundlich verschwiegen sei, wird berichtet, er habe in der Gewißheit des Sieges das Ansbacher Schlachtfeld betreten, habe sich aber, nachdem er einer Aufführung dieser Solistengemeinschaft beigewohnt hatte, entschlossen, die ganze folgende Nacht zum Üben zu verwenden, um am anderen Vormittag auf der Höhe der Leistungen sein zu können, deren Zeuge er am Vorabend geworden war! Da eigentlich nur hervorragende Solisten die Orchestergemeinschaft bildeten, konnte heute der eine als Solist vorne stehen und morgen sich in den Kreis der übrigen ebenso mühelos einfügen. Mich hat immer mit einer gewissen Bewunderung erfüllt, wie sachlich der Umgang dieser doch

wirklich ausgezeichneten Musiker war und wie sehr dies die geistige Einheitlichkeit der musikalischen Darbietungen förderte. Dazu kam auch eine äußere Hilfe: Diese große Kolonne weltlicher Musiker war in Neuendettelsau untergebracht, die dortigen Diakonissen widmeten sich mit großer Freude der Aufgabe, die Musici zu betreuen; diese wiederum wußten sich, vor allem in den ersten immer noch schwierigen Jahren, dort auf das beste aufgehoben. Die Vormittage standen zu gemeinsamen Proben zur Verfügung; daraus ergab sich eine großartige geistige Geschlossenheit der musikalischen Darbietungen, wie sie vielleicht auf eine andere Weise so kaum hätte erreicht werden können.

Mein persönlicher Gewinn bestand darin, in der Reihe der Jahre fast alle wesentlichen Bachinterpreten kennengelernt zu haben, die in dieser Arbeitsgemeinschaft in Ansbach immer ihr Bestes gaben.

Der tragende Grund aller musikalischen Darbietungen war der von Karl Richter geleitete und geprägte Chor. Richter, der zu den erstaunlichen musikalischen Begabungen unserer Zeit gehört, war nicht nur ein ungewöhnlicher Orgelvirtuose, sondern auch als Dirigent von einer verblüffenden Vielseitigkeit und musikalischen Kraft. Mit großer äußerer Ruhe leitete er die Chöre und die Orchester; die unbezweifelbare hohe Begabung Richters fügte die verschiedenen Künstler auch zu einer Arbeitsgemeinschaft von starker Ausdruckskraft zusammen, die unter seiner Stabführung von müheloser Perfektion schien. Daß Karl Richter durch seine eminente Musikalität in der Lage war, auch auf ganz anderen musikalischen Territorien als der Bachschen Kunst sich erfolgreich zu betätigen, war nicht verwunderlich. Aber der Gipfel auch seiner persönlichen musikalischen Leistungen war eben der Umgang mit diesem Großen der deutschen Musik, und alle Teilnehmer haben diese Tatsache immer mit dankbarer Aufgeschlossenheit registriert.

Unvergessen sind aber auch die fröhlichen Abende, die sich an eine der großen Aufführungen anschlossen. Wenn die ja nicht einfache Arbeit des Tages getan war, machte sich das natürliche Bedürfnis nach Entspannung geltend; es war vergnüglich festzustellen, welche Talente vielseitiger Unterhaltung unter diesen Musici vorhanden waren. Nicht die geringste Fähigkeit war auch die Parodie, die sie einander angedeihen ließen, und jener begabte Musikus, der z.B. die hervorragende Pianistin Edith Picht-Achsenfeld so naturgetreu darzustellen versuchte, hat keineswegs eine frivole Karikatur geboten; sondern das, was er in der Wiedergabe ihrer Eigenschaften vortrug, war nur eine andere Form von Huldigung an diese hervorragende Interpretin Bachscher Cembalo- und Klavierkunst. Viele andere taten es ihm gleich, und die Fröhlichkeit dieser Abende war von ungetrübter, über alle problematischen Verkrampfungen hinausführender Natürlichkeit und Menschlichkeit.

Eine Zeitung entsteht

In dem amerikanischen Bestseller von Margret Mitchell, »Vom Winde verweht«, dieser eindrucksvollen Schilderung des amerikanischen Bürgerkrieges, läßt die Autorin eine der Hauptfiguren, den Kapitän Rhett Butler, sagen: Aus dem Zusammenbruch einer Kultur ist ebensoviel herauszuholen wie aus einer Periode des Aufstiegs. In ihrem Roman wird das illustriert an den Erfolgen dieses Hasardeurs, der Blockadebrecher, Kriegsschieber und vieles andere ist und bei aller Skrupellosigkeit dann doch einigen Menschen große Hilfe erweist, vor allem jener anderen Gestalt, der edlen Melanie, deren stille Noblesse und ethischen Mut er zu schätzen weiß und der er darum in schwierigen Situationen hilft.

Wahrscheinlich ist es für mich gefährlich, eine solche Parallele auch nur anzudeuten; denn ich hätte nicht den Wunsch, als Hasardeur zu gelten. Aber in einem Punkte ist der Vergleich mit jener Romanfigur gerechtfertigt: auch in unserem Jahr des Zusammenbruchs 1945 war nicht alles nur negativ anzusehen. Es ergaben sich einige wesentliche neue Arbeitsmöglichkeiten. Das traf auch auf eine Zeitungsgründung zu.

Ich kann nicht behaupten, große Erfahrungen in der Gründung von Zeitungen besessen zu haben. Meine schriftstellerischen Aktionen beschränkten sich vor allem auf das Schrifttum der Christlichen Studentenbewegung. Jahrelang habe ich die Zeitschrift »Die Furche« herausgegeben, ein Organ, das von der Christlichen Studentenbewegung getragen wurde und das ohne allen Zweifel einen gewissen geistigen Rang beanspruchen konnte und gute Artikel von guten Autoren brachte. Aber trotz der sehr beachtlichen Qualität konnte von einer nennenswerten Breitenwirkung nicht die Rede sein. Das wurde anders, als ich 1933 mit der Herausgeberschaft der »Jungen Kirche« betraut wurde, der Zeitschrift der Bekennenden Kirche, die, wie schon gesagt, unter der Schriftleitung von Fritz Söhlmann eine beachtliche Auflage erreichte.
In den Jahren nach 1945 gab es natürlich viele, die von dem Gedanken einer Zeitungsgründung fasziniert waren. Pläne schwirrten wie Bakterien durch die Luft. Da waren die ehemaligen Berufsjournalisten, die schon vor dem Dritten Reich in dieser Sparte tätig gewesen und dann aus ihrer beruflichen Tätigkeit herausgerissen worden waren. Da waren solche, die auf ihre Weise redliche journalistische Arbeit auch unter den Nationalsozialisten getan hatten, und außer diesen Professionellen gab es natürlich sehr viele, deren Hauptbegabung für einen neu zu erweckenden Journalismus in ihrer Gesinnung zu liegen schien – alle, die der Meinung waren, es müsse für die geistige Neuorientierung Deutschlands Entscheidendes getan werden. Es ist nicht verwunderlich, daß unter ihnen manche Theologen waren, die ja von der Herausgabe ihrer Gemeindeblätter her gewohnt waren, eine flüssige Feder zu schreiben, und die, wie man redlich zugeben muß, auch genug auf dem Herzen hatten, das sie für den geistigen Wiederaufbau Deutschlands für wesentlich halten konnten. Die zahlreichen schwierigen Fragen, wie man dergleichen macht, waren natürlich nicht allen in dem gleichen Umfange klar. Und viele nahmen ihre Maßstäbe von den bescheidenen Phänomenen der früheren Zeit, den Kirchen- und Gemeindeblättern oder jenem vereinzelten Versuch einer evangelischen Tageszei-

tung, wie er in Bethel gemacht wurde, der aber nie zu einer ausreichenden Auflage gedieh. Alles in allem viel Eifer, aber wenig direkte Möglichkeiten.

Die allermeisten unterschätzten die vorhandenen Schwierigkeiten. Denn zu den technischen Problemen der Kapitalbeschaffung, der Gewinnung leistungsfähiger Druckereien und Vertriebsmöglichkeiten kamen die nicht geringen politischen Fragen hinzu. Wenn ich alles zusammennehme, was es in jenen eigenartig turbulenten Jahren an Schwierigkeiten zu überwinden galt, wenn man eine Zeitung gründen wollte, und mit der heutigen Situation vergleiche, dann ist klar, daß es heute völlig ausgeschlossen wäre, eine solche Gründung wie die des Sonntagsblattes zu wiederholen. Es würde nicht gelingen, weder vom finanziellen noch vom geschäftlichen oder redaktionellen Gesichtspunkt her.

Damals aber lagen solche Pläne in der Luft, und sie wurden auch an mich herangetragen. Nach den Jahren der braunen Drangsal erschien die neue Freiheit verlockend und verführerisch. Sobald erkennbar wurde, daß ich mich bereit gefunden hatte, mit einigen fähigen Leuten dem Plan einer solchen Zeitungsgründung nahezutreten, war an Angeboten kein Mangel. Sogar Persönlichkeiten, die bereit waren, Geld zu investieren, tauchten auf, was zweifellos ein wichtiger Faktor war, aber vor allem auch Leute, die in irgendeiner Weise ihre Fähigkeit oder mindestens ihre Neigung zum Zeitungsmachen kundtaten. Ich bin noch heute erstaunt darüber, welche Fülle von »Typen« sich damals zur Mitarbeit anboten – äußerst ernst zu nehmende, ja hervorragende Publizisten, die aus dem früheren Abschnitt vor der Zeit des Dritten Reichs herüberragten und überwintert hatten, aber auf der anderen Seite ebenso auch Hasardeure, Abenteurer, undeutliche, zum Teil auch unerfreuliche Typen, bis an die Grenze des Hochstaplertums. Aber wer ein gesundes Empfinden für echt und unecht hatte, konnte das, was sich nicht als echt erwies, rechtzeitig wieder abstoßen.

Eine zusätzliche Erschwerung war, daß noch auf relativ lange Zeit die Besatzungsmächte die Hand über diese Möglichkeiten der literarischen Produktion hielten. Man brauchte eine Lizenz, um überhaupt die Arbeit beginnen zu können. Die Erlangung dieses wichtigen Dokuments war alles andere als einfach. Gerade in meinem Fall. Da ich ja immerhin Gestapogefangener gewesen war, schien es so, als wäre meine Konduite in den Augen der Besatzungsmacht eindeutig genug. Trotzdem entdeckte ich – man erfuhr es ja immer nur zufällig –, daß lebhafte Bedenken gegen meinen Antrag vorliegen mußten. Schließlich kam ich dahinter, daß folgendes Unglück eingetreten war: Ich hatte mich unter anderem auch empfehlend für einen früheren Mitarbeiter verwandt, der an der Herausgabe der Zeitschrift der Bekennenden Kirche »Junge Kirche« führend beteiligt war. Ich hatte zu seinen Gunsten ausgesagt, als er sich um eine Lizenz für die Wiederaufnahme seiner schriftstellerischen Tätigkeit bemüht hatte. Als man seine Personalien durchforschte, entdeckte man Äußerungen aus der Zeit um 1933, als er sich bemühte, eine forsche, nationalsozialistisch getönte Zeitschrift mit dem martialischen Titel »Vormarsch« in Gang zu bringen. Gerade die damaligen Äußerungen waren in der Tat geeignet, Mißverständnisse hervorzurufen und ihn als einen Nazi erscheinen zu lassen. Es war nicht ganz einfach, als ich sagte, der Mann sei kein Nazi gewesen und werde bestimmt keine antidemokratische Arbeit leisten; auch mein Hinweis darauf, daß er, ganz anders als ich, auf die Möglichkeit der Herausgabe einer Zeitung oder Zeitschrift auch wirtschaftlich angewiesen sei, verschlug nicht. Jedenfalls führte diese ganze Angelegenheit zu einer sehr unerwünschten Verlängerung der Anlaufzeit für mein Zeitungsprojekt, und erst nachdem meine Personalien noch einmal auf das gründlichste durchforscht waren, änderte sich das Bild. Der Vertreter der Militärregierung, übrigens der Nationalität nach ein Pole, der diese Dinge bearbeitete, lud mich vor, und als er dann meine Personalakte zu Ende gelesen hatte, brach er in die Worte aus: »You have a prima antinazi-record!« Das hat mich entlastet; aber inzwischen war kostbare Zeit vertan, und erst knapp vor Ablauf der ganzen Frist, in der man solche Lizenzen der Militärregierung erlangen konnte, erhielt ich dieses begehrte Dokument. Es war wichtig, weil der Lizenzträger als der Eigentümer eines solchen Projektes galt und ganz wesentliche Handlungsfreiheit in der Verfolgung seines Planes hatte.

Eine andere Schwierigkeit bestand darin, daß auch Eugen Gerstenmaier mit Zeitungsprojekten umging und sich einen Kreis von Männern gesammelt hatte, mit denen er ein solches Vorhaben durchführen wollte, das dem unsern ziemlich ähnlich war. Als wir von diesen Gerstenmaierschen Plänen erfuhren, habe ich den Versuch gemacht, zu verhindern, daß eine Doppelung in der Planung einträte. Wir haben uns in nicht ganz einfachen Verhandlungen zunächst darauf geeinigt – es glücklicherweise auch schriftlich festgelegt –, daß derjenige, der zuerst die Lizenz bekäme, anfangen sollte und daß der andere dann einschwenken würde. Meine Lizenz lag also schließlich vor, aber wir erfuhren, daß trotz aller feierlichen Abmachungen Gerstenmaier ganz kurze Zeit später dann doch sein Projekt auf Kiel legte, und damit war das geschehen, was ich gerne vermieden hätte: die Doppelung eines solchen Planes. Wir haben Jahre zugebracht mit den Versuchen, das zu korrigieren; sie sind nicht gelungen. »Christ und Welt«, das Gerstenmaiersche Blatt, kam im Laufe der Zeit in dieselben finanziellen Schwierigkeiten wie auch wir; in seinem Falle trat ein sehr leistungsfähiger Zeitungsmagnat ein, der dann den eigentlichen Anteil von »Christ und Welt« übernahm und der sich auch in sehr loyaler Weise darum bemühte, das »Sonntagsblatt«, das inzwischen zu Stand und Wesen gekommen war, mit diesen erstmaligen Projekten zu verbinden. Ich habe das dann doch im Endergebnis abgelehnt; die Versuche von »Christ und Welt«, sich zu profilieren, hatten enthüllt, daß ihre Intentionen von unseren Vorstellungen sehr entfernt waren. Wir haben also das Nebeneinander ertragen müssen.

Endlich war der Tag gekommen, der 1. Februar 1948, da unser Projekt gestartet werden konnte. Der Anfang war gemacht.

Ein Glücksfall war, daß in diesem Kreise auch einige Männer

eine Rolle spielten, die das journalistische Geschäft gründlich beherrschten. Das war zunächst Wilhelm Plog, der nicht nur die journalistische Aufgabe gut kannte, sondern auch vor allem das schwierige Geschäft der wirtschaftlichen Leitung des Blattes Jahre hindurch mit großer Umsicht, mit sachlicher Überlegenheit und mit vorbildlicher Verläßlichkeit und Loyalität leitete. Eine journalistische Arbeit von großer Qualität und Sachlichkeit leistete bis zu seiner Pensionierung Axel Seeberg, der vor allem ein Meister auf dem Gebiet der außenpolitischen Fragen war. Ein wichtiger Mitarbeiter, dessen Name in Deutschland längst gut bekannt war, als er in die Redaktion als Chefredakteur eintrat, war Hans Zehrer.

Er war eine interessante Figur. Er war eine eigenartige Mischung von Romantiker, politischem Seher, Schriftsteller hohen Grades und journalistischem Geschick. Dazu besaß er einen fast unübersehbaren Kreis von Bekannten. Er war Herausgeber der Zeitschrift »Die Tat« gewesen, eines Organs, das bei Eugen Diederichs erschien und in der Zeit unmittelbar vor dem Ausbruch des Nationalsozialismus eine wesentliche Rolle in der geistigen Welt Deutschlands spielte. Zwar war die Auflagenhöhe dieser Zeitschrift nie sehr groß, um so mehr aber der geistige Einfluß. »Die Tat« wurde gelesen, und es gab aus der Schar der Leser, die fast immer auch Anhänger waren, einen »Tatkreis«, dem einige der bekanntesten Autoren jener Zeit angehörten. Politisch war »Die Tat« das Interessanteste, was die Zeit vor dem Nationalsozialismus hervorgebracht hat. Die Mitarbeiter waren in ihrer Art Sozialisten, aber weder Kathedersozialisten noch Marxisten üblicher Prägung, sondern in der Tat auf dem Wege zu einer neuen Form sozialistischer Gesinnung. Die Strukturverwandlung der Gesellschaft und der Wirtschaft war für sie ein wesentliches Thema, und das Geschick, mit dem sie Zeitanalyse betrieben und solche Projekte entwickelten, war beträchtlich.

Aber der »Meister« – im Kreise der Seinen wurde er nur so genannt – war Hans Zehrer. Die Zeit, in der er schrieb und arbeitete, war für sein geistiges Temperament wie geschaffen.

Das düstere Gefühl irgendeiner bevorstehenden Wandlung, vielleicht sogar einer Katastrophe gab seinem Denken und Schreiben das Kolorit. Eine Art politischer Prophetie, die vielfach Unheilsprophetie war, färbte seine Darstellung. Dazu aber kam eine Originalität des Ausdrucks, die Begriffe schuf, die haften blieben. Die Entwicklung hat die Vorstellungen des Tatkreises radikal überrollt. Die Massivität, um nicht zu sagen Brutalität des Denkens, das durch Hitler in Deutschland eingeführt wurde, ging über diese ziselierte Gedankenarbeit mit raschen Schritten hinweg. Da Hans Zehrer nach den Vorstellungen der damaligen Zeit das Unglück hatte, in erster Ehe mit einer Jüdin verheiratet gewesen zu sein, war seine Wirkungsmöglichkeit im öffentlichen Bereich bald zu Ende. Es läßt sich denken, daß in einem Menschen, der so das Dritte Reich durchstanden hatte, sich eine Fülle von geistigen Impulsen angestaut hatte; und er ergriff begierig die Möglichkeit schriftstellerischer Gestaltung, die sich ihm beim »Sonntagsblatt« bot. Man muß mit Nachdruck sagen, daß er an der Formung und Gestaltung dieses Blattes, der geistigen wie der journalistischen, gerade im Anfang entscheidenden Anteil hatte. Es ist eine Frage, ob der wichtigste äußere Beitrag, den er gab, ganz gut war; auf ihn ging nämlich der Name »Sonntagsblatt« zurück. Vielleicht war ihm nicht genug bewußt, daß im Bereich der praktizierenden Christenheit der Begriff Sonntagsblatt sofort bestimmte Vorstellungen hervorrief, und da er dergleichen in der früheren Epoche seines Lebens kaum gelesen haben wird, wußte er nicht, welchen Einfluß diese Literaturgattung auf Gemeindeglieder, Pfarrer und viele fromme Gemüter hatte. Seine Vorstellung war eine andere, nämlich in dem Begriff sollte etwas Altväterisches mitklingen, etwas, das die Familie um ein geistiges Zentrum sammelte, und die Wochenzeitung solle »Sonntagsblatt« heißen, weil so zum Ausdruck komme: Hier sammelt man sich zum geistigen Rückblick auf das, was sich in der Woche zugetragen hat, und müht sich um eine geistige, christliche Klärung der Ereignisse. Wir haben später laufend Schwierigkeiten mit diesem Titel gehabt. Die großen Firmen, die für das

Geschäft der Wochenzeitung deswegen von fast ausschlaggebender Bedeutung sind, weil sie hochbezahlte Anzeigen zu vergeben haben, dachten nicht, daß ein Blatt, das nach ihrem Eindruck überwiegend von Diakonissen und Pfarrhelfern gelesen wurde, die weder große Autos noch große Maschinen zu kaufen in der Lage sein würden, die Investierung von Anzeigen wert sei. Wir sind viel mit anderen lokalen Sonntagsblättern verwechselt worden, die Werbung war wegen dieser Mißverständnisse immer schwierig, und nicht die geringste Schwierigkeit bestand darin, daß diejenigen Landeskirchen oder Gemeinden, die ein »Sonntagsblatt« hatten, in unserem Blatt eine Konkurrenz sahen, die sie nicht wünschen konnten und manchmal meinten bekämpfen zu müssen.

Die Verdienste von Hans Zehrer waren beträchtlich. Seine geistige Kraft äußerte sich sofort auch darin, daß er seine Redaktion wie eine ihm ergebene Schülerschar um sich scharte. Es war wie bei den antiken Philosophen: der Meister war voll von Ideen und Anregungen, und alle, die mit ihm zusammenarbeiteten, haben dankbar zugegeben, daß sie bei ihm journalistische Arbeit hohen Grades kennengelernt haben.

Zu den von ihnen gepflegten Gebieten gehörte außer jenen Wirtschaftsreportagen, die Ferdinand Fried lieferte, und außer dem geistigen Gebiet der Kulturpolitik, das von Kurt Lothar Tank und Geno Hartlaub versehen wurde, vor allem das Gebiet der Reportage im eigentlichen Sinn. Zehrer selber schrieb regelmäßig zur Besinnung rufende und viel Nachdenken erfordernde Wochenartikel, die eine Art säkularer Wochenpredigt darstellten. Diese Grundsatzartikel gruben in der Tat in die Tiefe. Sie waren nicht einfach eine Synopse politischer Ereignisse, sondern in jener Zeit, in der alles grundsätzlich neu gedacht werden mußte, versuchte er in immer neuen Ansätzen auszusprechen, was zu einer geistigen und politischen Wiedergeburt Deutschlands gehörte. Es ist nicht zu bestreiten, daß er einige ganz wesentliche Beiträge auf diesem Gebiete geboten hat, nach denen viele sich gerichtet haben. Wenn es gelungen wäre, die führenden Männer der Evangelischen Akademien mit der Arbeit des Sonntagsblattes enger in

Verbindung zu bringen, hätte diese Konzentration der Kräfte Wesentliches bedeuten können. Es ist versucht worden. Wir haben im Hermannsburg, wo die Evangelische Akademie in einem alten Heidegasthof begonnen hatte, für die Redaktion des Sonntagsblattes eine dort vorhandene Baracke bewohnbar gemacht. Und in dieser originalen, der Zeit genau entsprechenden Atmosphäre hat die Arbeit des Sonntagsblattes begonnen. Man spürt noch das Kolorit jener Jahre; diese Redaktion war hart an der Wirklichkeit.
Das war eines der Hauptziele von Hans Zehrer. Daher seine Vorliebe für die Reportage. Er sandte seine Redakteure, alte und junge, unablässig nach draußen auf das Gefilde der Zeit. So veranlaßte er eine sehr gut gelungene Reportage von Horst Mönnich über die Volkswagenstadt Wolfsburg. Dieses interessante, ursprünglich ganz künstliche Gebilde aus der Hitlerzeit, das sich aber dann dank seiner wirtschaftlichen Kraft sehr selbständig entwickelte, war ein dankbares Objekt solcher Schilderung. Horst Mönnich hat seine Gabe, die er auch später immer wieder unter unter Beweis stellte, hier zuerst in größerem Umfange betätigt: die Gabe der genauen Beobachtung derjenigen Züge, die dem flüchtigen Beobachter nicht auffallen und die solch ein begeistertes Auge sieht. Sein Buch über Wolfsburg hat damals große Bedeutung für die wirtschaftliche und sozialpolitische Urteilsbildung gehabt.
Einen ganz anderen Typus der Reportage kultivierte Zehrer, indem er die ausgezeichnete Katharina Grob – natürlich ein Pseudonym – veranlaßte, einmal für zwei, drei Wochen in einem Hotel als Zimmermädchen Dienst zu tun. Was diese aktive, lebendige, mit großer Beobachtungsgabe ausgestattete Persönlichkeit in jenen Wochen erlebt hat, war so interessant, daß sich ihre Schilderung der Wirklichkeit nun in der Tat wie ein fesselnder Roman las und vielen Menschen zum ersten Mal die andere Seite eines Gewerbes deutlich machte, dessen sie sich bis dahin vielleicht unreflektiert bedient hatten. Reportage hieß also: wirklichkeitsnaher Bericht über Bereiche des Lebens, durch die mancher täglich hindurchging, ohne daß ihm das Besondere auffiel.

In ähnliche Richtung wies auch die Rubrik »Menschliches – Allzumenschliches«. Dies war journalistische Kleinkunst; denn hier wurden Begebenheiten zusammengetragen, die äußerlich geringfügig erscheinen konnten, aber für die geistige Klärung charakteristisch waren. In jenen knappen Bemerkungen ist viel enthalten, das Aufschluß über jene Zeit bot.

An dieser Stelle ist nun der Ort, den besonderen Charakter des Blattes näher ins Auge zu fassen. Denn noch ist ja die Frage von mir nicht beantwortet, inwiefern es sich hier um eine Aufgabe der Christenheit handelte. Aber genau das war gemeint. Hier sollte ein Blatt entstehen, das »christlich« im anderen als herkömmlichen Sinne war. Infolgedessen versuchten wir, uns von dem Typ des üblichen Gemeindeblattes zu lösen, alle vorschnelle Erbaulichkeit beiseite zu lassen und doch ein Blatt zu schaffen, das von dem Geiste des Evangeliums, wie er sich in jener schwierigen Aufbauzeit äußern sollte, geprägt war. Wir haben die »erbauliche Betrachtung« beibehalten. Im Sonntagsblatt gibt es bis auf diesen Tag eine Sparte, in der sich biblische Auslegung findet. Nur haben wir immer große Mühe darauf verwandt, dies nicht in einem Stil zu tun, der den dem christlichen Denken entwöhnten Leser veranlaßt hätte, sofort darüber hinwegzulesen oder das Blatt überhaupt beiseite zu legen. Einer der ersten Versuche, solche Betrachtungen zusammenzufassen, ist die »Postille 1953«. Hier sind die für jeden Sonntag des Jahres publizierten Betrachtungen gesammelt. Der Versuch, es auf eine neue und andere Weise zu sagen und keine abgenutzte christliche Vokabulatur zu verwenden, ist unverkennbar. Er wurde aufs glücklichste unterstützt durch den Illustrator, den wir in jenen Jahren zu Hilfe hatten und dessen Name mit Anerkennung genannt werden muß: Erich Behrendt. Ihm gelangen eindrucksvolle Illustrationen. Als zum Beispiel der biblische Text für den 2. Advent behandelt werden mußte, in dem davon die Rede ist, daß die Wiederkunft Jesu nicht auf spektakuläre Weise vor sich gehen wird – es ist die bekannte Stelle aus Lukas 17: »Das Reich Gottes kommt nicht mit äußerlichen Gebärden« – zeichnete der Graphiker eine riesige Menschenmenge, die, von einer dichten Polizeikette in Zaum gehalten, in der Mitte den Weg frei ließ für jemanden, der hier hohen Einzug halten konnte. Die Bildunterschrift lautete: So kommt er gewiß nicht!

Es war auf die Dauer alles andere als einfach, diese »Betrachtung« immer modern zu halten. Ich möchte nicht nur meinen Respekt vor der Tatsache bezeugen, daß jede dieser Betrachtungen pünktlich erschienen ist, sondern daß immer ein ernsthafter und meist auch gelungener Versuch unternommen wurde, das Bibelwort für die Woche in dem Gesamtzusammenhang des Sonntagsblattes auszulegen. Diese Auslegung erschien auf der dritten Seite, also einer Innenseite; sie sollte nicht als Blickfang oder frommes Vorwort dienen, sondern reihte sich in die übrigen journalistischen Aspekte des Blattes ein. Daß diese Aufgabe nur mehr oder weniger gut gelingen konnte, versteht sich von selbst. Aber es ist überraschend, wieviel geschickte Verfasser sich doch fanden, obwohl auch hier Spreu und Weizen gemischt waren. Der Versuch, das Evangelium »modern« zu sagen, ist eben ungewöhnlich schwierig; und weder eine »zackige« Diktion, noch ein sozusagen hemmungsloses Aufgehen in den geistigen Anliegen der jeweiligen Generation genügen, um diese schwierige Aufgabe gelingen zu lassen. Man muß das ganze geistige Gefüge einer Generation durchdacht, durchlitten und durchkämpft haben, wenn nicht die biblische Aussage am Schluß isoliert neben dem übrigen stehen soll.

Die eigentliche Absicht ging auch wesentlich weiter. Diese Betrachtungen sollten gar nicht das einzige christliche Element des Sonntagsblattes ausmachen. Das ist oft übersehen worden. Freilich wurde dieser Aspekt selbstverständlich deutlich bei den großen christlichen Festtagen. Weihnachten, Ostern, Pfingsten wurden mit besonderen und ausführlichen Aufsätzen bedacht, die nicht an jener Stelle erschienen, wo die Betrachtungen standen; hier ist manches Wort gesagt und geschrieben worden, das Anlaß zur Neudurchdenkung der Grundelemente der christlichen Botschaft bieten konnte.

Im übrigen aber war die Absicht, das ganze Blatt mit diesem Denken des Evangeliums zu durchdringen. Wir wollten beispielsweise nicht wirtschaftliche Informationen geben, die in jedem Börsenblatt zu haben waren, sondern diejenigen Aspekte herausheben, die eine Wirtschaftsethik aus christlicher Sicht nahelegte. Das gleiche sollte von dem wichtigen Gebiet der zeitgenössischen Literatur gelten, aber vor allem auch von den Grundfragen der Politik, die sich ja in Deutschland damals erst wieder formierte. Die Entwicklung, die sich hier vollzog, ist äußerst lehrreich. Wir waren dankbar, in Pastor Heinz Zahrnt, der ursprünglich sich ausschließlich als sehr gelehriger Schüler Zehrers verstand, jemanden zu gewinnen, dessen theologisches Urteil kräftig genug war, um eine eigene Entwicklung in die Wege zu leiten, und der gleichzeitig gegenwartsnah genug dachte, um diese Gedanken in einer angemessenen Form auszudrücken. Er war ein begabter Journalist, wenn auch eigenen Stils. Er war keineswegs das, was man sich normalerweise unter einem Journalisten vorstellt. Er arbeitete nicht übermäßig leicht; aber es gelang ihm, seine Gedanken so durchzuformen, daß die abschließende Darstellung fast immer mit größtem Gewinn zu lesen war. Der beste Beweis für diese seine Fähigkeit ist sein theologisches Hauptwerk: »Die Sache mit Gott«. Hier bietet er eine perspektivische Schilderung der ersten fünf Jahrzehnte unseres theologischen Jahrhunderts von einer glänzenden Durchsichtigkeit und Sachkunde. Daß manche, vor allem die betroffenen Autoren, nicht seine Urteile in allem billigten, versteht sich von selbst; der Wert seines Buches ist unbestritten. Es ist viel gerade auch von Nichttheologen gelesen und dankbar als Aufklärung über verwickelte theologische Fragestellungen empfunden worden.

An diesem seinem Hauptwerk kann man freilich auch deutlich machen, wo in wachsendem Maße die Schwierigkeit der Mitarbeit von Heinz Zahrnt zu suchen war. Denn wenn jemand unternimmt, die Entwicklung der Theologie kritisch darzustellen, läßt sich natürlich nicht vermeiden, auch auf die verschiedenen Ausprägungen »moderner« Theologie einzugehen. Jeder, der die Dinge kennt, weiß, wie kompliziert dieses Gebiet ist, wie wandelbar das, was wir moderne Theologie nennen, in den letzten Jahren gewesen ist und daß schon von daher eine einheitliche Sicht der Dinge sehr schwer herzustellen ist. Vor allem aber geht es natürlich nicht ohne den Abbau liebgewordener Denkschemata. An dieser Stelle trat der Widerspruch der bibelgläubigen Gemeinde zum Teil sehr scharf hervor. Man wird hier deutlich unterscheiden müssen zwischen denen, die begründeten sachlichen Einspruch gegen bestimmte Darstellungen von Heinz Zahrnt vorzubringen hatten, und denen, die für die Notwendigkeit der theologischen Fragen überhaupt keinen Sinn hatten. Das Sonntagsblatt hat jedenfalls den Schwierigkeiten, die sich hier ergaben, in vollem Umfange sich aussetzen müssen; und meine eigene Reputation in der Christenheit ist durch die Diskussion innerhalb des Sonntagsblattes gelegentlich in Mitleidenschaft gezogen worden. Denn nicht alle, die moderne Theologen sein wollten, verfügten über die Geschicklichkeit, den Takt und die geistige Überlegenheit, deutlich zu machen, um welche ernste Fragestellung es ging. Es gab manchen munteren Kämpen auf diesem kirchengeschichtlichen Blachfeld, dem es Vergnügen bereitete, mit provokatorischen Wendungen die Wachsamkeit der schlafenden Gemeinde zu wecken – so jedenfalls stellte es sich ihnen dar. Es war mir keineswegs lieb, mit ihnen verwechselt zu werden, und bis auf diesen Tag bin ich von der billigen Versuchung, auf jeden Fall als »progressiv« zu gelten, frei geblieben.

In diesem Zusammenhang möchte ich aber an den theologischen Problemen nur deutlich machen, welchen sachlichen Schwierigkeiten ein Blatt wie das Sonntagsblatt ausgesetzt war und ist. Nicht nur die Theologie bot Anlaß zu kontroversen Erörterungen. Das gleiche galt eigentlich für alle übrigen Gebiete, mit denen das Blatt sich beschäftigte, vor allem natürlich die Politik. Hier haben wir manchen Strauß zu bestehen gehabt. Ich selber habe an solchem Widerspruch deshalb nie schwer getragen, weil wir hier von unserer Möglichkeit der völligen Unabhängigkeit guten Gebrauch machen konnten. Wir erhielten von keiner amtlichen Seite offizielle Förderung, sondern hielten es für ein ganz wesentliches Element unseres Auftrages, unsere Meinung furchtlos und unabhängig zu sagen. In der bekannten Adenauer-Krise, als er mit der Möglichkeit des Bundespräsidentenamtes spielte, die er nachher wieder verwarf, habe ich sicherlich einen der schärfsten kritischen Artikel geschrieben, die sich gegen ihn richteten; man wird in jenen Jahren immer wieder Beweise dafür finden, daß wir alles andere als bloße Satelliten Bonns waren, zumal wir von keiner Bonner Stelle finanzielle Hilfe anzunehmen bereit waren. Das ist uns mehr als einmal verdacht worden. Gerade Adenauer, dessen staatsmännische Qualitäten ich sehr hoch eingeschätzt habe und zu dem ich im ganzen ein gutes Verhältnis hatte, hat nie verstanden, warum wir nicht direkter und unmittelbarer auf seine politische Linie einschwenkten, so wie er es von dem katholischen Klerus erwartete. Wir haben unsere Unabhängigkeit in diesen Dingen deutlich gewahrt, auch übrigens auf anderen politischen Gebieten, die nicht unmittelbar Adenauers Gedanken wiedergaben. In den Problemen der Finanzpolitik, deren Richtlinien ja gerade in den ersten Jahren grundsätzlich festgelegt werden mußten, haben wir mit dem äußerst tüchtigen Bundesfinanzminister Schaeffer gelegentlich scharfe Auseinandersetzungen gehabt, und alles, was in das Gebiet der Sozialpolitik hineinreichte, fand in unserem Blatt eine völlig unabhängige Darstellung. Gerade die wirtschaftspolitischen und sozialpolitischen Zusammenhänge waren eine weitere Quelle möglicher Kontroversen. Ich erinnere mich einer scharfen Auseinandersetzung mit dem Leiter des Volkswagenwerks, Professor Nordhoff, der sich durch einen Artikel sehr verletzt fühlte und das in einer gewissen herrischen Art auch deutlich zum Ausdruck brachte. Denn Nordhoff gehörte – das wurde mir bei einem Besuch in seinem direktorialen Appartement in Wolfsburg völlig klar – zu den wahren Königen der Gegenwart. Von seiner hohen Warte, den mit erlesenem Geschmack ausgestatteten Räumlichkeiten, übersah er das riesige Werk, und man begriff geradezu visuell, welchen Einfluß jemand haben mußte, der über dieses wirtschaftliche Potential gebot.

Am 1. Februar 1973 haben wir in einer bescheidenen Weise das 25jährige Bestehen des Sonntagsblattes gefeiert. Wir hatten in das Pressezentrum der Stadt Hamburg eingeladen, und obwohl wir uns auf die Mitarbeiter des Blattes in Redaktion, Vertrieb und Druck beschränkten und nur einen relativ engen Kreis befreundeter Journalisten und Politiker eingeladen hatten, waren doch rund 250 Leute in jenem verhältnismäßig engen Raum versammelt, von dem man einen wunderbaren Blick über Hamburg, das pulsende Leben der Stadt am Strom hat. Der Regierende Bürgermeister von Hamburg hat es sich nicht nehmen lassen, an diesem Ereignis teilzunehmen, und auch einige von den wichtigsten Journalisten von Hamburg und Umgebung waren gekommen.
In den darauffolgenden Tagen habe ich mir noch einmal wieder die Frage vorgelegt, was für mich persönlich die wichtigsten Eindrücke gewesen waren. Abgesehen von der Faszination, die ein solcher journalistischer Auftrag selbstverständlich auch auf mich ausgeübt hat, waren es eigentlich doch mehr die kritischen Aspekte. Es war eine ständige Bemühung um den klaren Kurs der Redaktion und in zunehmendem Maße auch die wirtschaftliche Sorge um den Bestand des Blattes.
Das Sonntagsblatt war ein Faktor auf dem Zeitschriftenmarkt geworden und daher auch in die große Wirtschaft eingegangen. Dazu gehörten einige Züge der Zeitungswirtschaft, die schlichten Lesern äußerst fremd waren. Der wundeste Punkt war die Frage der Werbung. Die meisten Leser hatten keine Vorstellungen davon, warum überhaupt die Werbung nötig war und wie so etwas vor sich ging. Das Naivste war wohl der Vorschlag eines Lesers, das Sonntagsblatt sollte, um keine prinzipiellen Schwierigkeiten zu bekommen, auf Anzeigen überhaupt verzichten. Irgendeine Annonce hatte ihn geärgert, und er empfahl dieses Radikalmittel. Natürlich bewies er mit dieser Äußerung, daß er nicht die leiseste Ahnung von

dem Funktionieren eines solchen Blattes hatte. Daß die Anzeigen zum finanziellen Rückhalt des Blattes gehörten, war ihm nicht aufgegangen, und erst meine massive Rückfrage: »Von was soll der Schornstein rauchen?«, führte ihn an dieser Stelle zu einer etwas gründlicheren Besinnung. Vermutlich hatte er bis dahin gedacht, daß solch ein Blatt von den Bezugsgebühren allein leben könne. Aber nun die Werbung! Daß sie aus ganzen Werbekolonnen sich speiste, die mit festen Verträgen an das Blatt gebunden wurden und dann auf ihre Weise Leser zu gewinnen trachteten, war eine Voraussetzung, die zwar nicht sehr schwer zu begreifen war, aber dennoch vielen gar nicht aufging. Das Naivste war immer die Vorstellung, daß ich selber, da ich als Herausgeber zeichnete, über jeden Werber Bescheid wüßte; und wenn unter ihnen Leute waren – leider gab es einige dieser Art unter vielen seriösen Mitarbeitern –, die mit dubiosen Argumenten arbeiteten, dann brauchte es seine Zeit, bis wir überhaupt dahinterkamen. Ich habe es selbst erlebt, daß ich in meinem neuen Wohnsitz nach meiner Emeritierung darauf angesprochen wurde, daß die Werber in diesem Bereich auf das Los des pensionierten Landesbischofs verwiesen, der nun viele wirtschaftliche Schwierigkeiten in seiner Existenz habe; man möge diese Sorgen lindern, indem man das Sonntagsblatt abonniere. Wir haben immer wieder neue Maßnahmen ergriffen, um unlauteren Werbemethoden auf die Spur zu kommen und sie abzustellen. Daß diejenigen, die unter falschen Voraussetzungen geworben waren, von ihrer Verpflichtung freigesprochen wurden (obwohl sie natürlich selber auch hätten aufpassen können, was sie unterzeichneten), ist selbstverständlich. Derjenige Werber, der heute bei uns herausflog, ging morgen zur Konkurrenz, und die Lage auf diesem Teil des Arbeitsmarktes war so, daß er mit Sicherheit darauf rechnen konnte, von den andern mit offenen Armen aufgenommen zu werden. Es war ein Kampf, der wie das Schöpfen ins lecke Faß der Danaiden wirkte.

Es gab aber noch andere, massivere finanzielle Sorgen, die nicht nur aus den abspenstig gemachten Abonnenten resultierten. Wie alle übrigen Gebiete des Wirtschaftslebens war natürlich auch unsere Zeitung den gleichen Problemen ausgesetzt: den steigenden Lebenshaltungskosten, den ständig wachsenden Kosten für Löhne, Gehälter und dergleichen; außerdem hat jede Veränderung des Portos, der Papierpreise, der sonstigen Versandprobleme ihre sofort spürbare negative Wirkung auf unser Blatt gehabt. Als dann im Jahre 1971 die Zeitungskrise in Deutschland auf den Höhepunkt kam, waren natürlich auch wir auf das äußerste gefährdet. Es war die Zeit, in der viele Blätter einfach ihr Erscheinen einstellten. Der spektakulärste Vorgang war die mit großem Einsatz und viel Geschick begonnene Gründung der katholischen Wochenschrift »Publik«, die plötzlich von der Bildfläche verschwand, obwohl Millionenbeträge in sie hineingesteckt worden waren.

Es blieb dann nur noch folgendes Dilemma: entweder sich irgendeinen anderen Rückhalt auf wirtschaftlicher Basis zu suchen oder eine Rückfrage bei der Kirche. Die erste Linie ist durchaus ernsthaft bedacht worden; mit dem erfolgreichen Zeitungsmagnaten v. Holtzbrink haben wir auch Verhandlungen geführt, die von seiner Seite begonnen wurden. Wir hatten das Ziel einer Zusammenarbeit, wenn nicht Fusion mit »Christ und Welt«, die ihr Blatt in »Deutsche Zeitung« umbenannt hatten. Diese Umbenennung war prinzipiell gemeint, man hatte den Wunsch, sich sehr viel stärker politisch zu profilieren; es bedeutete natürlich eine mit eindeutigem Rechtsdrall versehene politische Gesamthaltung. Wir hatten über die Möglichkeit, mit »Christ und Welt« zu fusionieren, häufiger gesprochen; der Mentalitätsunterschied war jedoch immer so groß, daß wir keine richtige Möglichkeit fruchtbarer Zusammenarbeit sahen. Ich habe jedenfalls in jenem Gespräch, das sehr sachlich und durchaus positiv verlief, eine Fusionierung abgelehnt. Damit blieb nur der Weg zur Kirche. Er war in mancher Hinsicht ein Weg der Demütigungen. Man konnte nicht auf viel Verständnis stoßen, und wenn wir nicht immer wieder auf die schicksalhafte Parallele zu »Publik« hätten hinweisen können, wäre dieser Plan über-

haupt nicht gelungen. Es gab auch hier erstaunlich primitive Einwände bei manchen, die von dem Geschäft, eine große Zeitung zu machen, keine Ahnung hatten. Ich denke nicht gern an die Verhandlungen zurück, denen man ausgesetzt war. Um so dankbarer denke ich an diejenigen, die nicht nur die Aufgabe, ein solches Blatt nicht untergehen zu lassen, sondern auch die positive Chance begriffen, die für die Evangelische Kirche in einem solchen Organ gegeben war. Und so ist es nach manchen schwierigen Verhandlungen gelungen, eine Lösung zu finden.
Nachdem die Evangelische Kirche in Deutschland bereit war, dieses finanzielle Engagement einzugehen, blieben noch Verhandlungen über die Umstrukturierung des Blattes, die inzwischen dann auch in sachlich befriedigender Weise gelöst sind. Das war das Ende der unabhängigen Zeitung »Deutsches Allgemeines Sonntagsblatt«. Nicht ohne einen ausgemachten Stolz kann ich darauf hinweisen, daß es diesem Blatt in über zwanzig Jahren gelungen war, völlig selbständig zu existieren, ohne einen Pfennig Unterstützung von außen, weder von der Bundesregierung, noch von politischen Parteien.

Dritter Teil

Rückblick auf den Ausbruch des »Dritten Reiches«

Der Ausbruch des »Dritten Reiches« traf die Kirche unvorbereitet. Zuviel verschiedene Strömungen fanden sich in ihrer Mitte, als daß sie sofort einer einheitlichen Reaktion fähig gewesen wäre. In dieser Hinsicht teilte sie das Schicksal weiter Volksschichten in Deutschland.
Ihre politische Haltung gegenüber dem Nationalsozialismus war nicht eindeutig. Zwar war ohne allen Zweifel die Zahl der Pfarrer, Theologen und führenden Kirchenleute, die dem Nationalsozialismus positiv gegenüberstanden, im Anfang des Jahres 1933 gering, ja sehr gering. Es gab vereinzelte, zu diesem politischen Radikalismus neigende Pfarrer; aber ihre Zahl war so klein, daß fast alle die Namen dieser Männer, soweit sie überhaupt öffentlich hervortraten, kannten. Die Zahl der Pfarrer, die zur Sozialdemokratie hielten, war freilich nicht weniger gering; und auch hier waren die Namen der führenden Männer, wie die von Günther Dehn, Kappes in Mannheim, Piechowsky in Neukölln und anderen bekannt. Ihre Zahl war übersehbar. Der größere Teil der Pfarrer und kirchlichen Amtsträger wird in jener Zeit bei der breiten bürgerlichen Schicht gestanden haben, die im allgemeinen national gesonnen war, in ihren Anschauungen konservativ und hinsichtlich ihres politischen Engagements zurückhaltend. Eine geprägte Überzeugung gegenüber dem Nationalsozialismus gab es in nennenswertem Umfange nicht. Hinzu kam, daß sehr viele dem verbreiteten Irrtum unterlagen, die neu heraufziehende politische Bewegung sei eine ephemere Erscheinung und werde keine politische Zukunft haben. Zu sehr wichen ihr Gebaren und ihre Methodik von dem ab, was das herkömmliche bürgerliche Denken für tunlich und durchsetzbar hielt. Diese Fehleinschätzung haben viele gehegt, sie haben ihren Irrtum schwer bezahlt. Die politischen Anschauungen, die in weiten Kreisen der Kirche führend waren, ka-

men im allgemeinen in der Presse von Hugenberg zu Wort, nicht weil diese für eine besonders hochstehende Form politischer Gedankenhaltung angesehen wurde, sondern weil es eben keine bessere gab und weil hier die herkömmlichen und etablierten Gedanken am regelmäßigsten ausgesprochen wurden. Daß Hugenberg, ein trockener, beinah philiströser Geist, der jeder Fülle politischer Phantasie entbehrte, in seiner Abneigung gegen die politische Linke, ohne es zu merken, laufend Zubringerdienste für Hitler tat und ihm in den Sattel geholfen hat, war damals vielen noch nicht erkennbar.

Natürlich war die Haltung der Theologen nicht einfach undifferenziert. Charaktervolle politische Denker wie Brunstädt hatten sich sehr darum bemüht, eine eigene Linie politischer Theologie zu entwickeln, die auf dem Grundgedanken der Verantwortung beruhte, in der Durchführung aber merkwürdig nahe an ständestaatliche Vorstellungen heranführte. Ihre Ansätze zu politischer Einflußnahme, die vor allem durch die innerpolitischen Wirren des Jahres 1932 eine Chance bekam, wurden später von den viel robusteren und simpleren Methoden der Nazis einfach überrollt.

Zu dieser nicht eindeutigen politischen Situation innerhalb des deutschen Protestantismus kam seine beinah verworren zu nennende theologische Problematik. Zwar stand im Jahre 1933 die theologische Diskussion schon voll im Zeichen jenes theologischen Denkers, der die erste Hälfte unseres Jahrhunderts mehr als irgendein anderer protestantischer Theologe bestimmt hat, Karl Barth. Aber die Auseinandersetzung war in vollem Gange. Barth selbst hatte offen bekannt, daß er in der Schweiz Mitglied der Sozialdemokratischen Partei geworden war. Obwohl die deutsche Sozialdemokratie nicht dasselbe war wie ihre schweizerische Genossin und obwohl Karl Barth in Deutschland keinen unmittelbaren Gebrauch von dieser seiner politischen Haltung machte, war er doch für das Denken vieler unter das Urteil gerückt, daß er politisch linksgerichtet sei. Ein etwas unglücklicher Umstand kam hinzu: Karl Barth hat bis an das Ende seiner öffentlichen Tätigkeit den Verdacht gegenüber der lutherischen »Lehre von den Zwei Regimentern« nicht überwunden. Er war nicht davon zu überzeugen, daß in dieser lutherischen Theologie das »Reich Gottes zur linken Hand« nicht die Freigabe der weltlichen Ordnung an die sogenannte »Eigengesetzlichkeit« bedeuten sollte. Zwar war das von Theologen, die sich zur lutherischen Theologie rechneten, mehrfach so ausgedrückt worden, aber es traf den Kern dieser großartigen reformatorischen Lehre nicht. Immerhin aber reichte dieser tiefsitzende theologische Argwohn Karl Barths dazu aus, eine unmittelbare Begegnung zwischen bestimmten Teilen der lutherischen Theologie und seinen Anschauungen zu erschweren oder zu verhindern.

Andere theologische Komplikationen traten hinzu. Als das »Dritte Reich« ausbrach, waren auf dem kirchengeschichtlichen Schlachtfelde etwa folgende Gruppierungen erkennbar: Eine der einflußreichsten war, vor allem wegen ihrer literarischen Produktion, die Bewegung, die sich an den Namen Berneuchen knüpfte. Zu damaliger Zeit war Wilhelm Stählin ihr hervorragendster und bedeutendster Vertreter. Eine verwandte Gruppierung sammelte sich um den Pfarrer Schulz in der Sydower Bruderschaft. Zu ihnen traten andere, nicht mit derselben Präzision und Stoßkraft ausgezeichnete Gruppen, die ebenfalls das betrieben, was man später »Kirchenreform« nannte. Sie taten es vor allem auf dem Wege bruderschaftlicher Zusammenschlüsse und haben in dieser Richtung unbestreitbare Verdienste erworben. Weiterhin gab es den großen, einflußreichen Bereich des Neu-Pietismus, der in vielen Schattierungen innerhalb der Kirche lebendig war und ganz zweifellos zu den zahlreichsten und auch wirkungskräftigsten Komponenten des geistlichen Lebens gehörte. Die Religiös-Sozialen, in sich auch verschieden variiert, standen den Sozialdemokraten verhältnismäßig nahe. Eine Gruppe besonderer Art stellten die großen Verbände, vor allem die Jugendverbände, der Reichsverband Evangelischer Jugend mit dem CVJM und der Reichsverband Weiblicher Jugend, der seine Zentrale im Burckhardthaus hatte, dar. Sie haben eine besondere praktische Bedeutung gehabt, weil sie das Re-

servoir bildeten, aus dem vor allem der Nachwuchs kirchlicher Amtsträger hervorging. Nicht unerwähnt bleiben darf der Versuch der »Apologetischen Centrale« in Spandau, die sich ebenso wie der Kirchlich-Soziale Bund um eine Auseinandersetzung mit den Gegenwartsfragen bemühte, und zwar in beachtlicher literarischer Fruchtbarkeit.
So etwa sah die geistige Verfassung aus, in der sich die Kirche beim Ausbruch des »Dritten Reiches« befand.

Demgegenüber verfügte die Schar der enthusiastischen und blinden Mitläufer des Nationalsozialismus, die sich später in den »Deutschen Christen« formierten, zu Anfang keineswegs über eine zahlreiche Gefolgschaft. Die Lage war durch eine eigenartige Doppelhaltung bestimmt. Es gab zögernde Zustimmung zu dem »nationalen Aufbruch«, gewiß aber sehr viel mehr oder weniger bewußte Distanzierung und Kritik. Denkwürdig bleibt ein Artikel, den Hermann Sasse im »Kirchlichen Jahrbuch« von 1932* veröffentlichte, der mit größter Tapferkeit die mangelnde Qualität der nationalsozialistischen Führer anprangerte: »Man sehe sich die Gesichter dieser Männer an – vor hundert Jahren wäre ihnen kein Mensch gefolgt!« Diese Haltung war sicherlich innerhalb der evangelischen Kirche viel stärker vertreten als die entgegengesetzte.

Aber die Hauptschwierigkeit, die sich hinterher oft wiederholen sollte, bestand in der Unsicherheit darüber, wann und wo der prinzipielle Gegensatz zum Austrag kommen mußte. Die nationalsozialistische Führung war durchtrieben genug, sich im Anfang hemmungslos zu tarnen. Die Zahl ihrer beruhigenden Erklärungen, die den Bürger einschläfern sollten, war Legion. Die Mißgriffe der voraufgegangenen politischen Epoche waren so offenkundig gewesen, daß kaum jemand sich dem Verdikt entziehen konnte, daß es anders werden müsse. Das bekannte Vierundzwanzig-Punkte-Programm

* *Kirchliches Jahrbuch 1932, S. 33ff.*

der NSDAP enthielt eine vage, zunächst aber vielfach positiv interpretierte Äußerung, daß die Partei sich zum positiven Christentum bekenne. Wie wenig damit das biblische Christentum gemeint war, wurde vielen erst später klar. Viele waren um jene Zeit in der Tat unsicher. Und als Hitler den propagandistisch wirkungsvollen Griff tat, am 21. März 1933 (kaum jemand achtete auf den astrologischen Hintergrund) in der Potsdamer Garnisonkirche den Start seines neuen Staatswesens zu begehen, gab es bedauerlicherweise sehr viele, die diesen Kunstgriff nicht durchschauten und voller Begeisterung den neuen, jungen Führer der Nation, wie er sich selbst bezeichnete, in dem Gotteshause wirken sahen. Hindenburg, den damals noch viele für den »getreuen Eckart« des deutschen Volkes hielten, ohne zu ahnen, daß er dieser politischen Entwicklung das Tor geöffnet hatte, war anwesend und verlieh der Veranstaltung die politische Weihe; in der ersten Reihe saßen freilich auch die Geistlichen, die an dem Gottesdienste teilgenommen hatten und wohl oder übel der Veranstaltung eine Art kirchlicher oder zum mindesten religiöser Aura verliehen. Diejenigen, die von Anfang an über den neu eingeschlagenen Weg erschraken, waren zahlreich, aber in jenem Augenblick stimmlos.

Die Vehemenz, mit der die neue Staatsführung Schritt für Schritt die Macht an sich riß, die ihr zuerst nur stückweise übertragen worden war, wirkte natürlich auf das öffentliche Bewußtsein. Sie wurde von vielen als der neue politische Stil hingenommen, von manchen sogar als die einzig wirkungsvolle Methode zur Neugestaltung des politischen Lebens begrüßt.

Mittelbar wirkte sich diese Haltung auf die Kirche aus. Auch hier sollte alles neu werden. Die organisatorischen Spitzen sollten umgebildet werden. Und so konnte es geschehen, daß gleichsam über Nacht sämtliche altpreußischen Generalsuperintendenten ihres Amtes für entsetzt erklärt wurden und diesen Gewaltstreich hinnahmen, ohne ihn anders als mit müden Protesten zu beantworten. Den freien Verbänden, vor allem der Inneren Mission, widerfuhr ein Gleiches; die Satelliten der neuen Machthaber, durchweg Persönlichkeiten, die dieser Aufgabe nicht gewachsen waren, übernahmen dort Befehl und Leitung. Hier wurde natürlich Widerstand geleistet, und es hat Zeichen persönlichen Mutes in dieser Situation gegeben; sie trugen jedoch nicht viel aus, weil einer Bewegung, die vor allem mit der großen Zahl arbeitete, nur mit ähnlichen, auf breiter Basis gewonnenen Widerständen zu begegnen gewesen wäre.

Der Widerstand wurde dennoch bald an prinzipiellen Punkten erkennbar. Die schwierigste Frage ist im Rückblick die, warum verhältnismäßig wenige den Charakter der politischen Bewegung genau durchschaut haben. Deutschland war auf dem Wege zur Diktatur; und einige der Phänomene, die später das Bild Deutschlands so furchtbar verdunkeln sollten, hätten theoretisch bekannt sein können, weil Hitler sich in seinem Buche »Mein Kampf« offen darüber geäußert hatte. Die Erklärung dafür, daß hier das Bewußtsein um die Notwendigkeit eines prinzipiellen Widerstandes nur so zögernd wach wurde, lag vor allem darin, daß im Grunde niemand, der zur geistigen Schicht in Deutschland gehörte, das in ungewöhnlich schlechtem Deutsch geschriebene Buch Hitlers je ganz gelesen hatte. Die dort vorgetragenen Anschauungen erschienen so abstrus und waren von dem herkömmlichen politischen Denken der Deutschen so weit entfernt, daß eigentlich niemand außerhalb der Bewegung an ihre Realisierbarkeit glaubte. Und schließlich kam hinzu, daß die Partei klug genug war, ihre prinzipiellen Anschauungen nur schrittweise durchzusetzen. So kam es, daß eine scharfe und präzise Frontstellung sich zuerst gar nicht anzubieten schien. Der Punkt, an dem allerdings dann die Unklarheit sofort verschwand, war der Versuch, den »Arierparagraphen« einzuführen; das heißt, jenen Grundsatz der Nationalsozialisten auch auf die Kirche zu übertragen, nach dem ein öffentliches Amt nur von jemandem bekleidet werden könne, der Arier im Sinne der NS-Gesetzgebung war. Der Versuch, diese Anschauung zusammen mit anderen NS-Grundsätzen in der Kirche durchzusetzen, wurde unterstützt durch die Bemühungen um eine Nationalsynode, die dann am 29. 9. 1933 in Wittenberg, ausgerechnet in Wittenberg, zusammentrat. In diesem Augenblick war der prinzipielle Widerstand geboten, und es gab Männer genug in der Kirche, die bereit waren, ihn zu üben. Die jungreformatorische Bewegung, die zu dem gesamten Verfassungswerk der Deutschen Evangelischen Kirche in einer Kundgebung, die von Künneth, Niemöller, Lilje unterzeichnet war, ausführlich Stellung genommen hatte, griff unter der Losung »Kirche muß Kirche bleiben« das Thema der Vorbereitung zur Kirchenwahl in einer besonderen Kundgebung auf.

Diese Aktion, die nur eine lose organisatorische Form hatte, blieb nicht ohne Wirkung. Es geschah, was in führungslosen Zeiten oft geschieht, daß sich ein klar formuliertes Wort, selbst wenn es keineswegs das gesamte Problem aufhellt, doch immer als wirkungsvoll erweist. Diese ersten Ansätze, in denen noch viele verschiedene Theologumena zusammen waren, wurde dann abgelöst durch eine sehr viel schärfere Auseinandersetzung, die auch zu strafferen organisatorischen Maßnahmen zwang. Die Neubildung der Nationalsynode war aufgrund von äußerst zweifelhaften Kirchenwahlen erfolgt. Hitler selber griff in den Wahlkampf ein, indem er in einer Rundfunkansprache vor dem Wahlsonntag die »Deutschen Christen« empfahl. Natürlich war das eine beträchtliche Unterstützung, und das Resultat war niederschmetternd genug; die Deutschen Christen gewannen eine erhebliche Mehrheit. Dies ist um so wichtiger, als bis dahin die NSDAP, die politische Partei selbst, einen eindeutigen Wahlsieg niemals errungen hatte. Sie war in den Novemberwahlen des Jahres 1932 wesentlich zurückgegangen und bekanntlich bis an den Rand der Katastrophe geführt worden. Als dann die neuen Machthaber für den 5. März 1933 Wahlen ausschrieben, die sie mit 42 % Mehrheit gewannen, war praktisch die sehr einflußreiche kommunistische Wählerschaft ausgeschaltet; viele andere waren eingeschüchtert, und die politische Rechte unter Hugenberg konnte wohl nicht unmittelbar auf das Konto der NSDAP verrechnet werden. Das war nun bei den Kirchenwahlen anders. Die erste Wahl, die sich unter dem vollen Zeichen des Sieges des Nationalsozialismus vollzog, nahm vielen die Hemmung; die Zahl der »Deutschen Christen«, die in führende Positionen gewählt oder geschoben wurden, war groß. Die Umbildung der meisten Kirchenleitungen begann. Nur wenige hatten die Kraft zu einem tatsächlichen Widerstand. In Hannover, Württemberg und Bayern kam es nicht zu einer Umbildung der Kirchenleitung im Sinne der »Deutschen Christen«. Diese Kirchen wurden infolgedessen späterhin die »intakten« Kirchen genannt. Eine seltsame Entwicklung brachte es mit sich, daß im Laufe der Zeit diese Vokabel wie eine scharfe Kritik verstanden wurde; es schien, vor allem durch die innerkirchliche Auseinandersetzung, fast ein Schimpf zu sein, in jenen Tagen nicht der NS-Übermacht erlegen zu sein. Die »zerstörten« Kirchen trugen begreiflicherweise an der Tatsache schwer, daß sie ihre geordnete Kirchenleitung verloren und gegen eine meist sehr wenig schöne NS-Kirchenleitung eingetauscht hatten. Und das trug zur Vermehrung der Spannungen innerhalb der Kirche selber bei.

Im Sommer 1933 aber war die unmittelbare Folge die, daß nun diese neugewählten deutsch-christlichen Kirchenleitungen sich daran machten, den Arierparagraphen in ihren Kirchen durchzusetzen und diejenigen Pfarrer, die Widerstand leisteten, ihres Amtes zu entheben. Es ist bemerkenswert genug, daß dieser offene Widerstand sich sehr rasch ausbreitete und viele Pfarrer in der Tat ihre Existenz riskierten. In dieser Notsituation entstand der »Pfarrernotbund«, eine organisatorische Zusammenfassung aller oppositionellen Pfarrer, die sich zu gegenseitiger Hilfe verpflichteten und dies Beginnen auch die ganze Zeit hindurch durchgehalten haben. Nach der Organisation der Pfarrer gab es auch eine weitergreifende Möglichkeit für die Gemeindeglieder, sich dieser Bewegung anzuschließen: die »Bekennende Kirche« entstand, und ihre Verpflichtungskarte, die rote Karte, gewann im Laufe der Zeit immer mehr Bedeutung, bis sie nach dem Zusammenbruch sogar als Dokument des Widerstandes von den alliierten Stellen anerkannt wurde. Ein eigenes literarisches Organ wurde gebildet, die »Junge Kirche«. Gerade in dieser Hinsicht war es günstig, daß die Totalität des neuen Regimes noch nicht komplett und die Gründung solcher literarischen Unternehmungen noch möglich war, ebenso der Zusammenschluß zu anderen Organisationsformen und die Veranstaltung von Versammlungen. Wer aus der Rückschau diese Zeit zu beurteilen versucht, wird folgende Feststellungen machen müssen:

1.) Eine prinzipielle Unsicherheit war in der Breite dieser Bewegungen nicht zu übersehen. Es gehörte zu den Kennzeichen des bürgerlichen Denkens in Deutschland, daß es das Ausmaß der nationalsozialistischen Brutalität nur zögernd begriff. Die Entschlossenheit, die Vehemenz, die Radikalität, mit der diese Bewegung antrat, war von dem herkömmlichen Stil politischen Lebens so weit entfernt, daß der durch die Weimarer Bürokratie erzogene Bürger sich im Grunde nicht vorstellen konnte, welche die wirklichen Ziele dieser Bewegung waren. Infolgedessen kam es immer wieder zu schwankenden Beurteilungen darüber, wie gravierend dieser oder jener einzelne Schritt des NS-Staates beurteilt werden müsse. Das ganze Ausmaß der Brutalität, das sich später in Konzentrationslagern entlud, war um jene Zeit nur wenigen wirklich bewußt. Das galt für die Kirche auch, und bei jeder neuen Maßnahme des NS-Staates tauchte immer wieder die Schwierigkeit auf: War dies nun der Augenblick für das absolute Nein, oder war es denkbar, durch Hinnehmen oder gar Kooperation den Gang der Dinge günstig zu beeinflussen?

2.) Es ehrt einen großen Teil der deutschen Pfarrerschaft, daß sie sich an dem biblischen Evangelium zu orientieren versuchte und von dieser Richtschnur nicht abwich. Wer zum Beispiel die Predigten jener Jahre prüft, wird zu seiner Überraschung feststellen, wieviel tapfere Aussagen sich in ihnen finden. An dieser Stelle haben sich die evangelischen Pfarrer in viel geringerem Maße einer Verfälschung der Botschaft schuldig gemacht, als es einem pauschalen Urteil über jene

Jahre manchmal erschien. Für eine unmittelbare politische Theologie waren sie nicht geschult. Das, was an Gegensatz zu sagen war, mußte sich aus dem 1. Gebot ergeben: »Du sollst nicht andere Götter haben neben mir«, mußte in der Absage an eine falsche Staatsideologie und einen falschen Totalitarianismus zum Ausdruck kommen. Das ist auch in breitem Umfange geschehen.
Deutsch-christliche Predigten, in denen das Dritte Reich schlankerhand mit dem Reiche Christi gleichgesetzt wurde, sind immer in der Minderheit gewesen und waren in aller Regel von solch bescheidener Qualität, daß die Gemeinden kaum Schwierigkeiten hatten zu begreifen, daß dies nicht das eigentliche Evangelium war.
3.) Was die evangelische Kirche im ganzen nicht gewußt hat, ist, daß einer solchen ausschließlich auf Macht ausgerichteten politischen Bewegung nur mit sehr straffen Organisationsformen und mit einer entschlossenen Willensbildung entgegengetreten werden konnte. Hier taucht schon am Horizont jene Problematik auf, die vor allem von Dietrich Bonhoeffer erkannt und ausgesprochen worden ist. Ihm war von Anfang an klar, daß dem NS-Staat nur mit klar geformtem, zu vielen Konsequenzen bereitem politischen Willen entgegengetreten werden konnte, und er hat, wahrscheinlich nach nicht geringen seelischen Kämpfen, sich dafür entschieden, diesen politischen Weg auch zu betreten. Bonhoeffer stand mit dieser Anschauung, die im allgemeinen dem lutherischen Pfarrer jener Zeit fremd war, dennoch nicht allein. Zwei verschiedene Namen, die sehr verschiedene Haltungen repräsentierten, mögen hier für andere stehen: Martin Gauger, Justitiar des Lutherischen Rates, hat diese Folgerung in zunehmender Schärfe erkannt und ausgesprochen und am Ende mit seinem Leben bezahlt. Gerstenmaier war mindestens in seinen Äußerungen völlig klar darüber, daß Hitler beseitigt werden müsse, notfalls mit Gewalt. Doch damit greife ich der Entwicklung vor.

Sehr viele der Pfarrer waren zu einer solchen Radikalität der

Haltung nicht bereit und beschränkten sich darauf, in den klar erkannten prinzipiellen Fragen ihren Gegensatz kundzutun. Die Taktik des NS-Staates bestand darin, wenn ihm diese Haltung zu lästig wurde, sie zunächst zu ignorieren oder ihr die öffentliche Wirksamkeit zu nehmen. Eine der raffiniertesten Äußerungen aus jenen turbulenten Monaten des Sommers 1933 ist mir noch heute im Gedächtnis. Der Bundespfarrer Peter, später D.C.-Bischof von Magdeburg, erklärte damals bei einer Zusammenkunft von Jugendpfarrern: »Wir werden dafür sorgen, daß Sie nicht Märtyrer werden!« Das war nicht ein Ausdruck der Humanität, sondern, im Gegenteil, des Willens, dem »Märtyrer« das zu nehmen, ohne das sein Martyrium kein Zeugnis ist, nämlich die öffentliche Wirkung. Und so geschah es denn, daß viele tapfere Pfarrer ihre Dinge auf der Kanzel sagten, aber außer lokalen Schikanen keine übergemeindlichen Effekte erzielten. Ein Beispiel aus späterer Zeit mag das verdeutlichen: Als bei der fortschreitenden Durchführung der Judenverfolgung der sogenannte Judenstern eingeführt wurde, jener gelbe Davidstern mit der Aufschrift »Jude«, der von den Juden auf der Brust öffentlich getragen werden mußte, und als klargemacht war, daß mit den so Gekennzeichneten kein Umgang erlaubt sei, hat es Gemeinden gegeben, die den Judenstern behandelten, als gäbe es ihn nicht. In der Gemeinde, in der ich damals Dienst tat, traten am Sonntag nach der Einführung des Judensternes die Träger unbefangen zum Altar, und die nicht mit diesem Stern Gezeichneten traten mit diesen ihren jüdischen Brüdern zum Abendmahl – buchstäblich, als gebe es den Judenstern nicht. Das war tapfer, aber es hatte kaum eine öffentliche Bedeutung, und vor allem konnte es die fortschreitende Brutalisierung nicht aufhalten, zumal die schlimmsten Dinge verborgen geschahen.

Es ist wichtig zu wissen, wieviel Einzelakte persönlichen Mutes von meist unbekannten Christen zu berichten waren. Eines Tages kam die Mutter von zweien unserer Sekretärinnen zu mir, die nach den neuen Gesetzen des Dritten Reiches als Volljüdin galt. Sie sagte mir unter Tränen: »Ich komme zu

Ihnen als meinem Seelsorger, um Ihnen mitzuteilen, daß ich, wenn ich von hier weggehe, den Gashahn aufdrehen und meinem Leben ein Ende machen werde.« Als ich, heftig erschrocken, sagte, sie solle das nicht tun, erzählte sie, wie ihr Leben, seit sie den gelben Judenstern tragen mußte, von Tag zu Tag unerträglicher geworden wäre. Inzwischen hatten die Deportationen begonnen, und sie hielt es in ihrem Fall nur für eine Frage der Zeit, wann auch sie abgeholt werden würde. Ich habe noch einmal gesagt: »Ich beuge mich tief unter die Tatsache, daß ich trotz allen Mitgefühls Ihre Lage kaum vollständig ermessen kann, aber ich bitte Sie dennoch: Tun Sie es nicht! Es ist gegen Gottes Gebot.« Und als sie fortfuhr, daß ihr Leben unerträglich würde, sagte ich nur: »Ich weiß noch nicht, ob und wie ich Ihnen helfen kann; aber ich weiß, daß Gott einen Weg aus dieser Not heraus weiß. Bitte kommen Sie morgen um diese Zeit wieder, vielleicht habe ich bis dahin einen Ausweg gefunden.« Sie versprach zu warten.
Als sie gegangen war, habe ich sofort eine mir bekannte Christin angerufen, die Leiterin einer Entbindungsanstalt, die umsichtig und tapfer war. Man muß die Schwierigkeiten der Verständigung im Dritten Reich, vor allem wenn es sich um einen solchen hochverräterischen Akt handelte, berücksichtigen. Auf meine Bitte kam sie, und ich habe ihr ohne Umschweife die Situation geschildert. Sie sagte: »Vielleicht weiß ich jemand. Wenn heute nachmittag um drei Uhr jemand an Ihrer Tür klingelt, ist das jemand, den ich geschickt habe.« Um drei Uhr nachmittags klingelte es. Eine Frau mittleren Alters stand an der Tür; ich war in meinem Haus allein. Sie sagte: »Ich komme von Schwester Martha.« Ich bat sie hinein – für irgendwelche Vorsichtsmaßnahmen oder irgendein Mißtrauen war kein Platz. Ich habe ihr den Fall ohne jede Umschweife erzählt und schloß mit dem Satz: »Ich brauche für diese Frau, die ich untertauchen lassen möchte, einen Paß.« Worauf diese Dame, ohne mit der Wimper zu zucken, sagte: »Sie kann meinen haben.« Darauf nahm sie dieses Dokument aus ihrer Handtasche und gab es mir. Als ich etwas überrascht sagte: »Was wollen Sie denn machen?«, sagte sie:

»Wir wissen darüber Bescheid, was wir tun müssen; ich werde sagen, mein Paß sei bei dem Polizeibüro Hamburg-Holzdamm. Uns ist bekannt, daß dies Polizeibüro völlig zerstört ist und die Papiere auch.«
Ich habe ihr herzlich gedankt und dann mit meiner Sekretärin, die in diesen Dingen Erfahrung und Mut besaß, die Paßfotografie ersetzt und den Stempel dilettantisch, aber wirksam gefälscht. Die Frau nahm diesen Paß wie ein Geschenk des Himmels entgegen. Der tapfere Präses Dr. Kreißig, eine Säule der Bekennenden Kirche, der in der Nähe von Magdeburg ein Gut hatte, nahm sie auf, wo sie mit Kartoffelschälen und anderen »landwirtschaftlichen« Verrichtungen die Zeit bis zum Ende des Dritten Reiches fristete. Als alles zu Ende war, haben ihre beglückten Kinder sie nach England geholt, und sie hat noch einige Jahre des Friedens dort verbracht.
Ein ähnlicher Fall von persönlichem Mut, der auf ganz anderem Gebiet lag, war der eines ostfriesischen Pfarrers. Er war unter den ersten, die im Zuge des Euthanasieprogramms des Dritten Reiches die Urne eines Gemeindegliedes übersandt bekam, das ein Opfer der Euthanasiepraxis geworden war. Zur Beisetzung der Urne waren viele Leute gekommen, und der Pastor scheute sich nicht, vor dem zahlreichen Trauergefolge zu sagen: »Diejenigen, die diesen Mord auf dem Gewissen haben, werden ihn am Jüngsten Tage, vor Gott, verantworten müssen!«
Auch das war ein Fall persönlichen Mutes, ein Beweis dafür, daß keineswegs alle zu den Vorgängen geschwiegen haben.

Die Bildung der ersten Vorläufigen Kirchenleitung (VKL) war das Ergebnis aus revolutionärem, oppositionellem Willen auf der einen Seite und der Sorge um die Legalität auf der anderen. Beides war im Ansatz glücklich vereinigt und wurde auch durch die personelle Zusammensetzung unterstrichen. Marahrens als Vorsitzender brachte die Autorität des deutschen Luthertums ein; Präses Koch, hochgeachteter Leiter der Westfälischen Kirche und anerkannter Führer der Unionskirchen, den anderen Typus »Landeskirchen«. Humburg,

in der Leitung der Christlichen Studentenarbeit und der Jugendarbeit auf das beste bewährt, vertrat die Reformierten und der Rechtsanwalt Fiedler das juristische Element. Breit aus München war neben dem zur Objektivität verpflichteten lutherischen Vorsitzenden Marahrens der eigentliche Repräsentant der konfessionellen lutherischen Kirchen. Der Leitgedanke war, dem als illegal und häretisch empfundenen Kirchenregimente von Ludwig Müller ein bekenntnismäßig und rechtlich geordnetes Kirchenregiment entgegenzusetzen. Der Zusatz »Vorläufige Kirchenleitung« sollte andeuten, daß man sich der Vorläufigkeit dieser Lösung bewußt war und eine völlige Legalisierung noch ausstand. Diese Vorläufige Kirchenleitung hat im Ansatz sehr gute Arbeit getan. Sie rief die Pfarrer auf, sich zu entscheiden zwischen dem Regiment Ludwig Müllers und der rechtmäßigen Kirchenleitung, und hat dadurch zur Klärung der Fronten ganz wesentlich beigetragen. Vielleicht war dies auf die Dauer gesehen der wesentlichste Erfolg, den sie errang, die große Schar derer sichtbar zu machen, die weder der Opportunität noch anderen windigen Gründen zu folgen bereit waren.
Diese Kirchenleitung wurde von bewährten, kundigen und entschlossenen Männern ziemlich solide etabliert. In freistehenden Räumen der Stadtmission am Johannestisch wurden Räume gemietet, und eine reguläre amtliche Tätigkeit setzte ein, nach Ressorts aufgeteilt und einer soliden behördlichen Arbeit beflissen. Was in dieser Hinsicht gearbeitet wurde, war beachtlich. Noch wichtiger waren die vielerlei Erklärungen, die nötig wurden, um den wechselnden häretischen und anderen Neigungen des Kirchenregiments Müller entgegenzutreten. Diese »Worte«, denen im Laufe der Zeit viele, nur allzu viele gefolgt sind, waren der sichtbarste Ausdruck der Opposition gegen Ludwig Müller. Leider hat aus nicht ganz verständlichen Gründen die VKL einen entschlossenen Schritt nicht getan, nämlich den, Ludwig Müller für abgesetzt zu erklären und diejenigen, die ihm dennoch folgten, mit disziplinarischen Maßnahmen zu bedrohen. Man hat offensichtlich eine Radikalisierung der Fronten befürchtet, die un-

liebsame Weiterungen hätte im Gefolge haben können. Aber dieser Verzicht hat sich schwer gerächt. Denn in dem Maße, in dem das Regiment Müller, zunächst mit entschlossener staatlicher Unterstützung, im Amte blieb, wuchs auch seine Konsolidierung.

Diese Beobachtung wurde durch eine weitere verstärkt. Es zeigte sich bald, daß die sogenannten »zerstörten« Kirchen, in denen das legale Kirchenregiment durch ein deutschchristliches ersetzt war, eine viel schärfere Kampfessituation aufwiesen als die »intakten«, bei denen mindestens personell die Ausübung des Kirchenregimentes bei den bewährten Gestalten der Führung verblieben war. In den »zerstörten« Kirchen lag die Klarheit der Entscheidung immer sehr viel näher und hat den eigentlichen Kampfesgeist wachgehalten, während bei den »intakten« Kirchen die Neigung zu Kompromißlösungen stärker hervortrat. Es wäre freilich unrecht, ein solches pauschales Urteil zu fällen. In welchem Umfange auch die sogenannten »intakten« Kirchen gekämpft und sich zur Wehr gesetzt haben, ist mit wenigen Strichen gar nicht zu beschreiben. Ein bedeutsamer Einzelfall war der der Hannoverschen Landeskirche, die nach typisch niedersächsischer Manier den Rechtsweg beschritt. Sie verklagte die deutschchristliche Kirchenregierung auf ihre Illegalität hin, und es ist ein Ruhmesblatt der deutschen Justiz, daß die höchstrichterliche Entscheidung durch das Oberlandesgericht in Celle dieser Klage der Hannoverschen Landeskirche recht gab. Damit war ein wesentlicher Sieg errungen, obgleich seine Auswertung in einer rechtlich so willkürlich arbeitenden Institution wie dem Dritten Reich natürlich fraglich war. Aber von weittragenden Folgen war dies Urteil, und es kann klarmachen, wie wenig die pauschalisierenden Verurteilungen der Situation von damals gerecht werden. Die Hannoversche Landeskirche hat ihren Kirchenkampf zunächst mit den Mitteln des offiziellen Rechtsweges geführt und nennenswerte Erfolge erzielt.

Aber dies war und blieb eine schwierige Hauptfrage vor allem in den ersten Monaten dieser Auseinandersetzung: Wie sollte

es der Bekennenden Kirche möglich sein, ihren Anspruch durchzusetzen? Damals haben viele gelernt, daß es nicht genügt, recht zu haben, sondern daß man auch Recht bekommen muß, daß also eine machtlose Position in Zeiten der Rechtsverwirrung immer die unterlegenere und schwächere sein wird. Diese juristische Willkür hat die Kirche viel und schwer zu spüren bekommen.
Um so komplizierter wurde die Aufgabe, einen rechtlichen Status zu erarbeiten, den sie in der Öffentlichkeit vertreten konnte. Die Bildung der Vorläufigen Kirchenleitung war der erste Schritt. Nach der Vorstellung des deutschen Protestantismus mußte er durch eine Synode legitimiert werden. Die sehr unerfreuliche »National-Synode« hatte eine Fülle von Problemen hinterlassen, die von der Bekennenden Kirche nur als Rechtsbruch verstanden werden konnten. Ihr sollte die »Bekenntnissynode von Barmen« entgegentreten. Vorerwägungen hatten stattgefunden, bis man diesen wichtigen Gedanken, einen Lieblingsgedanken der reformierten Brüder, verwirklichte. Für sie war ja die Synode ein Werkzeug des Heiligen Geistes, und seine unmittelbare Wirkung schien gewiß. So ist in Barmen in den Tagen vom 29. bis 31. Mai des Jahres 1934 mit einer großartigen Intensität getagt worden. Man hat einige »Erklärungen« erarbeitet, die nach Ton und Inhalt doch weit über blutlose und wertlose Deklarationen ähnlicher Art hinausragen. In einer auch sprachlich sehr geglückten Form wurde die Antithese zum Dritten Reich herausgearbeitet, und die positiven Feststellungen haben in der Tat Bekenntnisklang und Bekenntnischarakter. Sie sind infolgedessen auch bei manchen Landeskirchen in das Verzeichnis der Schriften aufgenommen worden, auf die der Ordinand sich bei seiner Ordination verpflichtet. Wenn die lutherischen Kirchen diesem Beispiel nicht folgten, so geschah es nicht, weil sie den Inhalt dieser Sätze ablehnten, sondern weil sie dieser »Barmer Erklärung« nicht vorzeitig und voreilig den Rang eines Bekenntnisses beizulegen bereit waren. Daß sie sich nach diesen Entscheidungen dennoch richteten, stand immer außer Zweifel.

Hierin ist wohl eine der besten Proben auf die Validität dieser Sätze zu erblicken, daß sie sich als fähig erwiesen, jahraus, jahrein, in den folgenden Jahren zitiert zu werden, die Gewissen zu binden und den Gemeinden und Pfarrern klare Weisung zu vermitteln. Das ist eine ungewöhnlich bedeutsame Wirkung dieser Erklärungen, auch wenn man ihnen nur zögernd den Charakter eines Bekenntnisses im vollen Wortsinn beimessen will. Die eigentlichen Väter dieser Erklärungen waren Karl Barth und Hans Asmussen, dessen große Formulierungsgabe an dem Zustandekommen dieser Sätze nicht unwesentlich beteiligt war. Ihr Hauptskopus ist, mit einem Worte ausgedrückt, die Einschärfung des 1. Gebotes – keine anderen Götter! Das wurde in einer beachtlichen Klarheit zum Ausdruck gebracht, und nicht nur der Gegensatz gegen die Diktatur, sondern auch gegen die von den Deutschen Christen vielfach vertretene verschwommene Geschichts- und Naturreligion, die sich mit dem Namen »Schöpferglauben« tarnte, ist durch diese Erklärung ans Licht gezogen und in ihrem wahren Unwert erkannt worden.
Wieweit diese theologischen Erklärungen nun in der Tat für das Leben der Kirchen gestaltend wurden, ist schwer zu sagen. Eine Zeit der Aufgeschlossenheit für kirchenreformerische Pläne war ja voraufgegangen. Über Schicksal und Gestalt der Volkskirche hatte man in den zurückliegenden Jahrzehnten genug und übergenug nachgedacht. In dieser Hinsicht schienen die Barmer Sätze nur eine Weiterführung schon erörterter Pläne zu sein. Aber der kühne, zusammenfassende Griff, wie er sich gerade aus der Auseinandersetzung mit den gegnerischen Positionen ergab, hat diesen Sätzen eine Stoßkraft verliehen, die man für die ganze Zeit des Kirchenkampfes als wirksam ansehen muß. An der Frage, welches nun die Bedeutung dieser Bekenntnissätze im einzelnen sei, tauchten dann die Schwierigkeiten auf, die zunächst durch eine gute Formulierung überbrückt zu sein schienen. Welche Bedeutung die Absage an den totalitären Staat in concreto hatte, ist damals nicht zu Ende diskutiert worden. Es war eine Inkonsequenz, die sich rächen sollte. Denn in einer solchen

Kampfsituation war ohne entschlossene Maßnahmen nicht weiterzukommen. Noch einmal – deswegen sind die »zerstörten« Kirchen während des Kirchenkampfes besser gefahren, weil sie sich solchen Kampfsituationen laufend ausgesetzt sahen, die trotz aller Erschwerungen zur Klarheit zwangen.

Eine solche Höhe der Klarheit bekenntnismäßiger Aussage hat die evangelische Kirche im weiteren Verlauf des Kirchenkampfes nicht wieder erreicht. Zwar hat noch die nächste Bekenntnissynode, die in Dahlem stattfand, mutig und entschlossen auch organisatorische Konsequenzen aus ihrem Ansatz gezogen und ein kirchliches Notrecht proklamiert, das zu manchen Eingriffen Gelegenheit geboten hätte. Aber es schien, daß eigentlich nur im aktuellen Kampf zu verwirklichen war, was prinzipiell von den Bekenntnissynoden gefordert wurde. Und so blieb es auf weite Strecken dabei, daß diese tapferen, theologisch sehr gut überlegten Erklärungen doch jene Wirkung nicht hatten, die in dem äußeren, von der Politik besetzten Bereich bestimmend gewesen wäre.

Pro und contra
Führende Persönlichkeiten im Kirchenkampf

Keine Schilderung des Kirchenkampfes ist vollständig ohne eine Darstellung der führenden Persönlichkeiten auf unserer Seite. Da ich das Privileg gehabt habe, den meisten persönlich nahezukommen, ist es meine Pflicht, vor allem von ihnen zu reden; denn die historischen, die kirchengeschichtlichen Zusammenhänge des Kirchenkampfes sind mehrfach dargestellt worden und verlangen den geschulten Historiker. Hier ist der Ort, einige Bemerkungen über die Haltung von *Friedrich Gogarten* im Kirchenkampf zu machen. Ende 1932 gehörte er zu den drei oder vier einflußreichsten Theologen in Deutschland. Die Arbeitsgemeinschaft mit Karl Barth, aber auch den anderen Männern der sogenannten dialektischen Theologie, Eduard Thurneysen, Emil Brunner u. a., war

noch ungebrochen. Freilich hatte Gogarten immer seine eigene Stimme, die nicht mit den Gedankengängen von Karl Barth identisch war. Aber noch war der tiefe Gegensatz, der wahrscheinlich schon immer in dem theologischen Ansatz beider begründet war, nicht offen zum Ausdruck gekommen. Gogarten hatte im Jahre 1932 eines seiner bedeutendsten Bücher veröffentlicht, »Politische Ethik«. Es hatte mich bei seinem Erscheinen so beeindruckt, daß ich es in meiner Eigenschaft als Generalsekretär der Christlichen Studentenbewegung zum Gegenstande einer ausführlichen Erörterung bei einer meditativen Freizeit des Sekretärskollegiums gemacht hatte. Gogarten gefiel dies, als er davon erfuhr, sehr. Wir haben jenes Buch mit seinem tiefgreifenden Ansatz mit großem Gewinn durchgearbeitet. Nichts schien näher zu liegen, als daß er sich nun auch als theologischer Führer in den sich anbahnenden Auseinandersetzungen betätigte.
Dies war jedenfalls auch die Meinung einer seiner Verehrerinnen, der ausgezeichneten D. Magdalena von Tiling. Diese kluge Frau hatte ein sicheres Gespür für das theologisch Wertvolle, wenngleich ihr Urteil von Einseitigkeiten nicht frei war. Als nun die Auseinandersetzungen im Frühjahr 1933 begannen, war es ihre feste Überzeugung, daß jetzt die große Stunde der Gogartenschen Theologie angebrochen sei. Sie veranlaßte mich infolgedessen in der ihr eigenen, souveränen und nicht viel Widerspruch ertragenden, wenn auch immer freundlichen Art, eine Verbindung mit der Kirchenleitung herzustellen. Sie dachte begreiflicherweise an den evangelischen Oberkirchenrat in Berlin. Ich habe die Besprechung auch arrangiert. Auf seiten des evangelischen Oberkirchenrates empfing uns in dessen Namen der junge theologische Mitarbeiter Dr. Hans Böhm. Auf unserer Seite erschien außer Gogarten und mir auch Dr. von Thadden, der schon damals eine unbestrittene Führungsposition in der Laienwelt hatte, der außerdem Mitglied des preußischen Landtages und der preußischen Generalsynode war. Diese Begegnung verlief nun freilich in einer völlig unvermuteten Weise. Als wir von Dr. Böhm empfangen wurden, eröffnete er, der damals noch

völlig der Typ des preußischen Oberkirchenrates war (sehr bald hat er sich in einer charaktervollen Weise auf die Seite der Bekennenden Kirche gestellt), das Gespräch mit einigen leicht routinierten Formeln: »Was kann ich für Sie tun?« Gogarten, in einer völlig anderen Atmosphäre lebend als der des effizienten Oberkirchenrats, platzte mit der These heraus: »Jetzt muß aber von der Kirche her gedacht werden!« Böhm, als ob er sagen wollte: »Dafür sind wir ja da!«, stimmte zu. Gogarten, dem diese Wendung des Gesprächs schon Unbehagen verursachte, erwiderte nur noch heftiger: »Das geschieht ja nicht.« Dieser »Dialog« war nach einem knappen gegenseitigen Schlagabtausch versandet. Wäre nicht der redliche Dr. von Thadden dabei gewesen, der nun in der Sprache des Laien deutlich machte, wo die Beschwernisse gegenüber der amtlichen Kirche, der in ihrer Offizialität befangenen und der heraufziehenden Auseinandersetzung offensichtlich nicht gewachsenen Kirche lagen, wäre das Gespräch überhaupt nach wenigen Sätzen vorbei gewesen. So konnten wenigstens einige der offenkundigsten Beschwernisse des wachen evangelischen Christen ausgesprochen werden; aber der Versuch, Gogarten in diese Form der Kirchenpolitik einzuschalten, war völlig fehlgeschlagen. Zwei Denkhaltungen stießen aufeinander, die sich als schlechthin unvereinbar erwiesen. Für Gogarten war es, gelinde gesagt, äußerst unbefriedigend, daß seine prophetische Schau völlig ohne jedes erkennbare Echo blieb. Wegen der geradezu grotesken Verschiedenheit der Perspektiven lag sogar ein Schimmer des Komischen über diesem Versuch.

Aufschlußreich aber war, wie die Sache weiterging. Als nach einigen Wochen die Fronten des Kirchenkampfes sich zu formieren begannen, bekam ich den Auftrag, der sich bildenden Bekennenden Kirche für eine Veranstaltung in Berlin Gogarten als Hauptredner zu gewinnen. Ich rief ihn in Breslau an und übermittelte ihm den Wunsch der leitenden Männer der Bekennenden Kirche. Ich stieß auf eine unvermutete kühle Ablehnung. Wer Gogarten kannte, wußte, welcher verletzenden, ironischen Schärfe er fähig sein konnte. So war es in diesem Fall, obgleich er von meiner bisherigen positiven Haltung ihm gegenüber genau wußte. Er lehnte schroff ab. Auf meine nochmals wiederholte Bitte antwortete er mit einem Schweigen. Darauf schwieg auch ich, und diese lange, kostspielige Telefonpause war dann die letzte theologische Begegnung, die ich mit ihm gehabt habe. Später war ihm, einfach weil es nicht zu übersehen war, wohl deutlich, daß sein Platz eigentlich nicht an der Seite jener theologischen Landsknechte sein konnte, die bei den Deutschen Christen die Führungsschicht bildeten. Aber dieser bedeutende Theologe, der dann bald – kennzeichnenderweise – von Breslau nach Göttingen berufen wurde, hat es nie über sich gebracht, diesen Irrtum öffentlich einzugestehen, und zu den am wenigsten rühmlichen Erinnerungen gehört, mit welcher Schärfe er noch nach Jahren allen Vertretern der Bekennenden Kirche begegnete. Ihn beherrschte ein Präjudiz von sagenhaftem Ausmaß. Die Fähigkeit, offen zuzugeben, daß er sich hier vertan hatte, ging ihm ab und hat auch seinen weiteren Lebensgang überschattet. Nur der Tatsache, daß nach dem Ende des Krieges nicht mehr viele da waren, die sich seiner Haltung erinnerten, und der weiteren Tatsache, daß nicht mehr viele die Neigung hatten, alles und jedes aus der Vergangenheit wieder ans Licht zu ziehen, ist es zu verdanken, daß er die letzten Jahre seiner öffentlichen Lehrtätigkeit in Göttingen unangefochten, jedenfalls von diesen Problemen unangefochten, verleben konnte. Aber so war er – ohne Polemik konnte er eigentlich weder reden noch schreiben, und in der Schärfe seiner polemischen Äußerungen war er nicht wählerisch. Was aber diese entscheidende Epoche der deutschen Kirchengeschichte angeht, so war es nicht rühmlich, daß er all die Jahre hindurch auf der falschen Seite gestanden hat. Natürlich war das kein Zufall. Sein Konzept von Volk und Volksnomos, von Schöpfungsordnung konnte ihn dazu verleiten, daß er in der neuen politischen Bewegung, deren geistiges Gesicht in den ersten Jahren ja noch nicht voll erkennbar war, einen fruchtbaren Nährboden für seinen theologischen Ansatz zu erkennen glaubte. An dieser Stelle ist dann auch das Auseinanderbrechen des Herausgeberteams von »Zwischen den Zeiten« vor sich gegangen. Die letzte Nummer dieser Zeitschrift bringt in den Voten der Herausgeber und Mitarbeiter dies auch deutlich zum Ausdruck. Es waren der theologische Scharfblick und die klare Sicht von Karl Barth, die nicht nur deutlich machten, daß hier ein verschiedener Geist am Werke war, sondern die auch dazu führten, das Ungewöhnliche zu tun, nämlich eine Zeitschrift, deren Existenz zunächst gar nicht gefährdet war, freiwillig einzustellen, nachdem diese gemeinsame Basis offensichtlich nicht mehr bestand. Sehr bald nach ihrem Ende hat denn auch Gogarten zum Angriff auf Karl Barth angesetzt in seiner Schrift »Gericht oder Skepsis«, in der er die Antihaltung Karl Barths geistesgeschichtlich zu analysieren versuchte und ihr damit im Grunde den Stachel zu nehmen trachtete. Für die Bewegung der Bekennenden Kirche war er damit völlig ausgeschieden. Andere charaktervolle Hochschullehrer haben sich anders verhalten. Bultmann hat nie geschwankt in seiner Entscheidung gegen die Deutschen Christen. An der gleichen Universität Marburg lehrte Hans von Soden, der sein reiches Wissen und sein kultiviertes theologisches Urteil rückhaltlos in den Dienst der Bekennenden Kirche stellte. Zu ihnen kamen viele theologische Lehrer von hohem Rang, deren Urteilsfähigkeit ungetrübt war. Eine so edle Gestalt wie Schniewind hat es damals ertragen müssen, versetzt zu werden und den Launen eines anderen, den Deutschen Christen sehr aufgeschlossenen Theologen, des einflußreichen Erich Seeberg, preisgegeben zu sein. Die Studenten legten einen unmittelbaren Sinn für das Echte an den Tag und haben ihre Anhänglichkeit an theologische Lehrer, die der Bekennenden Kirche die Treue hielten, in einem leuchtenden Zeugnis charakterlicher und theologischer Klarheit bewiesen.

Die andere erstaunliche Ausnahme in dieser theologischen Auseinandersetzung war *Emanuel Hirsch.* Auch er hatte bis zum Jahre 1932 zu den unbestrittenen theologischen Lehrern und Führern der jungen Generation gehört. Noch im Jahre 1932 hatte er eine Schrift verfaßt über das Verhältnis von Kir-

che und Staat, in der sich erstaunliche Äußerungen fanden, die ein Jahr später fast in das Gegenteil umschlugen. Er hatte die Suprematie des Staates gegenüber der Schule und der Kirche mit scharfen und klaren Worten bestritten und ein Jahr später das Gegenteil zu Papier gebracht. Bei Hirsch kamen im Unterschied zu Gogarten eigentümliche Hintergründe zum Vorschein. Man ist versucht, sie psychologisch oder psychoanalytisch zu erklären. Dieser Mann mit der kleinen Gestalt, mit dem durchsichtigen Blick, mit einem Namen, den viele als Indiz jüdischer Abstammung auslegten, kämpfte offenbar gegen einen verborgenen Komplex. Anders ist die Schärfe seiner Haltung nicht zu erklären, und da er im Sommersemester 1933 Dekan war, hatte er manche offizielle Möglichkeit, auf seine Kollegen einzuwirken. Karl Barth, der gerade in den Anfängen der Göttinger Jahre Hirsch immer mit einem offenkundigen Respekt ansah, hat mir später im Gespräch gesagt: »Hirsch hat uns in jenen Monaten gezwiebelt.« – Seltsame Parallele zu dem, was die Kollegen der Freiburger Universität von dem damaligen Rektor Martin Heidegger zu berichten wußten!
Natürlich bereitet es kein Vergnügen, diese Perspektiven im Charakterbilde großer Gelehrter aufzuzeigen und festzuhalten. Aber die Tatsache, daß diese Männer selber niemals den Versuch gemacht haben, ihre Vergangenheit durch ein mannhaftes und offenes Wort in Ordnung zu bringen, wie es andere ihrer Kollegen in respektabler Weise getan haben, kann nicht einfach verschwiegen werden. Diese Vorgänge sind ein Indiz dafür, daß in Zeiten großer geschichtlicher Krisen die hohe intellektuelle Fähigkeit, die sie alle besaßen, offensichtlich allein nicht genügt, um eine dämonisierte Bewegung, wie es der Nationalsozialismus war, zu durchschauen und in charaktervoller und mutiger Haltung ihr entgegenzutreten.

Die evangelische Kirche konnte sich in den Jahren der offiziellen Unterdrückung nicht in dem Maße entfalten, wie wir es uns unter einer öffentlichen Wirkung vorstellten. Nach dem Kriege waren die Verhältnisse schwierig und zum Teil

verworren, aber es waren immer Männer da, die dieser Kirche mit Mut, Überzeugungstreue, Standhaftigkeit und brüderlicher Gesinnung dienten.
Man könnte drei Gruppen unter ihnen unterscheiden.
Die erste bestand aus denjenigen, die schon vor dem Ausbruch des Dritten Reiches führende Bedeutung in der Kirche besessen hatten. Weder Marahrens noch Niemöller, weder Wurm noch Meiser waren Neulinge im Bereich öffentlicher kirchlicher Tätigkeit; sie alle hatten Gelegenheit gehabt, sich in kirchenleitenden Funktionen zu bewähren.
Während der Zeit des Dritten Reiches fielen diesen Männern wechselnde Aufgaben zu. Die Situation war dramatisch genug: Martin Niemöller war früh vom Kampfplatz genommen und in seiner achtjährigen Konzentrationslagerhaft den unmittelbaren Einflußmöglichkeiten entzogen worden. Er hat damals in dieser langen Periode duldender Haltung durch sein Dasein, durch sein »Stillesein und Hoffen« gewirkt und wahrlich nicht wenig gewirkt. Es gab wohl keinen Pfarrer der Bekennenden Gemeinde, der nicht sonntäglich in seinem Fürbittegebet öffentlich für ihn eingetreten wäre. Ich selber habe es, so lange ich noch nicht am Predigen gehindert war, jedenfalls so gehalten. Die anderen waren in ganz verschiedener Weise noch an der Leitung der Kirche beteiligt. Am frühesten traf das harte Los der Unterdrückung den Generalsuperintendenten Dibelius. Er erhielt ein absolutes Rede- und Schreibverbot, und damit waren ihm die Möglichkeiten der offiziellen Leitung in der Bekennenden Kirche genommen. Er hat die Zeit großartig genutzt, nicht nur durch literarische Arbeit, sondern vor allem auch durch die Abfassung von Liturgien und Predigtmeditationen für die Sonntage des Kirchenjahres, die eine weite Verbreitung fanden und eine große Hilfe darstellten.
Meiser, Wurm und Marahrens waren in wechselnder Weise an Leitungsfunktionen der Kirche beteiligt und haben – meist im offenen Gegensatz zum Regime – diese ihre Position bis zum Ende des Krieges zu halten vermocht. Das war eine beachtliche Leistung; wer nicht unter einer Diktatur gelebt hat,

hat in der Regel keine genaue Vorstellung von dem Maß der Isolierung. Daß diese Männer ihre offizielle kirchenleitende Funktion in ihren eigenen Kirchen behielten, darüber hinaus in gemeinsamer Beratung doch auch der Gesamtkirche dienen konnten, verdient Respekt. Die Vorstellung, daß diese Möglichkeit mit ständiger Gewissensbelastung erkauft sei, ist oberflächlich. Zwar gab es laufend die schwierigsten Situationen für Entscheidungen, aber im ganzen muß man diesen Männern bezeugen, daß sie ihren Weg mit ungebeugtem Gewissen gegangen sind.

In diesen Kreis gehört der Name eines Mannes, der nicht offizieller Kirchenführer war, aber den viele in jenen Jahren als den heimlichen Bischof der Christenheit in Deutschland angesehen haben: *Friedrich von Bodelschwingh*. Er war eine der gesamten Christenheit in Deutschland bekannte Figur. Als im Jahre 1933 die Idee eines Reichsbischofs aufkam – keine sehr durchdachte und nach mehr als einer Richtung unglückliche und damals schwer zu realisierende Idee –, blieb der Bekennenden Gemeinde nichts anderes übrig, als gegenüber dem von Hitler bestimmten »Reichsbischof« einen Gegenkandidaten zu nominieren, wie denn überhaupt zu jener Zeit die Bekennende Gemeinde noch genug Geist der Aggressivität besaß, um eine eigene Leitung der von den Nationalsozialisten unter dem Decknamen »Deutsche Christen« installierten Leitung entgegenzustellen. So wurde von den Repräsentanten der Bekennenden Gemeinde Friedrich von Bodelschwingh zum Reichsbischof erklärt. Da es den leitenden Vertretern der Bekennenden Kirche an jeder Kampferfahrung fehlte, da sie infolgedessen die geschlossene Stoßkraft eines häretischen Systems wie das des Nazismus unterschätzten, blieb die Rolle, die Bodelschwingh als Reichsbischof zu spielen hatte, zeitlich begrenzt und in ihren Auswirkungen kläglich.

Dies ist der Grund, weswegen er später in Treysa 1945 strikt ablehnte, wieder für irgendeine derartige leitende Funktion sich in Anspruch nehmen zu lassen. Dieser mißglückte Versuch, ihn zum Reichsbischof zu machen, der unter anderem auch an der Unzulänglichkeit seiner Mitarbeiter scheiterte, darf aber das Bild eines Mannes nicht verdunkeln, der für die Geschichte der evangelischen Christenheit in jenen Jahren eine ungewöhnliche Bedeutung gewonnen hatte. Mir ist bis heute nicht deutlich, warum Karl Barth ihn nicht mochte. Dieser große Theologe war merkwürdig starken Präjudizen ausgesetzt, und offensichtlich war er der Meinung, daß Bodelschwingh dem Dritten Reich hörig sei. Die einfache Tatsache, daß er die Kranken von Bethel gegen das Euthanasieprogramm des Dritten Reiches mit Erfolg verteidigt hat, sollte genügen, um die Haltlosigkeit dieses Gedankens zu illustrieren. Bodelschwingh wird an dieser Stelle nur deshalb erwähnt, weil er seine geistigen Führungsqualitäten auch ohne jede amtliche Funktion behielt. Wie viele haben in jenen Jahren seinen Rat gesucht! Auch solche, die es nie öffentlich ausgesprochen haben würden, reisten nach Bethel, um seinen Rat einzuholen; und er ist der Seelsorger vieler entscheidender Persönlichkeiten in jenen Jahren gewesen.

Aber nun zu den eigentlichen Figuren jener Zeit, die kirchenführende Bedeutung besaßen. Am längsten im Dienst gestanden hatte Landesbischof *Marahrens* von Hannover; er war 1924 zum Landesbischof gewählt worden, nicht, wie Karl Barth lebenslang irrtümlich trotz mehrfacher Belehrung gemeint hat, ein Produkt der Nazizeit. Seit den frühen zwanziger Jahren gab es in einer Reihe von lutherischen Kirchen wieder das Bischofsamt. So hatte auch Marahrens zuerst fast neun ruhige Jahre der Aufbauarbeit in seiner eigenen Landeskirche; er konnte sich in den Gemeinden bischöflich betätigen, und da die damalige Verfassung der hannoverschen Landeskirche hinsichtlich des bischöflichen Amtes manche Unvollkommenheit aufwies, war er gezwungen, sich durch seine geistliche Persönlichkeit durchzusetzen. Er hat in jenen Jahren das Wort aus den Bekenntnisschriften über das bischöfliche Amt sehr deutlich veranschaulicht: non vi sed verbo. Durch eine ausgebreitete Predigttätigkeit, durch seelsorgerliche Betreuung der Pfarrhäuser und vor allem durch eine immer wieder erneuerte Nähe zu den Jugendkreisen der damaligen Zeit hat er sein Amt wahrgenommen. Als dann das Dritte Reich anbrach, schlug für ihn die Stunde der Bewährung, einer Bewährung, der er die zwölf Jahre der Naziherrschaft hindurch ausgesetzt war. Da fast klischeehaft mit seinem Namen die Vorstellung verbunden ist, er habe den Mittelweg, die Akkomodation, den Kompromiß gesucht, muß man mit Deutlichkeit sagen, daß dies ein falsches Bild ist. Es wurde relativ früh von den radikalen Seiten der Bekennenden Kirche geprägt, und es ist gar kein Zweifel, daß Marahrens vielen schroffen, extremen und manchmal auch berechtigten Forderungen der Bekennenden Kirche sich nicht gefügt hat. Nicht einmal die Bekenntnissynode von Barmen hat es vermocht, ihn ganz für sich zu gewinnen; und als dann die nicht sehr rühmliche Synode von Oeynhausen im Jahre 1934 zusammentrat, die zum Auseinandergehen von Lutheranern und Bekennern Dahlemer Richtung führte, war die in Barmen konstituierte Einheit wieder preisgegeben. Marahrens hat immer aufs neue Wege gesucht, um mit den Machthabern des Dritten Reiches ins reine zu kommen. Man nehme als Beispiel nur die Situation der christlichen Kirchen innerhalb der heutigen östlichen Diktatur, wenn man verstehen will, wie ein führender Kirchenmann auf den Gedanken kommen konnte, den Versuch zu unternehmen, in dem nun einmal gegebenen Rahmen politischer Wirklichkeit für die Kirche soviel Lebensraum wie möglich zu erhalten.

An dieser Stelle möchte ich mit aller Deutlichkeit aussprechen, daß ich keineswegs ein gedankenloser Satellit Marahrensscher Kirchenpolitik gewesen bin; das ist von niemandem von denen, die unserem Bischof mit Loyalität nahestanden, zu sagen. Es war hannoversche Eigenart, daß man unter Wahrung der guten Form seine Meinung völlig unverblümt und deutlich aussprach; ich habe es in Fällen des Konfliktes immer getan und könnte drastische Beispiele dafür anführen; von einer gedankenlosen Gefolgschaft auf unserer Seite konnte keine Rede sein. Wir haben nicht jeden Schritt unseres Bischofs gutgeheißen; wir sind der Meinung gewesen, daß er an manchen Stellen dem nationalsozialistischen Gegner zu bereitwillig und zu weit entgegengekommen ist; aber durch die einfache Tatsache, daß er nicht immer für richtig gehalten hat, was etwa die Freunde und Brüder aus der sogenannten Dahlemer Richtung vorschlugen, aus dieser einfachen Tatsache kann man nicht folgern, daß er ein Höriger der Nazis gewesen sei. Es gehört zu den beinahe dämonischen Schwierigkeiten jener Jahre, daß es immer die Möglichkeit verschiedener Stellungnahme gab, auch wenn man es mit dem Evangelium ernst nahm. Die Entscheidungen im einzelnen waren oft außerordentlich schwierig zu treffen, zumal wenn die Lage sehr kompliziert war. Da es bekannt ist, daß diese Beurteilung nicht von allen geteilt wird, darf auf einen Sachverhalt hingewiesen werden, der, wie ich meine, die Situation klar und widerspruchsfrei deutlich macht. Die Führer der sogenannten intakten Kirchen, das heißt also derjenigen Landeskirchen, die ihr Kirchenregiment behalten hatten, haben sich oft zu Beratungen zusammengefunden und sich wechselnde Organisationsformen gegeben, unter denen sie auftraten. Eine der wichtigsten war die »Kirchenführerkonferenz«; sie bestand aus denjenigen leitenden Männern der Kirche, die von Anfang an im Amt gewesen waren und die trotz aller Anfechtungen auch vermocht hatten, im Amt zu bleiben. Diese Kirchenführer haben es verstanden, den Rest ihrer offiziellen Legalität gegenüber den Autoritäten des Dritten Reiches immer aufs neue ins Feld zu führen. Da ich um jene Zeit so etwas wie ein Adjutant von Landesbischof Marahrens war, zuerst innerhalb der »Vorläufigen Leitung der Evangelischen Kirche in Deutschland«, später innerhalb des »Rates der Evangelisch-Lutherischen Kirche Deutschlands«, ist die Mehrzahl der Schreiben, die von dieser Konferenz an die Regierung des Dritten Reichs gerichtet wurden, durch meine Hand gegangen. Ungefähr jede Woche einmal ist ein reguläres Protestschreiben an die Führer des Dritten Reiches abgegangen. Es kann gar keine Rede davon sein, daß hier in willenloser Unterwerfung die Vertreter der Bekennenden Kirche sich als gefügig erwiesen hätten. Die Formen wechselten, die Intensität

des Widerspruchs war selbstverständlich verschieden, auch nach den Persönlichkeiten verschieden, aber die Grundhaltung dieses Kreises war echte, deutlich artikulierte Opposition.
Es ist nun von Wichtigkeit festzustellen, daß diese Konferenz und ähnliche Gebilde dieser Art regelmäßig Marahrens zu ihrem Vorsitzenden wählten. Daß vor allem die Bischöfe Meiser und Wurm zuzeiten mit beachtlicher Polemik ihm gegenüberstanden, daß sie manche seiner Schritte nicht billigten, ändert nichts an der Tatsache, daß sie, wenn es zur Entscheidung der Wahl kam, immer wieder Marahrens mit der Führung beauftragten. Das hing ganz einfach damit zusammen, daß ihm ein wichtiger kybernetischer Blick gegeben war. Er sagte mir einmal im Gespräch, daß er niemals einen Weg begonnen habe, von dem er mit Sicherheit annehmen mußte, daß er nach hundert Metern im Sumpf enden werde. Mit andern Worten, die Pro-videntia, die Vorausschau, war eine der starken Seiten dieses im ganzen aufrechten und furchtlosen Mannes. Daß er in manchen Einzelentscheidungen dem Dritten Reich weiter entgegenkam, als den meisten unter uns einleuchtete, ist nicht zu leugnen. Er ist nach meiner Überzeugung in dieser Hinsicht das Opfer eines Teiles seiner Berater gewesen. Er liebte es, sich mit Beratern verschiedener Prägung zu umgeben. Es war Teil seiner sorgfältigen und weitschauenden kirchenpolitischen Praxis, viele Leute um ihre Meinung in bestimmter Hinsicht zu fragen, und er hat wohl niemals einen wichtigen amtlichen Brief hinausgehen lassen, ohne daß er einen oder mehrere kritische Leser zur Meinungsäußerung veranlaßt hätte. Natürlich brachte ihn das bewußt oder unbewußt in die Abhängigkeit von solchen Ratgebern, und unter ihnen gab es Menschen, die auf jeden Fall einen guten modus vivendi mit dem Regime suchten. So ist es zu erklären – und das ist ein fast tragischer Sachverhalt –, daß dieser große, kirchenpolitisch so begabte Bischof in manchen schwierigen Augenblicken die falsche Entscheidung traf. Aber weil sich an sein Verhalten so viel klischeehafte Kritik geknüpft hat, möchte ich sagen, daß er ohne allen

Zweifel zu den begabtesten Kirchenführern jener Zeit gehört hat. Ihm war die Gabe der Weisheit, der Behutsamkeit, der Vorausschau gegeben, und er war ein hervorragendes Beispiel für das, was im Neuen Testament das Charisma der Kybernesis heißt. Dazu kam eine große Gabe der Beharrlichkeit; nicht wenige Krisen hat er dadurch überwunden, daß er Standfestigkeit bewies. Ganz unabhängig davon steht fest, daß er innerhalb seiner Landeskirche auf weitgehende, fast uneingeschränkte Liebe und Gefolgschaft rechnen konnte. Seinen Kritikern ist das fast immer verdächtig erschienen, und sie waren der Meinung, daß die Hannoveraner an diesem Punkt von einer falschen Loyalität geleitet seien, die sie dann sofort auch als mißverstandenes Luthertum interpretierten.
Diese Seite im Bilde von Marahrens gehört aber zu den positiven Zügen seiner Gesamtpersönlichkeit, seiner Freundlichkeit, seiner echten, seelsorgerischen Verantwortlichkeit für seine Pfarrer und die Pfarrhäuser und für den Willen zur Verständigung, wo immer dieser Weg sich auftat. Damit hängt auch zusammen, daß er es vorzog, im direkten, offenen, unbeugsam persönlichen Gespräch Lösungen zu suchen, die von anderen Streitern jener Jahre in aggressiver, öffentlicher Erörterung gesucht wurden. Hier lagen tiefe methodische Unterschiede, die vielleicht auch theologische Bedeutung haben; aber das Bild dieses großen und in seinem Gewissen an das Evangelium gebundenen Mannes darf nicht verzeichnet werden. Er war klug genug, um zu wissen, wer Hitler war, und die Idee, daß Gestalten wie der Reichsbischof Ludwig Müller oder seine Mitarbeiter ihm je im Ernst imponiert hätten, ist absurd.

Ganz anders ist das Bild, das sich mit dem Namen *Otto Dibelius* verknüpft. Er war zwar auch ein Kirchenführer von langer, geprägter Erfahrung. Schon im Jahre 1925 war er Generalsuperintendent der Kurmark geworden, und alle, die sich seiner erinnern, wissen, mit welcher Freude er auch das klerikale und hierarchische Element dieses Amtes wahrnahm. Er selber hat es noch in späteren Jahren geliebt, wenn er als eine preußische Kirchenführergestalt bezeichnet wurde. Damals war er ungeniert Parteigänger der Deutschnationalen, und in der Tageszeitung »Der Tag« schrieb er wöchentliche Leitartikel, die an deutschnationaler Eindeutigkeit (im Stile Hugenbergs) keinen Zweifel ließen. Er hat darüber hinaus seinen Ruf merkwürdig hierarchisch gefestigt durch sein vieldiskutiertes Buch »Das Jahrhundert der Kirche«, in dem die irrtümliche Vision einer die Gesellschaft bestimmenden und prägenden Kirche entfaltet wurde, einer Kirche, die nach dem Zusammenbruch des Kaiserreichs als integrierender Faktor des deutschen Volkes eine wesentliche Aufgabe haben sollte. Karl Barth hat in flammendem Zorn auf diese seine Arbeit geantwortet und ist – wie es bei Karl Barth nicht eben selten war – in seiner Kritik, die uns Jüngere damals hell entzückte, weit über das Ziel hinausgeschossen. Dieser Dibelius, dieser preußische Generalsuperintendent brachte in den heraufziehenden Kirchenkampf die Erfahrungen eines führenden Kirchenmannes ein. Der preußische Oberkirchenrat hielt hoch von sich; er war in der Tat eine Behörde, die viel Erfahrung besaß, die eine große Landeskirche von Königsberg bis Köln zu leiten hatte und die immer eine beachtliche Nähe zu den öffentlichen Mächten ihrer Zeit bewies. Aus dieser geistigen Heimat kam Otto Dibelius.

Als im Juli 1933 die Schicksalsstunde für die preußischen Generalsuperintendenten schlug, war zunächst Dibelius wie alle anderen davon betroffen und verschwand von der Bildfläche. Aber während die anderen keine Spur hinterließen, fand Dibelius bald den Weg in die Bekennende Kirche. Am Tage von Potsdam hat er zwar noch teilgenommen, sogar die Predigt im Festgottesdienst in der Nikolaikirche gehalten (was ihm manche lebenslang nicht verziehen haben), aber sehr bald wurde ihm deutlich, welche kümmerlichen Gegenspieler auf der anderen Seite am Werke waren, und er hat sich nicht gescheut, sich mit seinen hohen Gaben der Bekennenden Kirche zur Verfügung zu stellen. Da viele ihm mißtrauten, war sein Weg im Anfang nicht einfach; das änderte sich aber schnell vor allem in dem Maße, in dem erkennbar war, daß eine der hervorstechenden Eigenschaften im Charakter von Dibelius sein persönlicher Mut war. Höhepunkt dieser Auseinandersetzung war der Prozeß, den der Reichskirchenminister Kerrl gegen ihn angestrengt hat. Da ich als Zeuge geladen war, obwohl ich nicht zur Aussage kam, habe ich jedenfalls an dem Abschluß der Verhandlungen teilnehmen können. Zu den unvergeßlichen Erinnerungen des Kirchenkampfes gehört für mich der Augenblick, in dem der Gerichtshof ihn, Dibelius, freisprach. Der Vorsitzende war blaß, eigentlich weiß wie der Kalk an der Wand; denn er wußte, was er tat, wenn er den Angeklagten im Gegensatz zu dem Verlangen eines nationalsozialistischen Reichsministers freisprach. Kerrl, der natürlich vor Wut tobte, soll Hitler aufgefordert haben, Dibelius sofort ins Konzentrationslager zu schicken, was aber Hitler abgelehnt haben soll, um ihm nicht eine zusätzliche Märtyrergloriole zu verschaffen. Aber der Mut dieses Gerichtshofs, vor allem seines Vorsitzenden, ist ebenso bemerkenswert wie die tapfere, ruhige, entschlossene Haltung von Dibelius gegenüber diesem Gerichtshof. Die Akten darüber liegen vor, seine Aussagen sind bekannt; es ist ein Ruhmesblatt in der persönlichen Biographie von Dibelius wie in der Geschichte der deutschen Justiz.

Diesen Mut hat er später auch immer wieder aufs neue bewiesen, und bei den verschiedenen Anlässen, in denen wir seiner zum 70. und folgenden wichtigen Geburtstagen gedenken mußten, habe ich gerade diese Seite seines Wesens ausdrücklich hervorgehoben. Er war ein furchtloser Bischof; das ist für einen Kirchenmann eine schöne und rühmliche Aussage.

In der weiteren Entwicklung kam ihm vor allem seine kirchenregimentliche Fähigkeit zugute. Er war im Jahre 1949 zum Vorsitzenden des Rates der Evangelischen Kirche in Deutschland gewählt worden. Die Schilderung, die er selber von dieser Wahl gibt, ist reichlich verkürzt und übergeht die ungewöhnlichen Schwierigkeiten, von denen sie begleitet war. Sie fand in Bethel statt und war eigentlich quälend. Der Gegensatz hieß damals Niemöller – Dibelius. Die Freunde Niemöllers konnten es sich einfach nicht vorstellen, daß an

16 *Mit Willem Visser't Hooft*
Kirchentag in Hannover 1967

17 *Mit Dr. Michael Ramsay, Erzbischof von Canterbury, in Loccum 1965*

18 *Mit Kardinal Bea anläßlich des 79. Katholikentages, Hannover 1962*

Stelle des 80jährigen Bischofs Wurm, der bis dahin den Vorsitz geführt hatte, nicht Martin Niemöller treten sollte. Es ist aufschlußreich, daß jene Synode sich diesem Wunsche nicht gefügt hat. In einer bemerkenswerten Rede von geistlicher Kraft und Überlegenheit hat der württembergische Bischof Haug in jener Synode auseinandergesetzt, warum Martin Niemöller mit diesem Amte nicht betraut werden konnte; ich gebe mit eigenen Worten wieder, was die Meinung von Haug und seinen Freunden war. Haug betonte vor allem, daß es Niemöller an Geduld gegenüber seinen Mitbrüdern fehle. Es kam hinzu, daß er dem ganzen Typus nach eigentlich nicht Kirchenführer im Sinne des Kyberneten war, des väterlichen, hütenden, wegweisenden, vorausschauenden Leiters der Kirche. Er war für den Kampf geboren; er war am besten, am klarsten und am sichersten, wenn es sich um scharfe und deutliche Gegensätze handelte. In solchen Situationen hat er in der Regel rascher und klarer gesehen als die meisten. Zur Leitung einer Kirche, und vor allem zur Leitung der Evangelischen Kirche in Deutschland im ganzen, gehörten gerade zu diesem Zeitpunkt aber noch andere Qualitäten: sie waren bei Martin Niemöller nicht in dem Maße ausgeprägt, wie man es wünschen mußte. Im übrigen sprach es ja für sich, daß im Verlauf der vier Jahre nach 1945 die Stimmung unter den Mitgliedern der Synode sich so gewandelt hatte, daß ihre Bereitwilligkeit, ihn zum Vorsitzenden zu wählen, einfach nicht vorhanden war. Zwar folgte Wahlgang auf Wahlgang, zwar wurde diskutiert, zum Teil in höchst unerfreulicher Weise, zwar zog sich die Auseinandersetzung bis nach Mitternacht hin, aber man wählte Niemöller nicht.

Mit einer gewissen objektiven, nicht persönlich gefärbten Bewunderung habe ich die Zähigkeit von Dibelius beobachtet, mit der er als Kandidat für den Ratsvorsitz im Rennen blieb. Andere mit schwächeren Nerven hätten die Position sehr viel rascher aufgegeben; er hielt einfach durch mit der eigentümlichen These, daß der Vorsitz des Rates in Berlin sein müsse. Da dieser Vorsitz unmöglich in Ost-Berlin wahrgenommen werden konnte, erschien es selbstverständlich, daß man den

Mann aus West-Berlin, nämlich Dibelius wählte; und obgleich er – in West-Berlin ansässig – nur ein sehr begrenztes Recht hatte, für den Osten zu sprechen, beugte sich doch die Mehrheit der Synodalen diesem Argument. Mit der schönen und eindeutigen Mehrheit von 110 gegen 26 Stimmen wurde Dibelius in später Stunde zum Vorsitzenden des Rates, dem ersten wirklichen Vorsitzenden nach Wurm, gewählt. Die Studenten der theologischen Hochschule in Bethel, die damals noch einem solchen kirchlichen Vorgang mit größter Loyalität und Aufgeschlossenheit gegenüberstanden, mußten bis nach Mitternacht warten, ehe sie den geplanten Fackelzug dem neuen Ratsvorsitzenden darbringen konnten, der ihn mit gewohnter Grandezza entgegennahm.

Daß hier schon der Keim für die späteren Auseinandersetzungen gelegt wurde, braucht nicht betont zu werden. Der Gegensatz Dibelius – Niemöller verschärfte sich in den Ratssitzungen bis zu dem Augenblick, wo Martin Niemöller aus dem Rat ausschied. Wir haben ihn gebeten zu bleiben, er wollte nicht. Der Grund für sein Ausscheiden war, daß der Rat sich veranlaßt sah, Martin Niemöller die Leitung des Kirchlichen Außenamtes abzunehmen, weil Niemöller in dieser Position politische Äußerungen tat, die in ihrer einseitigen, meist provozierenden Haltung vom Rat nicht getragen werden konnten.

In den zwölf Jahren, in denen Dibelius Ratsvorsitzender war, hat er den Rat mit fester und glücklicher Hand geleitet. Es waren Jahre, in denen die öffentliche Geltung der EKD nicht nur relativ unbestritten war, sondern wo ihr viele Möglichkeiten offenstanden, die sie später nicht mehr hatte. Die staatlichen Stellen legten im allgemeinen Wert auf ein gutes Verhältnis zur evangelischen Kirche, und manche erhofften sich auch eine weitgehende Bundesgenossenschaft. Noch war die Frage der Spaltung der EKD nicht aktuell, obwohl die Aufspaltung Deutschlands in zwei politisch sehr verschiedene Gebilde sich schon in deutlichen Linien abzeichnete. In jenen Jahren konnte Dibelius als Ratsvorsitzender immer wieder darauf hinweisen, daß die evangelische Kirche das einzige

Band sei, das beide Teile Deutschlands noch in einer echten geistigen Gemeinsamkeit verband. In persönlichen Gesprächen habe ich ihm häufiger entgegengehalten, daß es nicht eigentlich neutestamentliche Erkenntnis sei, die evangelische Christenheit in Deutschland müsse in einem einheitlichen organisatorischen Gebilde verbunden sein; aber die Überzeugung von der Einheit der Kirche als der Basis der Einheit Deutschlands war so kräftig, daß Dibelius sie immer wieder mit Nachdruck in der Öffentlichkeit vertrat.

Aber wichtiger ist, daß er in der Tat eine sehr glückliche Hand im Umgang mit dieser Öffentlichkeit hatte. Während Martin Niemöller in seiner ungestümen Art sich häufig zu unkontrollierten Ausbrüchen hinreißen ließ, sprach Dibelius mit überlegener, jedermann verständlicher Sachlichkeit von der Kirche und seinem Verständnis ihrer Aufgabe. Die evangelische Christenheit hat nicht viele Männer gehabt, die eine solche Gabe populärer Rede besaßen wie er. Seine Diktion war einfach, klug, pointiert, aber immer auch von christlichem Verantwortungsbewußtsein geprägt. Die Menschen verstanden ihn; er hatte das, was man die Aura eines Mannes des öffentlichen Lebens nennt, jene nicht rational faßbare atmosphärische Besonderheit, die ihn mit großen Volksmassen unmittelbar Kontakt finden ließ. Seine Reden auf den Kirchentagen waren so, daß sie »ankamen«; und wenn er zu großen Volksversammlungen etwa in der Berliner Waldbühne sprach, war man der Wirkung von vornherein sicher. Diese Gabe der direkten, verständlichen Diktion gehörte zu den wichtigsten Gaben, über die er verfügte. Es war nichts intellektuell Ziseliertes an seiner Art zu denken und zu reden; diese einfachen, fast schmucklosen Sätze boten keine Komplikation für das Verständnis; gerade in wichtigen und für den Glauben entscheidenden Situationen vermochte er das, worauf es ankam, eindeutig und klar zu sagen. Das schönste Beispiel dafür ist das Zeugnis eines der bekanntesten Journalisten jener Zeit. Hans Zehrer, mein früherer Mitarbeiter im Sonntagsblatt, hatte in den letzten Jahren seines Lebens die Aufgabe, in der »Welt am Sonntag« eine Art geistlichen Leitartikels zu schreiben. Es ist eine eigenartige, tief berührende Fügung, daß sein letzter Aufsatz ein Artikel zum Osterfest war. In ihm setzt er sich mit den Strömungen auseinander, die fast die gesamte christliche Botschaft der Skepsis aussetzten, vor allem natürlich auch die Osterverkündigung. Zehrer spricht es deutlich aus, daß mit dieser transformierten, im Grunde deformierten Osterverkündigung kein Mensch etwas anfangen könne, und als Gegenbeispiel wählte er, ohne den Namen zu nennen, Dibelius. »Jener alte Mann, der in diesem Jahre zu Ostern das letzte Mal die Kanzel besteigen wird (es war in der Tat die letzte öffentliche Predigt von Dibelius), wird sagen: ›So ist es und das glaube ich.‹ Diese Verkündigung brauchen wir.« Man muß es wieder und wieder deutlich betonen, daß dieser Zug in der Verkündigung von Dibelius der entscheidende war. Seine Predigt war Christuszeugnis. Eines seiner schönsten und verbreitetsten Bücher heißt: »Bericht von Jesus von Nazareth«, es ist ein modernes Erbauungsbuch im besten Sinne und gibt das Glaubensleben dieses Mannes wieder, dem so viel hierarchischer Geltungswille und kirchenpolitischer Ehrgeiz nachgesagt wurde.

Daß dies nicht völlig ohne Grund geschah, muß ehrlicherweise festgestellt werden. Er hatte eine natürliche Neigung zur hierarchischen Geltung. Seine Weise, das Bischofsamt zu prägen, war weithin durch seine Erfahrungen mit der anglikanischen Kirche und der schwedischen Hochkirche bestimmt, und aus diesem Grunde hat er zu gewissen Lebensformen der lutherischen Kirche, trotz aller gegenteiligen Äußerungen, ein nahes und lebendiges Verhältnis bewahrt. Als wir anläßlich des 800jährigen Jubiläums des Klosters Loccum den Bundespräsidenten Heuss und den Bischof Dibelius zu Ehrenstiftsherren des Klosters ernannten, hielt er eine erstaunlich warmherzige und bejahende Rede vor den Kandidaten, in der er sich zu diesem Typus lutherischer Kirche von Herzen bekannte, wie er es übrigens auch bei den Zusammenkünften der Lutheraner anläßlich der verschiedenen Tagungen des Weltkirchenrates getan hat. Man muß hinzufügen, was nicht immer selbstverständlich ist und von vielen bis zur Stunde nicht begriffen wird: Er hatte auch eine natürliche Fähigkeit für Würde und Repräsentation. Sein Auftreten war bischöflich, nicht im angeberischen, sondern im würdigen Sinn, und wenn schon Bischöfe, dann in einer Form, in der es Dibelius plausibel machte. Zwar hat er damit den Spott mancher seiner Berliner Freunde und Brüder geerntet. In einer Stadt wie Berlin mit ihren besonderen Aufgaben war die Form, in der Dibelius das Bischofsamt repräsentierte, sehr gut am Platz, und man mußte dankbar dafür sein, daß es unter den Protestanten, die auf diesem Gebiete immer ein wenig neurasthenisch wirken, jemanden gab, der ein solches Amt in der Berliner Öffentlichkeit glaubhaft vertreten konnte. Es ist nicht zufällig, daß der Senat von Berlin ihn später zum Ehrenbürger gemacht hat.

Auf der anderen Seite ist nicht zu leugnen, daß die Gefahr des Ehrgeizes bei ihm nicht ganz fehlte. Einer der geistlich kräftigsten und vollmächtigsten Vertreter jener Jahre, der Leiter der Anstalten von Hephata in Treysa, D. Happich, hat mir in einem klugen, tiefen Gespräch auseinandergesetzt, welche Gefahr in dieser verborgenen Neigung zum Ehrgeiz bei Dibelius enthalten sei. Es war vor der Wahl des ersten richtigen Ratsvorsitzenden; er wollte zum Ausdruck bringen, wie sehr er wünschte, es möchte die Wahl nicht auf Dibelius fallen. Immerhin hatte er insofern recht, als Dibelius in einer bewunderungswürdigen Zähigkeit jene schwierigen Wahlschlachten durchstand und am Ende eigentlich nur kraft dieser Zähigkeit als Sieger hervorging.

In konsequenter Weiterentwicklung ist Dibelius dann auch Mitglied des Präsidiums des Weltrats der Kirchen geworden. Zweifellos eine hochverdiente Anerkennung nicht nur seiner Person, sondern auch der Bedeutung, die in der ökumenischen Bewegung die deutsche Kirche hatte. Auch hier ging es nicht ohne Schwierigkeiten ab; es gab unter uns Delegierte, die den Vorschlag verfochten, einen Laien ins Präsidium zu wählen, und ich selber habe damals, was Dibelius mir auch längere Zeit hin nicht verziehen hat, im »Sonntagsblatt« Reinold von Thadden-Trieglaff als Mitglied des Präsidiums vorgeschlagen. Aber Dibelius wurde gewählt, und wenn unsere kritische Haltung unrecht war, vielleicht sogar ein Verstoß gegen das vierte Gebot, so ist jedenfalls mir das widerfahren, was zum vierten Gebot hinzu gehört, denn die Verheißung lautet: »Auf daß es dir wohl gehe und du lange lebest auf Erden«. Dann wird ja im gegenteiligen Fall wohl damit auch gesagt sein, daß jeder Verstoß an dem Betreffenden heimgesucht wird, und so war es denn bei mir auch im wörtlichen Sinn, als ich 1968 zur Wahl stand. Bei der Neuwahl des Präsidiums ging es auch nicht ohne eine lebhafte Opposition von einer ganz anderen Seite her ab, die zwar nach meinem persönlichen Eindruck nicht im entferntesten so begründet war wie unser sachlicher Vorschlag, einen Laien zu wählen, die aber jedenfalls auch mir Schwierigkeiten und eine relativ peinliche Situation im Plenum des Ökumenischen Rates eingetragen hat, genau wie es 1954 in Evanston bei Dibelius der Fall gewesen war. Die Kirchengeschichte ist über beide Interludien längst zur Tagesordnung übergegangen, und Dibelius hat seine Rolle als Glied des Präsidiums des Ökumenischen Rates ausgezeichnet versehen. Als dieses Präsidium verabschiedet wurde, sagte der damalige Erzbischof von Canterbury, Fisher, im Rückblick auf die vergangenen Jahre: »We have done nothing and I hope we did it well!«

Dibelius hat das Bischofsamt lange geführt, bis in sein hohes Alter. Es hat Leute gegeben, die ihm auf das bitterste verargten, daß er so lange im Amt blieb. Seine These war aber glaubhaft, daß nämlich der Wechsel an dieser Stelle, die Wahl eines Nachfolgers, auf einer so breiten und glaubhaften Basis wie nur möglich vollzogen werden sollte. Er hielt es für seine Pflicht, die Stellung zu halten, bis die nicht geringen legalen Schwierigkeiten überwunden wären. Daß diese Erwartungen nicht in vollem Maße eintraten, konnte man nicht voraussehen; er hat dann bereitwillig und ohne Groll seinem ausgezeichneten Nachfolger Scharf den Weg freigegeben.

Daß in dieser Zeit der Kirche ein Mann wie Dibelius an der Spitze stand, dessen Namen das Volk bald begriff, kannte und aufnahm, zähle ich zu den freundlichen Fügungen Gottes.

Die Analogie im politischen Bereich war die Gestalt Adenauers. Die Psychoanalytiker unter den Skeptikern pflegen beide Männer unter den Vaterkomplex zu verrechnen, dem angeblich der Deutsche zuneigt. Ich halte das für glatten Unsinn und bin der Meinung, daß wir Anlaß haben, für das Vorhandensein dieser Männer dankbar zu sein. Denen, denen die Politik Adenauers nicht einleuchtete (und seine völlig naive Erwartung, daß die evangelischen Kirchenführer genauso wie die katholischen Bischöfe seine Politik öffentlich unterstützen müßten, habe ich nie geteilt und ihm das auch immer gesagt), denen also, die dies vermuteten, kann man zum Troste sagen, daß die beiden Männer trotz allem nicht ungewöhnlich gut miteinander ausgekommen sind. Ich selber habe ein viel besseres und unmittelbareres Verhältnis zu Adenauer gehabt, bei allen politischen Unterschieden, als Dibelius selbst. Der Grund dafür war ganz einfach, daß zwischen beiden Männern, wenn sie sich trafen, ein Gespräch so gut wie gar nicht zustande kam. Warum? Weil sie in ihrer ganzen Art einander viel zu ähnlich waren. Es entstand kein Gegenüber, und damit war auch die Möglichkeit fruchtbaren oppositionellen Austausches im Gespräch nicht gegeben.

Daß wir Anlaß haben, für die Gestalt von Dibelius dankbar zu sein, geht auch aus der Tatsache hervor, daß wir nach seinem Ausscheiden aus der aktiven Kirchengeschichte eigentlich immer in der Not um wirkliche Führergestalten gewesen sind. Im allgemeinen macht sich die protestantische Theologie diese Frage zu leicht. Nach dem Kriege, als der Wiederaufbau der Kirche begann, wurde es Sitte, in wissenschaftlichen theologischen Kreisen mit einem gewissen geringschätzigen Unterton von Bischöfen, Hierarchie, Episkopalismus und dergleichen zu reden. Von einem so bedeutenden Theologen wie Iwand stammt das böse Wort von der »organisierten Bedeutungslosigkeit« der damaligen Kirchenführung und ihrer Träger. Dies Wort war schlecht und falsch. Das war insofern ein doppeltes Unrecht, als auf der einen Seite die Selbstkritik der wissenschaftlichen Theologie gegenüber den Kalamitäten der Kirche oft zu wünschen übrigließ und als auf der anderen Seite manchmal ein viel zu geringes Verständnis für das Charisma der Kybernesis vorhanden war. Wenn eine Landeskirche, ganz gleich was man von ihrer organisatorischen Struktur halten darf, nicht die richtige Führung an der Spitze hat, leidet die ganze Kirche, leiden die Pfarrer und die Gemeinden unter diesem Mangel. Daß wir allen Anlaß haben, die Struktur der Volkskirche und viele unserer traditionellen Strukturen auf das schärfste kritisch zu durchdenken, ist so selbstverständlich, daß ich es hier nicht wiederhole, obgleich es oft und oft völlig ergebnislos ausgesprochen worden ist; aber wenn die Führung einer Kirche unzulänglich, unsicher, schwach und undeutlich ist, wenn es ihr an geistlicher Kraft der Verkündigung fehlt, wirkt sich dieser Mangel auf die ganze Kirche aus. Ein Bischof muß predigen können, er muß das Evangelium glaubhaft der Welt von heute weitersagen können, er muß Hirte nicht nur der Pastoren, sondern auch der Gemeinden sein, er muß der breiten Öffentlichkeit weit über die Grenzen des offiziellen, anerkannten, traditionellen Kirchentums hinaus deutlich machen können, was es heißt, daß es eine Kirche gibt, und wo ihre Aufgaben liegen. In einer geschichtlichen Situation, in der das deutsche Volk immer wieder auf das wegweisende Wort wartete, war es eine besondere Aufgabe der mit dem bischöflichen Amt Betrauten, soweit es die kirchlichen Möglichkeiten zuließen, auch ein wegweisendes Wort zu sagen. Das war immer mit Risiko beladen. Und viele dieser öffentlichen Worte der evangelischen Kirche sind mißglückt; vermutlich hatte Dibelius mit seiner leicht hochmütigen Meinung recht, daß es einer Synode oder einem ähnlichen geistlichen Kollektiv nie ganz gelingen könne, das rechte Wort zur rechten Stunde zu sagen. Er gehörte jedenfalls zu den wenigen, die es vermochten, und das ist der Grund für ein dankbares Gedenken, wenngleich seine Art von manchen als hochmütig, distanziert oder von falscher hierarchischer Superiorität diktiert verstanden wurde.

Eine andere, für die Kirchengeschichte jener Jahre entscheidende Gestalt war Landesbischof *Wurm*, eine liebenswerte,

tapfere, nicht ganz leicht zu analysierende Erscheinung. Auch Wurm war schon als Kirchenführer im Amt, als der Kirchenkampf ausbrach. Er hat, nachdem seine Kirche ihm den Bischofstitel zulegte, dieses Amt glaubhaft geführt, und die Tatsache des rasch ausbrechenden Kirchenkampfes hat dazu beigetragen, seiner Persönlichkeit und seinem Amt Bedeutung zu vermitteln. Die Gemeinden trauten ihm und liebten ihn. Er war alles andere als eine hierarchische Erscheinung, und gerade dies fast zivile äußere Auftreten des württembergischen Landesbischofs hat jenem leicht puritanisch gestimmten Volksstamm, der alles Formvollendete mit Mißtrauen ansah, den Weg erleichtert. Er war in dieser liebenswerten, unzeremoniellen Art auch rasch den anderen Kirchen nahegekommen und in schwierigen kirchenpolitischen Auseinandersetzungen eigentlich immer ein Kristallisationspunkt für alle, die es gut meinten. In den ersten Jahren des Kirchenkampfes hat er nach einer ganz kurzen schwankenden Hinneigung zu den Deutschen Christen den Mut bewiesen, der für die Zugehörigkeit zur Bekennenden Kirche erforderlich war. Den extremen Kritikern innerhalb der eigenen Kirche ist er eigentlich immer gelassen begegnet, zumal deutlich wurde, daß ihre radikale Kritik ihn nicht wirklich traf. Er hat auch an den einzelnen Stadien der innerkirchlichen Auseinandersetzung redlichen Anteil genommen.
So schlug er sich nach der Synode von Oeynhausen, die ja den Bruch innerhalb der Bekennenden Kirche bedeutete, auf die Seite der Lutheraner und nahm an den Beratungen des »Rates der Lutherischen Kirche Deutschlands« regelmäßig teil, klug, voll beteiligt, verantwortungsbewußt und in kritischer Selbständigkeit des Urteils. Seine große Stunde aber kam gegen Ende des Dritten Reichs. In seiner persönlichen Lebensführung spielte eine schwere Erkrankung eine Rolle, die ihn an den Rand des Todes brachte. In einem vertraulichen, persönlichen Gespräch sagte er mir, daß er für den Heimgang in die Ewigkeit völlig gerüstet gewesen sei: »Es war eigentlich schade, daß ich wieder umkehren mußte.« Der Mann, der so empfinden konnte, verstand die ihm zugelegte Lebenszeit als

eine große Verpflichtung, und in jenen Jahren war ihm klar, daß die wichtigste Aufgabe darin bestand, die auseinanderfallende Bekennende Kirche wieder zusammenzuführen. Das war die Stunde, in der das »Einigungswerk« entstand, der Versuch, die verschiedenen Formen Bekennender Kirche von den Lutheranern bis zu den extremen »Dahlemiten« zusammenzubringen. Der Versuch wurde spät unternommen, er wurde getragen durch die Autorität Wurms, der in einem offenen Schreiben gegen die Euthanasiebestrebungen des Dritten Reiches Stellung genommen hatte und durch solche öffentliche Äußerung einen Beweis seines persönlichen Mutes erbracht hatte, der ihm viel innere und äußere Zustimmung eintrug. Sein Einigungswerk hat, äußerlich gesehen, keine großen Erfolge mehr erzielen können, zumal der Krieg dem Ende zuging; so war vor allem die symbolische Bedeutung dieses Versuchs wesentlich und hat dazu beigetragen, daß am Ende des Krieges, als alles liquidiert und neu aufgebaut werden mußte, in Treysa und später in Eisenach Wurm widerspruchslos zum Vorsitzenden des Rates gewählt und damit an die Spitze der neugebildeten EKiD gestellt wurde. Er war aus dem schwäbischen Pietismus hervorgegangen, war Pressepfarrer und Pfarrer der Inneren Mission gewesen und hatte in die kirchenregimentliche Routine des pfarramtlichen und konsistorialen Dienstes auch die Elemente der Freiheit eingebracht, die solchen Sonderaufgaben zu eignen pflegen. Er war ein ungewöhnlich interessierter und lebhafter Mann. Mit größtem Interesse las er die Times und andere ausländische Zeitungen (die natürlich verboten waren) und versuchte, sich ein eigenständiges Urteil über die politische Entwicklung zu bilden. Als Leiter der Verhandlungen des Rates war er, ehrlich gesagt, unmöglich. Seine administrativen Fähigkeiten waren auf diesem Punkte ganz gering. Die Fähigkeit der Leitung besaß er nur insoweit, als die Autorität seiner Persönlichkeit in Betracht kam, im übrigen regierte die werdende EKiD Hans Asmussen.

Was die Geschäftsführung der ersten Jahre angeht, so haben wir uns eigentlich immer nur am völligen Desaster entlangbewegt. Wer die Protokolle jener Zeit einsieht, entdeckt, daß sie unwahrscheinlich lang sind, und es kann ihm widerfahren, daß unter den zahlreichen Punkten, die das Protokoll festhält, dieselbe Frage an drei verschiedenen Stellen unter verschiedener Numerierung und unter leicht verschiedener Formulierung auftaucht! Dies war Wurms Stärke nicht; aber die Administration ist ja nicht die ganze Kirche. Seine Führungsqualität war dennoch unbestritten, und es hat wohl im Rate niemanden gegeben, der sich der Führung Wurms trotz aller dieser erkennbaren äußeren Mängel nicht willig gebeugt hätte. Die einzige schwere Hypothek, die sich daraus ergab, war die Tatsache, daß die Gegensätzlichkeit zwischen Niemöller und Asmussen immer mehr anwuchs, bis sie schier unerträglich wurde.

Zu den besten und liebenswertesten Zügen Wurms gehört die Tatsache, daß er für Neues ehrlich aufgeschlossen war. Es ist kein Zufall, daß die erste, wirkungsvolle Evangelische Akademie auf dem Boden der Württembergischen Landeskirche entstand und daß das Wohlwollen jenes Landesbischofs den Beginn der Arbeit ungewöhnlich erleichtert hat. Er selber hat geholfen, manche neuen Wege zu beschreiten. Er hat mit geistvollem Wort, mit theologisch und vor allem auch historisch interessiertem Blick den Problemen jener Jahre sich aufgeschlossen und nach dieser Richtung eine wirkliche geistliche Führung seiner Landeskirche vollzogen. Was ihm in der administrativen Seite der Leitung des Rates abging, das wurde reichlich aufgewogen durch das öffentliche Vertrauen, das er in der evangelischen Kirche genoß, und die Autorität seines Wortes und seiner Erscheinung war eines der großen positiven Elemente jener Jahre. Das persönliche Verhältnis jener drei lutherischen Bischöfe, die damals wie von selbst immer zusammen erwähnt wurden, Meiser, Wurm, Marahrens, war nicht immer das beste, aber bei allen erkennbaren, zum Teil sogar scharfen Unterschieden der Urteilsbildung war doch die Weise, in der solche Verschiedenheiten ausgetragen wurden, von einer vorbildlichen Noblesse, und jene bis zur Gehässigkeit führenden scharfen Auseinandersetzungen, die es in anderen Teilen der evangelischen Christenheit gab, waren im Kreise dieser Bischöfe fremd. Das war angesichts der Gesamtlage des deutschen Protestantismus eine Wohltat. Wurm hat nicht wenig dazu beigetragen, daß es dies gute, noble, christliche Verhalten zueinander gab. Gerade ihm kann man es um so unbefangener nachrühmen, als er seine Überzeugungen nie verraten hat.

Die dritte bemerkenswerte Gestalt in diesem Zusammenhang war Landesbischof *Meiser.* Nach ganz kurzem Schwanken am Anfang hat er sich bald von Ludwig Müller losgesagt und der Bekennenden Kirche aufgeschlossen. Da er vor allem ein Mann eherner Grundsätze und großer prinzipieller Entschlossenheit war, hat er in seiner Stellungnahme selten geschwankt und sie fast immer deutlich zum Ausdruck gebracht. Seine Liebe galt der Lutherischen Kirche in einer besonderen Weise. Er war Erbe von Harleß, Bezzel, Löhe und den anderen großen bayerischen Lutheranern. An der Bedeutung des lutherischen Bekenntnisses hat er nie gezweifelt, obwohl seine persönliche Frömmigkeit einen unverkennbaren leise pietistischen Einschlag trug; aber das bedeutete nur die Wärme in seiner Art, Konfessionalist zu sein. Kirchenpolitisch war er in dem Triumvirat der lutherischen Bischöfe unentbehrlich; er war nicht der stürmisch nach vorn drängende Führer, er war auch nicht jener überlegte, beinah diplomatisch begabte Kirchenpolitiker, wie er durch Marahrens und in gewisser Weise auch durch Wurm vertreten wurde, dazu war er viel zu linear; aber er war bei allen sichtbaren äußeren Grenzen ein kluger Mann, ein tapferer Mann und ein weiser Mann. Es wäre eine besondere Studie wert festzustellen, worin die beinahe naturhafte, von Anfang an vorhandene Gegensätzlichkeit zwischen Meiser und Niemöller bestand, die sich fast zur vollendeten Feindschaft entwickelte, wenigstens auf Seiten Niemöllers. Dabei kamen menschliche Seltsamkeiten zum Vorschein, die man solchen großen Männern nicht hätte zutrauen wollen. Als Martin Niemöller schließlich befreit war und zunächst Zuflucht in

Leoni am Starnberger See fand, war er also im Gebiet der bayerischen Landeskirche; das Groteske war, daß er als selbstverständlich ansah, daß Meiser ihm dort einen Besuch machen werde, während umgekehrt Meiser es für genauso selbstverständlich hielt, daß Martin Niemöller sich bei ihm in München melden werde. Daß es überhaupt zu solchen seltsamen Vorstellungen kommen konnte, ist bis heute unbegreiflich und nur durch den tiefen Wesensunterschied zwischen beiden Männern zu erklären, ein Unterschied, der vom Evangelium her schlechthin bedeutungslos war, denn an Treue, Mut und Verläßlichkeit gaben sich beide nichts nach.

Treysa und die Folgen
Reminiszenzen an die Entstehung der EKD

Ort der Handlung ist Treysa vom 27.–31. August 1945. Dieser hessische Eisenbahnknotenpunkt birgt die Anstalten »Hephata«, die, schön auf dem Berge gelegen, auch das »hessische Bethel« genannt werden. Sie waren in ihrer karitativen Gesamtstruktur Bethel nahe verwandt. Unter der damaligen Leitung des feinsinnigen Pfarrers D. Happich waren sie die Stätte der Fürsorge für viele Behinderte, Gemüts- und Geisteskranke und andere im Leben Zukurzgekommene, denen dort ein menschenwürdiges Dasein bereitet wurde. Das schien die gegebene Örtlichkeit für die geplante Kirchenversammlung! Die Schwierigkeiten für das Zustandekommen waren wahrlich nicht gering. Es ist eine wohltuende Erinnerung, daß die Erweckungsgemeinden der Schwalm durch ihre Nahrungsmittelspenden überhaupt erst diese Konferenzen möglich gemacht haben; wir haben auf Grund dieser Opferfreudigkeit mehrere Tage zu mehr als hundert Teilnehmern leben und arbeiten können, als wäre die Situation normal gewesen. Die Transportfrage war durch die großzügige Haltung der verschiedenen Militärregierungen gelöst worden. Offenbar lag ihnen daran, bei ihrer Aufgabe der »Re-Education« sich auch der Kirchen zu bedienen, und so waren die Teilneh-

mer in zum Teil abenteuerlichen Vehikeln angereist. Treysa nahm alle gastfreundlich auf.
Die Zusammensetzung dieser Konferenz war allerdings aufschlußreich. Sie war ein Symbol dessen, was überhaupt in jenem Augenblick von der Kirche übriggeblieben war. In einem viel zuwenig beachteten Aufsatz hat Edmund Schlink darauf aufmerksam gemacht, daß die Bekennende Kirche im Grunde nicht erst mit dem Kriegsende aufgehört hatte und noch weniger vom Kriegsschluß an einen triumphalen Weg in die Zukunft hatte antreten können. Er war der Meinung, daß die Bekennende Kirche schon vor dem Ende des Krieges praktisch erloschen war. Ich vermute, daß sein Urteil richtig ist. Da ich die letzten neun Monate des Dritten Reiches in der strengen Gestapohaft, einzeln und gefesselt, verbracht habe, fehlt mir die Anschauung für diese letzten Monate. Aber schon zu der Zeit, als ich verhaftet wurde, also im Sommer 1944, konnte man mit Recht fragen, inwiefern die Kirche eigentlich noch funktionsfähig genannt werden konnte. Ihre Organe waren so gut wie vollständig gelähmt. Ich habe, als ich im Gefängnis Lehrter Straße zu einer Vernehmung geführt wurde, auf dem Flur die Abschiedsszene zwischen Perels*) und seiner jungen Frau gesehen, ein Anblick, der mir ins Herz schnitt. Denn daß Perels zum Tode verurteilt war, wußte man schon, obwohl man noch auf das rechtzeitige Eintreffen der alliierten Truppen hoffen konnte.
Nur die Gottesdienste hatten sich in einem gewissen Umfange aufrechterhalten lassen. Sie waren, gemessen an der zahlenmäßigen Situation der vom Luftkrieg bedrohten Städte, sehr gut besucht, und die Atmosphäre der schicksalhaften Verbundenheit der Predigtbesucher gab ihnen ein unvergeßliches Timbre.

Was war nun eigentlich von der Kirche vorhanden, so daß eine Kirchenversammlung gehalten werden konnte? Eine Gruppe fiel selbstverständlich völlig aus, die Deutschen

* *Friedrich-Justus Perels (1910–1945), Justitiar des Bruderrats der Altpreußischen Union.*

Christen. Das Ende dieser Bewegung war so kläglich wie das eines ihrer Führer. Der »Reichsbischof« starb im Sommer 1945, und die Vermutung ist begründet, daß er an einer Überdosis Schlaftabletten gestorben ist. Kein ruhiges Ende, so wenig rühmlich wie das von Goebbels, Hitler und anderen Größen des Dritten Reiches. Die von ihm geführte, wenn auch damals schon nicht mehr durch ihn vertretene Bewegung der Deutschen Christen hatte praktisch nichts mehr zu sagen.
Trotz aller ihrer lebhaften Anbiederungen an die Lebensformen des Dritten Reiches waren sie rechts und links von anderen Gruppen überholt worden, und am Ende war alles, was in dieser politischen Nähe zum Nationalsozialismus lebte, praktisch erledigt und wirkungslos. Mit ihnen rechnete niemand mehr; die einstmals führenden Leute verschwanden sang- und klanglos von der Bildfläche. Mir sind wenige von ihnen später wieder begegnet, wenn sie als Bittsteller zu unseren Kirchenleitungen kamen und um die Möglichkeit geistlicher Beschäftigung nachsuchten. Einige von ihnen haben, nachdem sie ihre Vergangenheit in Ordnung gebracht hatten, redlichen Dienst in einer Gemeinde getan; aber in Treysa waren sie kein Faktor, mit dem gerechnet werden mußte.
Sehr viel komplizierter war das Bild bei dem Restbestand der Kirche, der noch vorhanden war. Am sichersten in der Selbsteinschätzung war der Reichsbruderrat. Das war insofern berechtigt, als es ihm gelungen war, in Form einer Untergrundbewegung weiter zu existieren und bis zuletzt, wenn auch in immer geringerem Umfange, zu funktionieren. Jedenfalls war er, als das Dritte Reich zu Ende war, schattenhaft vorhanden, und unter der Führung des aus der Schweiz herbeigeeilten Karl Barth trat der Bruderrat als verhältnismäßig geschlossene Gruppe in Treysa auf. In dem großen Saal saßen ihre Vertreter an der Seite an einem erhöhten länglichen Tisch und überwachten gleichsam den Gang der Verhandlungen. Der wackere Präses Koch sagte mir in einer Verhandlungspause mit einem Blick auf diese entschlossene Kolonne: »Es ist nicht schön, wenn man seine eigenen Scharfrichter so auf einem Haufen beisammen sieht.«

Der Bruderrat hatte in einer Vorkonferenz in Frankfurt sich über den einzuschlagenden Weg verständigt und kam infolgedessen mit relativ klaren Zielvorstellungen nach Treysa. Die Kehrseite dieser sorgfältigen Präparation bestand darin, daß die Unterschiede, um nicht zu sagen Gegensätzlichkeiten, in den Verhandlungen sehr scharf zum Ausdruck kamen. Es ist bemerkenswert, daß trotzdem dem Reichsbruderrat, der nicht daran dachte, sich aufzulösen, ein entscheidender Einfluß auf den weiteren Gang der Dinge nicht möglich gewesen ist. Aus dem Rückblick von fast dreißig Jahren sieht man, daß die Programmatik zwar entschlossen, aber nicht immer ausbalanciert und wirkungsvoll war.

Eine andere Gruppe stellte der »Geistliche Vertrauensrat« dar. Dieses Gebilde war gegen Ende des Dritten Reiches durch den damaligen Kirchenminister ins Leben gerufen und ihm waren von den staatlichen Stellen die Vollmachten übertragen worden, die eine Kirchenleitung brauchte. Vorausgegangen waren die vieldiskutierten »Kirchenausschüsse«, die auch nicht floriert hatten; der »Geistliche Vertrauensrat« hatte jedenfalls von seiten des Dritten Reichs soviel Legitimation, daß er mit der damaligen Regierung in geordnetem Briefwechsel und Austausch stehen konnte. Hinter ihm stand die Konferenz der Kirchenführer, der Zusammenschluß aller jener Kirchenleiter, die nicht einfach ihres Amtes entsetzt worden waren und eine gewisse Legalität in Anspruch nehmen konnten. Dieser »Geistliche Vertrauensrat« wurde von Vertretern der verschiedenen Richtungen gebildet; den Vorsitz führte Landesbischof Marahrens. Er war als ein Niedersachse, der das Recht liebte, mit der Vorstellung nach Treysa gekommen, daß er dieser Versammlung in geordneter Weise sein Amt zur Verfügung stellen würde. Aber die ganze Zusammensetzung dieses »Vertrauensrates« brachte es mit sich, daß er in der Versammlung von Treysa überhaupt nicht zum Zuge kam.

Wiederum ein anderes Gremium, das die Verhandlungen beeinflußte und erschwerte, war die in Grundzügen gebildete »Vereinigte Evangelisch-Lutherische Kirche Deutschlands«,

19 Besuch bei Präsident Nasser, 1955

20 ... bei Außenminister Golda Meir, 1958

21 *Kirchentag in Hannover 1967*

die von Landesbischof Meiser vertreten wurde. Im Anfang war es diese entschlossene Figur, die das Gesamtgespräch erheblich mit bestimmte, Widerspruch hervorrief und zu einer nicht geringen Veränderung der Diskussion überhaupt führte. Landesbischof Meiser war, wie einer seiner treuesten Gefolgsleute anläßlich seiner Einführung als Leitender Bischof der Vereinigten Evang.-Luth. Kirche Deutschlands später sagte, von einer »gläubigen Zähigkeit«. Er zitierte in jenen schwierigen Verhandlungen häufig das lateinische Wort: »Qui suo jure utitur neminem laedit« – »Wer sein Recht in Anspruch nimmt, verletzt niemanden.« Das Maß seiner »Sturheit« brachte es mit sich, daß er seine Gedankengänge in großer Unbefangenheit vortrug und gar keine besondere apologetische Haltung einnahm. Der Lebhaftigkeit der Diskussion kam das natürlich zugute, zumal sich sein eigentlicher Gegenspieler Martin Niemöller auf das heftigste dahin ausdrückte, daß er nicht bereit sei, mit Meiser in ein und denselben Rat zu gehen; er machte in der Diskussion kein Hehl daraus, daß es hieß: Meiser oder Niemöller. Daß nachher doch beide im selben Rat sich vorfanden, war höchstens für den, der Niemöllers Mentalität nicht kannte, überraschend.

Auch andere Gruppierungen traten auf diesem bunten Schlachtfeld auf. Die Berneuchener, die Sydower und andere bruderschaftliche Zusammenschlüsse, die nun freilich in der Tat seit langem an der Frage der Neugestaltung der Kirche gearbeitet hatten, waren auch gekommen; aber angesichts der größeren Gruppierungen von anderer Seite kamen sie nicht in der Weise, wie sie sich vorgestellt hatten, zum Einsatz. Es war wirklich ein verworrenes und verwirrendes Bild, die verschiedenen Strömungen zu beobachten, die aufeinanderstießen. An dem explosiven Charakter der Verhandlungen haben manche schwer getragen. Man muß sich aber vor Augen halten, daß ja alle aus der Zeit der Unterdrückung kamen. Bei ihnen allen war das, was sie für die Zukunft der Kirche wünschten, aufgestaut und brach sich natürlich nicht immer in sorgfältig ausgewogenen Formen Bahn, die ein objektives

Gespräch möglich gemacht hätten. Und daß die aus Unterernährung und Nervenbelastung herkommenden Teilnehmer manches Zeichen der Gereiztheit in die Gespräche einbrachten, war nur zu verständlich.
Nach meiner bestimmten Erinnerung ist neben Bischof Wurm als dem Leiter der Verhandlungen die wichtigste Figur jener Tage Friedrich von Bodelschwingh gewesen. Er wurde von vielen Seiten angefochten. Selbst der kluge Karl Barth hat ihm in seiner Beurteilung eigentlich immer unrecht getan, wahrscheinlich deshalb, weil er die Versuche Bodelschwinghs, auf irgendeine Weise zu einem modus vivendi mit den Nazimachthabern zu kommen, für grundsätzlich verwerflich hielt. Jedenfalls hat Karl Barth kein gutes Wort für Bodelschwinghs Bemühungen gehabt. Martin Niemöller begegnete ihm mit jenem Mißtrauen, dessen nur er fähig war, und der Reichsbruderrat hatte kein übermäßig warmes Verhältnis zu ihm. Noch heute erfüllt mich mit Bewunderung, mit welcher nicht ermüdenden Geduld Bodelschwingh immer wieder in die Bresche sprang und die auseinanderstrebenden Brüder zusammenzubringen versuchte. Symbolkräftig und vorbildlich zugleich war seine Predigt über Apostelgeschichte 9, Vers 31.

> »So hatte nun die Gemeinde Frieden durch ganz Judäa und Galiläa und Samarien und baute sich und wandelte in der Furcht des Herrn und ward erfüllt mit Trost des Heiligen Geistes.«

Es ist meine Überzeugung, daß an dem, was schließlich an Einigung zustande kam, er den wesentlichsten Anteil hatte. Ich führe dies darauf zurück, daß er eine wirklich geistliche Potenz war und zugleich von überragender Menschenkenntnis. Diese großartige Kunst der Seelenführung hatte er im Umgang mit den psychisch Kranken von Bethel gelernt. Die Verbindung von großer Klugheit und geistlichem Urteil war das Geheimnis seiner Wirkung. Nicht eben häufig waren diese beiden Eigenschaften bei anderen führenden Männern vertreten. Als es um jenen zähen Kleinkampf der Besetzung neuer Positionen ging, verlor Friedrich von Bodelschwingh die Geduld nie.

Man wollte einen »Rat« an die Spitze der neu zu bildenden Kirche stellen und fing mit den darauf abzielenden Beratungen an. Anfangs glich der Verhandlungssaal einem wogenden Schlachtfeld. Es lag in der Natur der Sache und entsprach völlig der Situation, daß zunächst an eine praktikable Geschäftsordnung gar nicht gedacht werden konnte. Der ganzen Sache hat das nicht übermäßig geschadet. Es enthüllte den Tatbestand, daß nicht sehr viele Leute da waren, die mit brauchbaren Vorstellungen von der Zukunft der Kirche nach Treysa gekommen waren. Erik Wolf, Kirchenrechtler aus Freiburg, hatte zuerst eine verhältnismäßig große Rolle gespielt und mit einer nicht geringen Fülle perfekter Pläne sich in die Arena begeben. Die Tatsache, daß er sich doch nur verhältnismäßig wenig durchzusetzen vermochte, ist vor allem darauf zurückzuführen, daß er das geschichtliche Gewicht der Institutionen offenbar zu leicht einschätzte.
Dem äußeren Anschein nach war der Verlauf dieser Kirchenversammlung zeitweilig turbulent genug. Es kam sogar vor, daß zu bestimmten Zeiten auf dem Höhepunkt der Auseinandersetzungen ein Teil der Mitglieder demonstrativ den Saal verließ und nur der Reichsbruderrat mit einigen wenigen anderen Kirchenführern zurückblieb. Aber dieses beinah wilde Bild darf darüber nicht täuschen, daß es innerhalb dieser Vertreter der evangelischen Christenheit eine beachtliche Kohäsionskraft gab. Und auch wo keine überkommenen und geordneten Verfahrensweisen vorhanden waren, auf die man zurückgreifen konnte, war es doch möglich, zwei wesentliche Entscheidungen zu treffen. Einmal die Wahl des Rates, der im Laufe der Verhandlungen auf die Zahl 12* anwuchs, und die

* *Die 12 Mitglieder des Rates waren: 1. Wurm als Vorsitzender, 2. Niemöller als stellvertretender Vorsitzender, 3. Meiser, 4. Dibelius, 5. Lilje, 6. Held, 7. Niesel, 8. Asmussen, 9. Hahn, 10. Smend, 11. Heinemann, 12. Meier. Da Oberstudiendirektor Meier, Hamburg, der in Treysa nicht anwesend war, die Wahl nicht annahm, wurde an 12. Stelle Landeshauptmann a. D. Dr. Hagemann, Celle, später vom Rat nachgewählt.*

erste Grundlage einer vorläufigen Ordnung der Evangelischen Kirche in Deutschland, die von einem kleineren Rechtsausschuß erarbeitet wurde. Allen Einsichtigen war bewußt, daß die Neuordnung der Evangelischen Kirche nicht von außen und nicht aus der Vergangenheit kommen konnte, sondern nur aus ihr selbst.

Es ist nicht zu leugnen, daß über diesen turbulenten Tagen mancher unerfreuliche Schatten lag. Es gab Rechthaberei, Unbesonnenheit, sogar Züge geistiger und geistlicher Arroganz; aber nicht nur hat sich das Bewußtsein bewährt, wie dringlich der Zusammenhalt war, es gab auch genügend Menschen in dieser Versammlung, deren ehrlicher und tiefer Wille war, der Evangelischen Kirche in Deutschland eine neue, brauchbare Gestalt zu geben. Diese Haltung wurde besonders unterstützt auch durch die fruchtbare und zwingende irenische Weise, in der Bodelschwingh die Brüder zueinanderzuführen verstand. Daß ihn dieser ständige Einsatz in jenen Tagen von Treysa auch viel physische Kraft gekostet hat, ist außer allem Zweifel. Aber seine Autorität war, da sie völlig geistlich begründet war, so eindrucksvoll, daß sich am Ende doch die meisten ihr willig beugten.

Die erste Sitzung des neugewählten Rates hat dann das Bild von der »Machtübernahme« noch einmal deutlich gemacht. Daß Wurm 1. Vorsitzender und Niemöller sein Stellvertreter war, fand nirgendwo Widerspruch. Es hatte sich aus dem Gang der Entwicklung von selbst ergeben. Eine Kontroverse um Asmussen als Leiter der Kirchenkanzlei kam nicht zum Austrag. Zwar hat die mysteriöse Bestimmung, daß die »Vertretung« des Rates nur von den ersten sieben Mitgliedern wahrgenommen werden sollte, lediglich die Bedeutung, daß man gerade Asmussen nicht als unmittelbaren Vertreter der »Evangelischen Kirche in Deutschland« haben wollte; aber bei der Ämterverteilung auf dieser ersten Ratssitzung hat es dann Martin Niemöller brevi manu erreicht, daß die Geschäftsführung der Kirchenkanzlei Asmussen übertragen wurde, der sie darauf in Schwäbisch-Gmünd, seinem damali-

gen Aufenthaltsort, etablierte. Als ich Dibelius fragte, warum er der Nominierung von Asmussen, der zwar ein sehr großer Prediger, aber kaum ein Organisator war, zugestimmt habe, vertraute er mir an, daß Niemöller ihn ausdrücklich vorher vertraulich um seine Zustimmung zu Asmussens Wahl gebeten habe; Niemöller meinte, daß er als neuer Leiter des Außenamtes viele Auslandsreisen werde machen müssen und dann im Rücken, in der Heimat, einen verläßlichen Freund haben müsse. Daß diese Ordnung der Dinge bald zu Bruch gehen sollte, steht auf einem andern Blatt.
Wenn es auch ein zu großes Beispiel ist, möchte ich das Wort aus Bengels »Gnomon« zitieren, der in seinem Kommentar am Ende der Apostelgeschichte schreibt: »Habes, Ecclesia, formam tuam. Tuum est, servare eam, et depositum custodire.«* Auch wenn man den tiefen sachlichen Unterschied zwischen jener Bemerkung über die Frühzeit der Kirche und das mühselige Gebilde von Treysa nicht übersieht, darf man doch in diesem Sinne den Abschluß der schwierigen Verhandlungen von Treysa formulieren.

Das sogenannte Stuttgarter Schuldbekenntnis

Die klischeehafte Vorstellung, daß die Stimme der Kirche in der Öffentlichkeit keine Bedeutung gehabt habe, ist falsch und verhältnismäßig leicht zu widerlegen. Freilich sind es meist Kontroversthemen gewesen, zu denen sie sich geäußert hat, und gerade an der Lebhaftigkeit des Widerspruchs kann man auch die Tiefe der Wirkung ablesen. Ein hervorstechendes Beispiel ist das sogenannte Stuttgarter Schuldbekenntnis. Da es in der Tat viel Aufmerksamkeit erregt und eine lebhafte Diskussion in Deutschland hervorgerufen hat, da andererseits die literarische Sicherung dessen, was damals wirklich geschah, ungenügend ist, lohnt es sich, den Hergang noch einmal kurz ins Gedächtnis zu rufen.
Der neugebildete »Rat der Evangelischen Kirche in Deutsch-

* *»Du hast, Kirche, deine Gestalt gewonnen. An dir ist es, sie zu wahren und das Erbe zu hüten.«*

land« hatte sich zu seiner zweiten Tagung versammelt, die am 18. und 19. Oktober 1945 in Stuttgart, am Sitz des Ratsvorsitzenden, Landesbischof D. Wurm, stattfinden sollte. Völlig außerhalb der Tagesordnung tauchten Vertreter des in der Bildung begriffenen Weltrates der Kirchen (World Council of Churches in process of formation) auf. Es handelte sich offensichtlich um eine jener großartigen spontanen Aktionen, für die der Generalsekretär Dr. Visser 't Hooft bekannt war. Es ist ein Beweis für das außerordentlich lebhafte Interesse, mit dem die anderen Kirchen die Vorgänge in Deutschland verfolgten, daß sie überhaupt von dieser Ratstagung Kenntnis bekamen und allen Schwierigkeiten zum Trotz nach Stuttgart eilten. Für sie waren die Schwierigkeiten der Nachrichtenübermittlung nicht wesentlich geringer als für uns, und die Reisegenehmigungen der alliierten Regierungen, die in Betracht kamen, waren sicherlich nicht leichter zu erlangen, als es bei uns der Fall war. Aber der Ökumenische Rat hatte eine exzellente Delegation zusammengebracht, und es sind die Namen der wahrhaft führenden Persönlichkeiten jener Zeit, die wir in der Anwesenheitsliste dieser Delegation des Ökumenischen Rates finden.

Natürlich überwog die Freude der Wiederbegegnung zuerst alles andere. Wir Deutschen haben einen Hang zur Naivität und freuen uns über alle Probleme hinweg über solche menschliche Begegnung; erst der weitere Verlauf des Gesprächs machte deutlich, daß hier noch mehr von uns erwartet wurde als die Freude über das wiederhergestellte Verhältnis zwischen den anderen christlichen Kirchen und uns. Was gab es da zu bereinigen? Am unbefangensten war in jenem Augenblick der amerikanische Vertreter Dr. Michelfelder, der bereits bei der Zusammenkunft in Treysa eine gut formulierte, wahrhaft christliche und brüderliche Grußbotschaft im Namen seiner Kirche an uns gerichtet hatte. Wie denn auch die amerikanischen Lutheraner ohne jede Verzögerung an die karitative Arbeit herangingen und die deutschen Kirchen in ihrer bitteren äußeren Not unterstützten. Dazwischen waren die anderen Persönlichkeiten, noble, aristokratische Erscheinungen wie Dr. Cavert, Bischof Bell, der in seiner großartigen Souveränität oberhalb aller polemischen Fragestellungen sich bewegte; von den anderen verdient besondere Erwähnung Professor Dr. Hendrik Kraemer, nicht nur wegen seiner in Deutschland allezeit anerkannten wissenschaftlichen Bedeutung, sondern weil er auch zu denen gehörte, die unter dem Nazi-Regime physisch schwer gelitten hatten, und es ihm gegeben war, in jener schwierigen Auseinandersetzung das wahrhaft christliche Wort zu sagen: Wenn man viel gelitten hat, dann hat man auch gelernt, viel milder zu urteilen; dann wird ein Christ nicht erbittert, er weiß, die Welt kann nur genesen, wenn er sich tief hineinführen läßt in Gottes Gedanken und sich von ihnen leiten läßt. In solchen Äußerungen klang etwas von der Atmosphäre wider, die in Holland herrschte und die selbstverständlich auch das Denken der Christen dort tief beeinflußte. Die Zerstörung von Rotterdam und anderen holländischen Städten war in ihren Augen keine Kleinigkeit, und es war in der Tat viel verlangt, daß sie die Christen in Deutschland von der Mitverantwortung ausnehmen sollten. Am schwierigsten war es offensichtlich für den Vertreter der Schweiz. Er war durch die Voten der anderen Mitglieder dieser Delegation beeindruckt, ihre Vergebungsbereitschaft in Verbindung mit unerbittlicher Wahrhaftigkeit berührte ihn sehr. Er gab ohne weiteres zu, daß er als Vertreter einer Kirche, die nicht im Kriege gewesen war und nicht eigentlich betroffen war, geneigt sei, härter zu urteilen als diejenigen, die selbst gelitten haben. Die Zuschauersituation gegenüber der großen gemeinsamen Schuld des Kriegserlebnisses enthielt die Versuchung der Selbstgerechtigkeit. Es war einer von den zahlreichen inneren Höhepunkten des Zusammentreffens, daß er diese Versuchung deutlich artikulierte und zusagte, Gott um seinen Geist zu bitten, er möge auch die Schweizer in die Solidarität der Schuld einbeziehen, damit der Segen nicht an ihnen vorbeigehe! Wer bald nach dem Kriege in die Schweiz gereist ist, weiß, wie sehr sich Koechlin mit solchen Äußerungen von der durchgängigen psychologischen Haltung seiner Mitbürger abhob. Dies alles aber war schon im Verlaufe der Diskussion gesagt worden, die mit Äußerungen von Wurm, Asmussen und Niemöller begonnen hatte. Man muß sich zur Klärung noch vergegenwärtigen, daß der Krieg gerade eben vorbei war – soweit er Deutschland betraf, erst ein halbes Jahr. Man muß sich weiterhin klarmachen, daß die Auswirkungen dieses Krieges nicht nur in den spürbaren Folgen der bedrückenden Zerstörung zu finden waren, in den Ruinen, von denen sich unsere Freunde vorher keine Vorstellungen gemacht hatten, in der seelischen Bedrückung eines Volkes, das zur Hälfte auch seine physische Heimat verloren hatte, das desorientiert war, das nicht nur nach Überwindung des Hungers und der äußeren Not verlangte, sondern auch nach geistiger Klärung und Führung. Das besonders Gravierende der Situation war, daß der Circulus vitiosus von Untat und Vergeltung bereits eingesetzt hatte. Die Vertreibungen Deutscher aus den östlichen Gebieten hatte bereits Formen angenommen, die an Unmenschlichkeit vielfach an das heranreichten, was die Nazis getan hatten. Es war ausgeschlossen, an diesen Vorgängen vorbeizusehen und vorbeizuhören, und es wäre wahrscheinlich ohne die hohe moralische Autorität von D. Wurm gar nicht möglich gewesen, diese Dinge offen zur Sprache zu bringen, ohne den gesamten Skopus des Treffens zu zerstören. Worauf kam es den Brüdern aus der Ökumene an?

Abgesehen von der Tatsache, daß ihr Verhalten wirklich brüderlich war, daß sie auch im äußeren Habitus weder als Pharisäer noch als Richter auftraten, war es doch ganz klar, daß sie mit großem Ernst darauf bestehen mußten, ein klärendes Wort von unserer Seite zu hören, das die Vergangenheit bereinigte.

Am besten hat es in jener unvergeßlichen Begegnung für mein Empfinden Pierre Maury gesagt. Nachdem der Rat die Erklärung abgegeben und offiziell überreicht hatte, war es Maurys Auftrag, darauf zu antworten. Asmussen hatte die Entschließung überreicht mit den Worten: Wir sagen dies Wort Ihnen, weil wir es Gott sagen. Tun Sie das Ihrige, daß diese Erklärung nicht mißbraucht wird, sondern zu dem dient, was wir

gemeinsam wollen. Die Antwort Maurys war ganz kurz: Wir sind tief dankbar für diese Erklärung. Wir wissen, daß es Ihnen nicht leicht ist, sie uns zu geben; Sie geben sie uns aber in Christus, darum wird es leicht. Sie wollen Ihrem Volk treu sein, das in Verzweiflung lebt. Wir wollen Ihre Erklärung annehmen ohne pharisäischen Stolz, sondern auch vor Gott. In allen Ländern steht die Kirche im Kampf für Gerechtigkeit. Ihr Wort hilft uns im Ringen um Gerechtigkeit überall, auch für Deutschland. Unsere Hoffnung ist die, zu wissen, daß auch in Deutschland Brüder wirken, die sich allein auf die Gnade Gottes geworfen wissen. Ihre Erklärung wird auch uns ein Ruf zu christlichem Leben sein. Wir haben eine gemeinsame Pflicht für das Vaterland und die Welt.
Pierre Maury hatte vor allem deutlich gemacht, daß ein Phänomen wie Hitler im Grunde nur eine einzige Empfindung im anderen Teil der Welt auslösen konnte, nämlich den ungeteilten Haß. Der Haß der Nazis weckte den Haß der angegriffenen Unterdrückten, und indem Maury zugab, daß damit auch Seele und Gewissen seines eigenen Volkes mitbefleckt seien, betonte er, das Befreiende dieser Erklärung beruhe gerade darin, daß nun dieser innere Zwang zum Haß gebrochen sei. Der Teufelskreis sei durchstoßen.

Der Text dieser Erklärung lautete:

Erklärung des Rates der Evangelischen Kirche in Deutschland gegenüber den Vertretern des Ökumenischen Rates der Kirchen.

Der Rat der Evangelischen Kirche in Deutschland begrüßt bei seiner Sitzung am 18. und 19. Oktober 1945 in Stuttgart Vertreter des Ökumenischen Rates der Kirchen.
Wir sind für diesen Besuch um so dankbarer, als wir uns mit unserem Volk nicht nur in einer großen Gemeinschaft der Leiden wissen, sondern auch in einer Solidarität der Schuld. Mit großem Schmerz sagen wir: Durch uns ist unendliches Leid über viele Völker und Länder gebracht worden. Was wir unseren Gemeinden oft bezeugt haben, das sprechen wir jetzt

im Namen der ganzen Kirche aus: Wohl haben wir lange Jahre hindurch im Namen Jesu Christi gegen den Geist gekämpft, der im nationalsozialistischen Gewaltregiment seinen furchtbaren Ausdruck gefunden hat; aber wir klagen uns an, daß wir nicht mutiger bekannt, nicht treuer gebetet, nicht fröhlicher geglaubt und nicht brennender geliebt haben.
Nun soll in unseren Kirchen ein neuer Anfang gemacht werden. Gegründet auf die Heilige Schrift, mit ganzem Ernst ausgerichtet auf den alleinigen Herrn der Kirche, gehen sie daran, sich von glaubensfremden Einflüssen zu reinigen und sich selber zu ordnen. Wir hoffen zu dem Gott der Gnade und Barmherzigkeit, daß Er unsere Kirchen als Sein Werkzeug brauchen und ihnen Vollmacht geben wird, Sein Wort zu verkündigen und Seinem Willen Gehorsam zu schaffen bei uns selbst und bei unserem ganzen Volk.
Daß wir uns bei diesem neuen Anfang mit den anderen Kirchen der ökumenischen Gemeinschaft herzlich verbunden wissen dürfen, erfüllt uns mit tiefer Freude.
Wir hoffen zu Gott, daß durch den gemeinsamen Dienst der Kirchen dem Geist der Macht und der Vergeltung, der heute von neuem mächtig werden will, in aller Welt gesteuert werde und der Geist des Friedens und der Liebe zur Herrschaft komme, in dem allein die gequälte Menschheit Genesung finden kann.
So bitten wir in einer Stunde, in der die ganze Welt einen neuen Anfang braucht: Veni creator spiritus!

Stuttgart, den 19. Oktober 1945

Landesbischof D. Wurm, Landesbischof D. Meiser, Bischof D. Dr. Dibelius, Superintendent Hahn, Pastor Asmussen D. D., Pastor Niemöller D. D., Landesoberkirchenrat Dr. Lilje, Superintendent Held, Pastor Lic. Niesel, Dr. Dr. Heinemann.

In seiner souveränen und gütigen Weise nahm der Bischof von Chichester, Dr. Bell, diese Erklärung in einem Schlußwort auf und fügte seinen Worten noch einen offiziellen Brief

des neuen Erzbischofs von Canterbury hinzu, der diese Situation der Bereinigung ganz besonders begrüßte. Er sagte: Die außerdeutschen Christen stehen in ihren Ländern in einem schweren Kampf für Gerechtigkeit gegen den Geist der Rache und Vergeltung. Sie wissen mit uns, daß der Kampf des christlichen Geistes wider allen unchristlichen und antichristlichen Geist mit dem Sieg ihrer Waffen noch nicht gewonnen ist. Sie wünschen und erbitten, daß die Christen in aller Welt zusammenstehen gegen Unbarmherzigkeit und Gewalt.
Daß überhaupt diese Begegnung gelang, hing natürlich auch auf das engste mit der Tatsache zusammen, daß die Mehrzahl derer, die sich dort begegneten, einander aus ökumenischer Zusammenarbeit seit Jahren kannten. Dieses Kapital von Vertrauen war vorhanden. In der Verhandlung selbst waren es aber vor allem die Persönlichkeiten von Wurm, Niemöller und Asmussen, die als unsere Wortführer das Vertrauen der ökumenischen Besucher gewannen. Und die Worte, die sie sagten, haben entscheidend dazu beigetragen, daß die Atmosphäre des Vertrauens und der Offenheit erhalten blieb. Das war nicht verwunderlich für diejenigen, die Wurms öffentliche Proteste in Sachen des »lebensunwerten Lebens« und seine Bemühungen um das sogenannte »Einigungswerk« kannten, die über die mutige Haltung von Dibelius in seinem Prozeß Bescheid wußten, die Martin Niemöllers märtyrerähnliches Zeugnis in acht Jahren Konzentrationslager kannten und die von meiner monatelangen schweren Einzelhaft im Gefängnis der Gestapo Kenntnis hatten.

Eine nicht geringe Schwierigkeit für uns alle bestand darin, daß wir die ersten Nachrichten von den Grausamkeiten der Vertreibung der Deutschen aus den östlichen Gebieten empfangen hatten. Es wäre uns unmöglich gewesen, darüber einfach zu schweigen, und Wurm hat es in seinen wiederholten Ausführungen immer aufs neue anklingen lassen. Damit hängt es zusammen, daß diese Erklärung am Schluß ausdrücklich die Hoffnung ausspricht, daß »dem Geist der

Macht und der Vergeltung, der heute von neuem mächtig werden will, in aller Welt gesteuert werde«.

Das geistliche Resultat dieser Begegnung muß nach zwei Richtungen fixiert werden. Für die ökumenische Gemeinschaft hat sie Unschätzbares bedeutet. Hier ist wirklich der Weg freigelegt worden; und die Tatsache, daß in einer würdigen Weise die Vertreter der deutschen Christen die Vergebung der christlichen Brüder für das, was unstreitig deutsche Schuld war, erbaten, hat auf der anderen Seite eine Aufgeschlossenheit bewirkt, die nur der ganz würdigen kann, der Gelegenheit hatte, unmittelbar nach dem Ende des Krieges die Heftigkeit und die Bitterkeit kennenzulernen, die im Urteil über Deutschland herrschte. Man muß mit großem Nachdruck sagen: Die Kirchen waren die einzigen, die über diesen Abgrund von Haß und Vergeltung einander die Hand reichen konnten. Auf anderem Boden wäre damals dergleichen undenkbar und vermutlich auch nicht wahrhaftig gewesen.
Die Wirkung innerhalb Deutschlands war fast das Gegenteil. Eine Welle der Entrüstung ging durch das Land. Der Terminus von der Stuttgarter »Schulderklärung« kam auf, obgleich er ungenau war. Wir haben ja nicht eigentlich uns angemaßt, deutsche Schuld vor anderen Völkern zu bekennen, sondern der wesentliche Satz des Ganzen lautet: Was wir unseren Gemeinden oft bezeugt haben (!), das sprechen wir jetzt im Namen der ganzen Kirche aus: »Wohl haben wir lange Jahre hindurch im Namen Jesu Christi gegen den Geist gekämpft, der im nationalsozialistischen Gewaltregiment seinen furchtbaren Ausdruck gefunden hat; aber wir klagen uns an, daß wir nicht mutiger bekannt, nicht treuer gebetet, nicht fröhlicher geglaubt und nicht brennender geliebt haben.«
Für jeden, der lesen kann, ist klar, daß dies alles andere als ein politisches Schuldbekenntnis ist. Von Anfang an haben wir es in jenen Tagen deutlich gemacht, daß wir die politische Ausnutzung einer derartigen Erklärung ablehnen müßten, und wir haben es in den Wochen hinterher, in denen wir unablässig auf dieses »Schuldbekenntnis« angesprochen wurden, im-

mer wieder sagen müssen, daß dies kein politisches Dokument sei. Man wird vielleicht an dieser Erklärung tadeln müssen, daß sie das Maß der deutschen Verschuldung viel zu zurückhaltend ausdrückt. Wer jetzt im Abstand von mehr als zwei Jahrzehnten Rückblick hält, der muß zugeben, daß im Namen des deutschen Volkes so Unvorstellbares an Brutalität, Gemeinheit, Blutvergießen und Unrecht geschehen ist, daß eine einzelne Erklärung nicht ausreicht, um solche Untaten aus der Welt zu schaffen. Das konnte auch nicht die Absicht der Stuttgarter Erklärung sein; aber was hier in dem eben zitierten Satz ausgesprochen wird, das erinnert noch einmal an jene Sätze aus »Huttens letzte Tage«, in denen der vom Tode gezeichnete Ritter sich anklagt, nicht kräftiger gekämpft und entschlossener gehandelt zu haben. Und dies ist in der Tat die Schuld der Kirchen in Deutschland, unser aller Schuld gewesen, daß wir bei aller Tapferkeit im einzelnen doch an der letzten Entschlossenheit des Widerstandes es häufig haben fehlen lassen.

Es war nicht einfach, das der deutschen Öffentlichkeit klarzumachen. Schon hier machte die evangelische Christenheit die Erfahrung, die sie später aus Anlaß ihrer Denkschriften wiederholen mußte: sehr viel kommt in solchen Augenblikken darauf an, *wie* etwas gesagt wird; *»c'est le ton qui fait la musique«* – »es ist der Ton, der die Musik macht«. In den erklärenden Schriftsätzen, die eigentlich alle von uns hinterher von sich gegeben haben, herrscht dieser Versuch vor, unserem Volke klarzumachen, warum eine solche Erklärung nötig war. Man wird es wohl unerbittlich deutlich machen müssen, daß dieses deutsche Volk in einer ungewöhnlich schwierigen Lage war. Es war nicht schlechthin Unbußfertigkeit, wenn viele eine solche Erklärung ablehnten. Ich sehe von den Beispielen regulärer Verstockung ab, also von jener Haltung, die keiner Einsicht und darum auch keiner Bitte um Vergebung fähig ist; aber man muß daran erinnern, daß dieses Volk aus vielen Wunden blutete, daß noch immer Familien getrennt waren, daß viele deutsche Gefangene in fremden Lagern schmachteten und daß vielfach die Angehörigen überhaupt nicht wußten, wo jene waren. Man muß weiter daran erinnern, daß der Kampf um das tägliche Brot, um den warmen Mantel und das Dach über dem Kopf die Menschen auf das äußerste in Anspruch nahm und daß in einer solchen Situation die innere Ruhe und Überlegenheit zu einer sachlichen Erwägung von Schuldfragen nicht vorhanden war. Die evangelische Kirche hat hier tatsächlich für das Volk gesprochen und ihm eine Aufgabe abgenommen, die das Volk als Ganzes zu leisten noch nicht in der Lage war. Ein Volk, das den plumpen Parolen der NS-Führung so weit zu folgen bereit war, wie es geschehen war, befand sich bestimmt nicht in der Verfassung, nun ein Gespräch auf jener hohen Ebene zu führen, die eigentlich zur Klärung dieser Zusammenhänge vorausgesetzt werden mußte. Um so höher muß man das geistige und geistliche Niveau bewerten, auf dem sich die Verhandlungen von Stuttgart bewegt haben. Die Namen, die unter diesem Dokument stehen, sind in sich sämtlich eine Garantie dafür, daß hier mit größtem ethischen Ernst gedacht und geredet worden war. Der Weg in die Zukunft mußte freigelegt werden. Die Dringlichkeit, mit der die Brüder aus der Ökumene uns um ein solches Wort gebeten haben, war im Endergebnis eine große Hilfe für beide Seiten.

Rätselhaft bleibt dennoch die relativ geringe Wirkung dieses Wortes. Dieses Wort von Stuttgart hat Aufmerksamkeit erregt, aber man kann nicht sagen, daß es einen Prozeß des Umdenkens eingeleitet habe. Es sind in jenen Wochen, Monaten und Jahren viele gute Dinge von den Kanzeln gesagt worden, und die Kirchenleitungen haben es an dem Versuch nicht fehlen lassen, den Gemeinden geistliche Weisung zuteil werden zu lassen; aber das Wort von Stuttgart hat darin kaum eine entscheidende Rolle gespielt. Es war nötig, immer wieder das, worum es ging, deutlich zu machen. Vermutlich ist einer der Hauptgründe für diese nur sehr begrenzte Wirkung die, daß in jenen Wochen und Monaten gegenüber dem eigenen Volk das Wort des Trostes nicht wirksam gesagt werden konnte; denn auch das ist an geistliche Vollmacht gebunden. Es ist

Trost, nicht oberflächliche Beschwichtigung oder Selbstrechtfertigung gemeint. Ein Volk, das soviel erduldet hatte und das in soviel Schuld verstrickt war, zumeist auf eine Weise, die den einzelnen gar nicht direkt belastete, ein solches Volk brauchte auch ein Wort der Aufrichtung. Daß es ohne echte Buße nicht gesagt werden konnte, ist völlig klar. Sicherlich sind damals viele zu dieser Erkenntnis bereit gewesen, und zwar gerade auch diejenigen, die sich nicht lautstark an der Bewältigung der allerjüngsten Vergangenheit beteiligt haben, sondern die ihre Zeit brauchten, um das eigene Versagen recht zu begreifen, das ja oft gar nicht in Untaten, sondern im falschen Gewährenlassen bestand. Hier war eine Lücke, die auch bei späteren Anlässen wieder sichtbar wurde; aber als ein geschichtliches Dokument nimmt dieses Wort von Stuttgart einen ganz besonderen Platz innerhalb der Äußerungen der evangelischen Kirche aus jenen Jahren ein.
Um diese Erklärung ist wirklich auch innerhalb unseres eigenen Kreises gerungen worden, und mehr als einer hat einen Beitrag zur Ausbalancierung dieses Wortes gegeben. Ich erinnere mich ziemlich genau, daß ich darauf bestanden habe, in den Schlußabsatz den Passus über den Geist der Macht und der Vergeltung, der heute von neuem mächtig werden will, aufzunehmen, und dachte dabei an die Gefahr, die in Ost und West darin bestand, daß man nun eben doch an Deutschland Rache nehmen wollte. Wie viele sind damals wirklich unschuldig für längere Zeit in irgendein Lager gesperrt worden! Wie ungerecht waren die Vorgänge, die zu der Vertreibung deutscher Menschen aus den Ostgebieten führten, und wie unkundig oder gar willkürlich haben manche von den unzähligen alliierten Kommissionen gearbeitet, wenn es sich um die Vergabe von Lizenzen oder das berühmte Geschäft der Entnazifizierung handelte! Das alles konnten wir nicht einfach beiseiteschieben; und man mußte auch diese Aspekte im Auge behalten, wenn man nicht das ganze Anliegen dieser wichtigen und entscheidenden christlichen Erklärung gefährden wollte. So ist es begreiflich, daß über den Hergang selbst keine zu große Genauigkeit zu erreichen ist. Bis in die Dokumenta-

tion hinein gilt das – in der amtlichen Veröffentlichung dieses Wortes ist mir ein Titel beigelegt worden, den ich nie geführt habe. Die gleiche Unklarheit herrscht auch über die Autorenschaft der verschiedenen Absätze dieses Wortes; aber das alles tritt zurück hinter der Tatsache, daß hier die evangelische Christenheit in einer ungewöhnlichen Weise öffentlich und deutlich geredet hat. Zugleich aber hat sie hier eine nicht unwesentliche Erfahrung gemacht, die sie in den kommenden Monaten und Jahren immer wieder behelligen sollte. Kann eine Kirche ein gemeinsames Wort in solchen Fragen sagen, kann ein Volk Buße tun? Wenn Amos im Vorhof des Heiligtums das Volk Israel zur Buße ruft, dann bleibt er eine einsame Gestalt. Es ist leicht, über die offizielle Kirche sich kritisch zu äußern, die in der Gestalt des Oberpriesters Amazja diesen Mann Gottes aus dem Tempelgelände verweist – so steht es im 7. Kapitel des Buches Amos; aber geht es je anders, als daß einzelne, von Gott ermächtigte prophetische Gestalten gegen das Volk und die Kirche auftreten, und wie geschieht es, daß eine ganze Christenheit, eine ganze Kirche, ein ganzes Volk sich zur Buße leiten lassen?
Wir haben oft hinterher Gelegenheit gehabt, mit dieser Frage konfrontiert zu werden, und der Eifer allein genügt nicht, sie zu beantworten. Sie ist um so schwieriger geworden, je normaler sich die Verhältnisse gestalteten. In den allerersten Wochen und Monaten, in denen die Wunden noch bluteten und auch die Möglichkeiten für die nähere Zukunft noch offen waren, war ein solches Wort leichter zu sprechen als später, wenn es sich gegen normalisierten Wohlstand richten mußte. Immerhin bleibt es eine Tatsache von denkwürdiger Bedeutung, daß dieses Wort, nicht ohne die Mithilfe unserer Brüder aus dem ökumenischen Bereich, von uns gesagt werden konnte.

Der Weg der Evangelischen Kirche in Deutschland ist von ihrem ersten Tage an von Spannungen, ja sogar von Streit begleitet gewesen. In gewisser Weise erfüllt sich in dieser Tatsache ein Wesenszug des Protestantismus, den Tillich einmal so formuliert hat: Die Kirche im protestantischen Verständnis müsse in der Lage sein, sich selbst in Frage stellen zu lassen. Das haben wir reichlich getan, und es hat häufig genug die Form von schweren Auseinandersetzungen angenommen. Diese Spannungen gerecht zu schildern, ist nicht einfach, weil es bei den disputierenden Gruppen immer auch eine Seite gab, die von dem Recht ihrer eigenen Stellungnahme so absolut überzeugt war, daß sie sich für eine ruhig klärende Auseinandersetzung nicht eignete.

Im ersten Abschnitt der Nachkriegskirchengeschichte hingen viele dieser Spannungen mit dem Namen *Martin Niemöller* zusammen. Seine großartige, kämpferische Natur, verbunden mit einer eigentümlichen Hellsichtigkeit für Gefahrenzonen, war nach acht Jahren Konzentrationslagerhaft gleichsam über die Ufer getreten. Was sich in jenen Jahren angestaut hatte, brach oft genug explosiv hervor. Das erklärt die Heftigkeit mancher seiner Äußerungen; hinzu kam, daß er in vielen Fällen, in denen er öffentlich das Wort ergriff, von einem persönlichen Engagement besonderer Art ergriffen war. Es waren in seinen Augen – und nicht nur in seinen – Lebensfragen des deutschen Volkes und der Kirche, zu denen er sich äußerte. Das gab seinen öffentlichen Erklärungen eine Vehemenz, die zwar die Hörweite seiner Äußerungen noch vermehrte, die ihn aber bei vielen dieser Äußerungen weit über das Ziel hinausschießen ließ. Aus nicht ganz erkennbaren Gründen erfüllte ihn das Vorhandensein der Bundesrepublik mit Gefühlen der Aversion; so kam es, daß er etwa von ihr sagen konnte, sie sei in Rom gezeugt und in Washington geboren. Dies provozierende Statement gab seinem Mißtrauen Ausdruck, daß hier die römischen Katholiken, gerade auch in

Deutschland, den politischen Insinuationen der Amerikaner bereitwillig Hilfestellung geleistet hätten. Zu erklären ist diese übertriebene Einseitigkeit wohl nur aus seiner eigentümlich zwiespältigen Haltung zum Osten, im weiteren und engeren Sinne. Zwar war er nach dem Kriege nicht, wie alle erwartet hatten, unmittelbar nach Dahlem zurückgekehrt. Seine frühere Gemeinde hatte ihn wiederholt wissen lassen, daß sie ihm seinen Platz freihalte, aber nachdem Dibelius fast mit einer Art kirchengeschichtlichem Handstreich den Titel Bischof von Berlin angenommen hatte, schien es offensichtlich Martin Niemöller nicht möglich, daß zwei Männer dieser Größenordnung dort nebeneinander stünden. Was immer auch die Gründe gewesen sein mögen (er hat mir in einem vertraulichen Augenblick Näheres über seine Motive gesagt), er ging nicht nach Berlin. Aber der Wunsch, die Fühlung mit dem Osten aufrechtzuerhalten, vom Osten Deutschlands nicht getrennt zu werden, keiner politischen Lösung zuzustimmen, die eine solche Trennung fixierte, kam in diesen explosiven Äußerungen zum Ausdruck. Damit verband sich dann ein immer tiefer werdendes Mißtrauen gegen die Bundesrepublik, gegen ihre Westorientierung, und ein tiefsitzendes Unbehagen gegenüber dem Leiter der bundesdeutschen Politik, Konrad Adenauer. Hier stand Martin Niemöller in nichts der landläufigen Kritik linksgerichteter Journalisten nach. Das war an sich nicht ungewöhnlich, denn in jenen Jahren, in denen wir alle den rechten politischen Weg für Deutschland suchten, stießen die Meinungen oft hart aufeinander. Ungewöhnlich war nur die heftige und in vielen Fällen schlechthin übertriebene Ausdrucksweise. Da aber Martin Niemöllers Name einer der bekanntesten, wenn nicht der bekannteste Name aus dem Bereich der Kirche war, lag es sehr nahe, daß die evangelische Kirche überhaupt für jede seiner Äußerungen in Anspruch genommen wurde. Wir haben damals viel Mühsal und Zeit darauf verwenden müssen, im eigenen engen Kreise und nachher vor der Öffentlichkeit solche übertreibenden Äußerungen Niemöllers zurechtzurücken. Der Glaubwürdigkeit der Kirche war das nicht immer dien-

lich, zumal manche unter uns den politischen Voraussetzungen nicht zu folgen vermochten, von denen er in seinen heftigen Äußerungen ausging. In einer äußerst lebhaften Diskussion, die der Rat der EKiD anläßlich einer Tagung in Halle führte, habe ich Martin Niemöller direkt gefragt: »Ich höre Ihnen nun schon seit zwei bis drei Jahren in Ihren politischen Äußerungen zu. Sie haben mich politisch nicht überzeugt. Würden Sie aus dieser Tatsache folgern, daß ich nicht mehr auf dem Boden des Neuen Testamentes stehe?« Martin Niemöller war sachlich genug, diese Frage zu verneinen. Aber die Auseinandersetzungen über diese Differenzen waren schmerzlich und schwer. Sie griffen tief in den menschlichen Bereich hinein, und er hat uns oft mit seinen Äußerungen förmlich gequält. Die übergreifende und ausgleichende Objektivität war nicht seine Sache. Die von ihm erkannte Wahrheit hat er in der Tat ohne Ansehen der Person ausgesprochen, festgehalten und verteidigt. Und so sind wir denn von einer Kontroverse in die andere geschritten.
Doppelt mühselig wurde es, wenn es sich nicht nur um die Äußerung persönlicher politischer Meinungen handelte, sondern wenn damit kirchliche, kirchenregimentliche und kirchenpolitische Entscheidungen verbunden waren. Das spielte beispielsweise in der Auslandsarbeit der EkiD eine nicht unbeträchtliche Rolle. Hier stießen verschiedene Motivationen zusammen, und es gab mehr als eine Szene, in der die Autorität der evangelischen Kirche in ihren Auslandsgemeinden durch solche einseitigen Stellungnahmen in Frage gestellt war.
Die Auseinandersetzungen nahmen an Schärfe zu; ihr erstes Opfer war Hans Asmussen. Martin Niemöller selber hatte verlangt, daß er Leiter der Kirchenkanzlei werden solle, und zwar, wie schon erwähnt, mit der Begründung, daß er bei seinen Auslandsreisen einen Freund im Rücken haben wolle, der die heimatlichen Dinge leite. Die Differenzen zwischen beiden wurden immer schärfer, bis sie zum Bruch führten. Ich habe selber jenen berühmten, berüchtigten Brief gesehen, der noch mit der Anrede »Lieber Bruder Asmussen« beginnt, und

in dem dann nach zwei, drei Sätzen Martin Niemöller in das förmliche Sie und die Anrede »Herr Präsident« überleitet. Asmussen mußte das Amt eines Präsidenten der Kirchenkanzlei aufgeben. Die Gerechtigkeit gebietet zu sagen, daß er es ohnehin hätte tun müssen; es war nicht nur Martin Niemöller, der Asmussens Sturz betrieb, sondern seine Geschäftsführung war in wachsendem Maße problematisch geworden, so daß seine Ablösung an dieser Stelle unvermeidlich war. Es ist sehr aufschlußreich, daß sein Nachfolger, D. Brunotte, der eine erstaunliche Verbindung von theologischer und kirchenrechtlicher Urteilskraft besaß, durch seine ruhige, sachliche und durchaus auch bescheidene Haltung den Frieden rasch herzustellen vermochte.

Übrigens ist eine interessante Parallele zu diesem Vorgang die Ablösung Martin Niemöllers vom Amte des Leiters des Kirchlichen Außenamtes. Er hatte es schon in der ersten Sitzung des Rates, in der eigentlich konstituierenden Sitzung, übernommen und einige Jahre geführt. Die Eigentümlichkeit und Einseitigkeit seiner Stellungnahmen brachte es mit sich, daß schließlich im Rat niemand mehr dafür eintrat, daß er dieses Amt behalten sollte. Es wurde ihm unsagbar schwer; aber der Rat blieb an dieser Stelle entschlossen, nicht zuletzt durch die nüchterne, kühle Art, in der Dibelius diesen Teil der Verhandlungen führte. Martin Niemöller wurde in seiner Eigenschaft als Leiter des Außenamtes durch den hannoverschen Landessuperintendenten Wischmann ersetzt, der mit der ruhigen, absolut sachlichen Art, die manchen Hannoveranern eigen ist, auch hier den Frieden an allen Fronten langsam, aber stetig heraufführte.

Die erwähnten öffentlichen Äußerungen Martin Niemöllers wogen deswegen so schwer, weil er sicherlich einer der bekanntesten Deutschen überhaupt war, weil seine Stimme im In- und Auslande gleichermaßen vernehmlich war und weil damals die öffentliche Meinung Deutschlands noch sehr ungeformt war. Gab es sie überhaupt? Die Kirche war, soziologisch gesehen, relativ unbeschädigten Rufes aus den voraufgegangenen Jahren hervorgegangen. Natürlich hatte sie bei sich eine Menge in Ordnung zu bringen; aber was die öffentliche Reaktion anging, so konnte sie auf ein nicht unbeträchtliches Vertrauenskapital zurückgreifen, das sich die Bekennende Kirche in den Zeiten des Widerstandes gegen den Nationalsozialismus erworben hatte. Und da die gesamte Politik der Besatzungsmächte gerade diese Seite hervorhob, war die Kirche in einer fast konkurrenzlosen Situation; ihre Stimme wurde gehört. Das erklärt zu einem Teil die große, weitreichende Wirkung der Niemöllerschen Aussagen.

Über alle exzentrischen Ausbrüche seines unruhigen Temperaments hinweg, über die Schwierigkeiten, die seine Querköpfigkeit uns laufend bereitet haben, bleibt doch als der entscheidende Eindruck der: er war ein Mann ohne Furcht. Das ist für einen »Diener am Evangelium« eine große Sache.

Wenn auch das, was er sagte, vielfach dem öffentlichen Mißfallen anheimfiel, so blieb der Kirche doch auf lange Zeit dieses eigentümliche geistige Privileg, daß ihre Meinungsäußerungen Gewicht hatten. Zwar sah sich die Kirche in den folgenden Jahren, vor allem in dem zweiten Jahrzehnt, einer wachsenden Kritik gegenüber. Man darf aber dies Faktum nicht rückwärts projizieren und übersehen, daß in den ersten Jahren nach dem Kriege das Wort der Kirche tatsächlich gesucht wurde und Einfluß hatte.

Das ließ sich nicht immer unbestritten und unbeschränkt aufrechterhalten. Je mehr die Kirche veranlaßt wurde, Stellung zu beziehen, um so schwieriger wurde auch ihr »Öffentlichkeitsauftrag«. Zu Anfang bestand der Auftrag der Kirche in erster Linie darin, diejenigen zusammenzuführen, die bis dahin als Gegner oder unversöhnliche Feinde galten. Hier hat die Kirche in den ersten Jahren wesentliche Dienste getan. Sie hat Arbeitgeber und Arbeitnehmer zu Gesprächen zusammengeführt; ihre Akademietagungen waren der Ort, wo sich die fremdesten Geister trafen und unbefangen aussprachen. Stätten der Objektivität und des unbefangenen Meinungsaustausches zu sein – dieser Mittlerdienst war im Anfang wohl der wesentlichste Beitrag der Kirche zum Öffentlichkeitsauftrag. Aber in dem Maße, in dem das öffentliche Leben in

Deutschland sich normalisierte, wurden auch die Unterschiede und Gegensätze wieder erkennbar. Es ging nicht auf die Dauer, daß Arbeitgeber und Arbeitnehmer einander brüderlicher Gesinnung bezichtigten; die Sachfragen verlangten ihr Recht und waren an mehr als einer Stelle bald Gegenstand gegensätzlicher Erörterung. Die evangelische Kirche hat diese Problemstellungen sorgfältig und gewissenhaft mit ihrem Nachdenken begleitet. Es war und ist primitiv, ihr jegliche Stellungnahme in Fragen des öffentlichen Lebens zu verbieten. Weder im sozialpolitischen noch im politischen Bereich überhaupt war das möglich. Es gab vielmehr brennende Fragen, in denen das Schweigen der Kirche mißverständlich gewesen wäre und in denen ihre Stellungnahme auch von weiten Kreisen der Öffentlichkeit verlangt wurde. Ihren klaren Ausdruck hat die Tätigkeit der Kirche auf diesem Gebiet in den sogenannten Denkschriften gefunden. Sie waren nicht jedermanns Geschmack, und die Evangelische Kirche hat sich manche Kritik wegen der verschiedenen Denkschriften, die sie herausgab, gefallen lassen müssen. Es lohnt sich, diesen Fragenkreis genauer ins Auge zu fassen.

Zunächst ist der Werdegang, die methodische Entstehung der Denkschriften wichtig. Hier wurden nicht plötzlich improvisierte Äußerungen getan, die vielleicht durch ihre Radikalität schockierten oder aber schwerwiegende Sachprobleme erbaulich verbrämten oder verdunkelten, sondern in aller Regel ging der Publikation einer Denkschrift eine sorgfältige Beratung in der dafür zuständigen »Kammer für öffentliche Verantwortung« oder »Kammer für soziale Ordnung der Evangelischen Kirche in Deutschland« vorauf. Hier wurden einige dieser Problemkreise ausführlich, unter großem Aufwand von Zeit und Nachdenken, unter Zuhilfenahme des Rates von Experten so lange bearbeitet, bis eine abschließende Formulierung gefunden wurde. Den schärfsten Widerhall, vor allem auch polemischen Widerhall, fand die inzwischen berühmt gewordene Ostdenkschrift. Wohl kaum eine Veröffentlichung hat in der deutschen Öffentlichkeit einen solchen

Widerhall positiver und negativer Art gefunden wie diese Denkschrift, an der vor allem Erwin Wilkens, Ludwig Raiser und Eberhard Müller mitgearbeitet haben. Die Idee, die Stimme der Kirche sei nicht zu hören gewesen, ist absurd. Es hat selten so viel öffentlichen Lärm um eine Sache gegeben wie in diesem Fall. Hier hatte die Evangelische Kirche sich die Aufgabe gestellt, eine von den großen ungelösten Fragen anzugreifen, die fast den Charakter eines Tabus angenommen hatte, über die man sich hinter der vorgehaltenen Hand wohl zu verständigen wußte, zu der aber kaum jemand in der Öffentlichkeit zu reden den Mut besaß. Dabei war das, was die Denkschrift aussprach, relativ sehr gemäßigt; nach einer kurzen historischen Abhandlung über die Entstehung des Problems der Vertriebenen wurden die staatsrechtlichen, völkerrechtlichen, theologischen und praktischen Fragen aufgegriffen, die mit diesem Problemkreis zusammenhängen oder -hingen.

Das Echo auf diese Denkschrift war beispiellos. In den ersten Tagen und Wochen nach ihrem Erscheinen ist in der gesamten deutschen Öffentlichkeit sicherlich von keinem anderen Geistesprodukt in derselben Intensität die Rede gewesen. Es fügte sich, daß ihr Erscheinen außerplanmäßig verfrüht war, weil man journalistische Indiskretionen befürchtete. In den Tagen, in denen die Denkschrift publiziert wurde, war der damalige Ratsvorsitzende, Bischof Scharf, nicht in Deutschland. Die findigen Männer von Fernsehen und Rundfunk stöberten mich, der ich Stellvertreter des Ratsvorsitzenden war, in einem der entferntesten Winkel der eigenen Landeskirche, dem sogenannten Hasenwinkel östlich von Celle, auf und fragten nach meiner Stellungnahme zu dieser Denkschrift. Ich habe mich selbstverständlich ohne Zögern in vollem Umfange zu ihr bekannt. Das Ergebnis war, daß der unmittelbar danach losbrechende Sturm der öffentlichen Meinung seine ganze Wucht gegen mich richtete. Ich habe, ohne Übertreibung, Waschkörbe voll Zuschriften bekommen, von denen der weitaus größte Teil – mit verschwindenden Ausnahmen – die heftigste Kritik enthielt, und zwar nicht nur sachliche

Ablehnung oder scharfen Widerspruch, sondern auch unwahrscheinliche Ausbrüche von Polemik. Es ist schwer zu glauben, was sich in diesen Briefen entlud. Nur ein einziges Beispiel: ein Briefschreiber wollte mich buchstäblich in ein unterirdisches Verlies sperren und täglich dreimal auspeitschen lassen. Die Frage ist, woher diese heftige Reaktion kam, und die Antwort ist ganz einfach die, daß die Betroffenen, also die Vertriebenen, die wirklich unter der Vertreibung finanziell und seelisch gelitten hatten, offensichtlich jahrelang gelehrt worden waren, die Wiederherstellung des alten Zustandes für selbstverständlich anzusehen; daß sie ihre heiligsten Güter bedroht fühlten, wenn man daran auch nur Zweifel äußerte; und die ungewöhnlich schwierige Frage nach der Bedeutung der Oder-Neisse-Linie als Grenze oder Nichtgrenze Deutschlands spielte selbstverständlich eine entscheidende Rolle. Es nützte nichts, daß die Denkschrift auch an diesem heikelsten Punkt sich mit äußerster Zurückhaltung ausgesprochen hatte; im Grunde hatte sie nichts anderes gesagt, als daß dieses Thema von allen verantwortlichen Stellen und der öffentlichen Meinung in Deutschland neu und entschlossen durchdacht werden müsse. Die Regierungsstellen hatten nicht gewagt, davon zu reden, die Vertriebenenverbände ohnehin nicht, und daher dieses Ausmaß von Widerspruch bis zum Haß, der uns damals begegnete. Es war eine deprimierende Erfahrung. Zwar konnte man begreifen, daß Menschen, die Heimat, Habe und alles verloren hatten und sich mühselig in einer neuen Umgebung hatten einleben müssen, an diesem Punkte empfindlich und reizbar waren, aber nicht wenige dieser Äußerungen überschritten jedes denkbare und zu rechtfertigende Maß. Die Formel von Ausbrüchen eines »pathologischen Hasses« ist nicht übertrieben. Ein Gutes hatte aber diese Denkschrift. Man kam zwangsläufig mit den führenden Persönlichkeiten der Vertriebenen in Kontakt. Sie waren es ihren Verbänden schuldig, das Wort zu diesen Dingen zu ergreifen. Es ist ein einfaches Gebot der Gerechtigkeit festzustellen, daß die führenden Männer sachlich und objektiv zu unterhandeln in der Lage waren. Und es ist nicht übertrieben zu sagen, daß in dieser Hinsicht die mancherlei Gespräche nicht fruchtlos verlaufen sind. Wenzel Jaksch, der markante Führer der Vertriebenen, der kurz nach unserer letzten Begegnung durch einen Autounfall ums Leben kam, W. Rehs und andere erwiesen sich als urteilsfähige und den sachlichen Argumenten aufgeschlossene Gesprächspartner. Zusammenfassend kann man von dieser Denkschrift sagen, daß sie in einer ungewöhnlichen Weise die deutsche Öffentlichkeit erregt und angeredet hat; in diesem Falle konnte von einer schweigenden und verlegenen Kirche keine Rede sein.

Ein ähnliches Schicksal hatte die Denkschrift über die Lage der Landwirtschaft. Auch hier spielten Empfindlichkeiten eine durchaus verständliche Rolle. Die deutsche Landwirtschaft hatte es nach dem Kriege schwer, sich zu fangen und in die Weltentwicklung einzuordnen. Kluge und weitschauende Politiker wie der niedersächsische Ministerpräsident Kopf hatten längst begriffen, daß es mit dem Festhalten an überkommenen Vorstellungen nicht getan sei, und bei allem Respekt vor Vätersitte und Väterart, vor der Treue zum Boden und der Liebe zur Scholle war solchen weitblickenden Politikern doch völlig klar, daß sich die deutsche Landwirtschaft der allgemeinen Entwicklung einordnen müsse, wenn sie konkurrenzfähig und schließlich auch existenzfähig bleiben wollte. Das bedeutete eine doppelte Anforderung an den konservativen Sinn der Bauern. Nicht jedes Anwesen war groß und kräftig genug, um zu überleben. Die Notwendigkeit der Zusammenlegung von zu kleinen Anwesen war unumgänglich und wurde, wenn auch zögernd, in den meisten Fällen begriffen. Auch der Zwang für die Inhaber kleinerer Höfe, sich eine zusätzliche Berufstätigkeit zu suchen, wurde allmählich durchaus verstanden. Neue Formen der Arbeit bildeten sich heraus, etwa die Maschinenringe, d. h. genossenschaftliche Zusammenschlüsse, die gemeinsam die erforderlichen Maschinen anschafften und reihum den Mitgliedern zur Verfügung stellten – es wäre ausgeschlossen gewesen, daß ein einzelner Bauer alles das, was er an Maschinen für moderne landwirtschaftliche Arbeit brauchte, angeschafft hätte. Diese Dinge sind im allgemeinen verhältnismäßig rasch und ohne große Verzögerung verstanden worden. Eine Erschwerung war in doppelter Hinsicht zu sehen: auf der einen Seite war die bisherige Treue zum Beruf beim Bauern vielfach überdeckt mit einer Reihe von romantischen Vorstellungen, die zum Teil von lange her das Bild des Bauern geprägt hatten oder auch in der Zeit des Dritten Reiches geflissentlich verbreitet worden waren. Für den Bauern, gerade auch den norddeutschen, sah es manchmal wie Untreue aus, wenn man solchen Vorstellungen den Abschied gab. Es bereitete Mühe, von dem selbstverständlichen, beinah naturhaften Egoismus des einzelnen hinüberzuleiten auf ein Gemeindenken, eine Aufgeschlossenheit für gemeinschaftliche Aufgaben. Auch hier erwies sich die Denkschrift als lösend insofern, als sie den festgefahrenen Parolen gegenüber den Zwang zum positiven Nachdenken verstärkte; in den Gesprächen, die sich an die Denkschrift anschlossen, ist sehr viel an gemeinsamer Verständigung erreicht worden. Auch diese Denkschrift hat ihren Sinn erfüllt.

Natürlich ist nicht jede Denkschrift vollkommen gewesen, und nicht jede stieß auf ein einheitliches Echo. Kompliziert waren alle Äußerungen der Kirche zu unmittelbar sozialpolitischen Fragen. Damals gab es Diskussionen über die Eigentumsbildung in der Hand des Arbeiters und ähnliche sozialpolitische Probleme. Begreiflicherweise wurde an dieser Stelle die Kritik sehr viel schärfer und direkter, die dahin zielte, der Kirche die Zuständigkeit für solche Fragen zu bestreiten. Es ist deswegen wichtig festzuhalten, daß die Denkschriften im allgemeinen gar nicht von Theologen verfaßt worden sind; keine von ihnen hat ohne sorgfältige Beratung durch hierfür zuständige Experten das Licht der Öffentlichkeit erblickt. Die Mitverfasser dieser Denkschriften waren in ihrem Bereich anerkannte Sachkundige, und die Denkschriften stellten insofern ein sehr wichtiges und gutes Mittel kirchlicher Äußerungen dar, als sie nicht unmittelbar »vom Evangelium her« Antworten zu geben trachteten, sondern die Sachfragen in vollem Umfange gelten ließen, auf der anderen Seite aber in dem zugrunde liegenden Ethos das zum Ausdruck zu bringen versuchten, was ein Christ verantwortlich mit solchen sachkundigen Äußerungen anfängt. Eine der letzten größeren Äußerungen der Kirche in dieser Richtung war die zur Friedensfrage. Es ist vor allem das Verdienst von C. F. von Weizsäcker gewesen, auf die Notwendigkeit sorgfältiger intellektueller und wissenschaftlicher Durchdringung des Friedensproblems aufmerksam gemacht zu haben. Er hat unablässig betont, daß es ohne eine Lösung der Frage des Weltfriedens für keinen in unserer Generation eine Überlebenschance geben werde, und hat gleichzeitig auf die Verflechtung dieses Problems mit anderen weitreichenden Lebensgebieten hingewiesen. Auf diese Weise ist zum Beispiel neues Licht auf das Problem der Entwicklungshilfe gefallen; und alle diese großen gesellschaftspolitischen Aspekte, mit denen die Kirche im letzten Jahrzehnt immer ernsthafter und dringlicher konfrontiert wurde, sind von ihm in Zusammenhang mit der Friedensfrage sorgfältig behandelt worden.

Hier ist auch der Ort, der wertvollen Arbeit zu gedenken, die von den Evangelischen Akademien geleistet worden ist. Die verschiedenen Sachtagungen der Evangelischen Akademien haben zu einer ganzen Reihe von ähnlichen wichtigen Problemen Wesentliches beigetragen, teils indem sie wichtige Gesprächspartner zusammenbrachten, teils indem sie Einzelfragen nachgingen, die durch diese Erörterung dann auch einen neuen Elan gewannen. Heute zweifelt niemand mehr daran, daß die Kirche eine unmittelbare Verantwortung in diesem gesellschaftpolitischen Bereich hat; ja, die jüngste Entwicklung ist bis zu der extremen Feststellung gediehen, daß in diesen gesellschaftspolitischen Perspektiven die eigentliche Anwendung des Evangeliums auf die Gegenwart zu suchen sei. Das ist selbstverständlich einseitig und übertrieben; aber es macht doch deutlich, daß die Kirche einem wesentlichen Aspekt der Gegenwart nicht ausgewichen ist.

Ein anderes Gebiet, auf dem die Spannungen innerhalb der Kirche sich geräuschvoll bemerkbar machten, hatte mit der ernsten außenpolitischen Frage der deutschen Aufrüstung zu tun. Die Situation schien anfangs völlig klar zu sein. Ein Volk, das einen militärischen Zusammenbruch unseres Ausmaßes durchlebt hatte, war nicht geneigt, sich militärpolitischen Fragen zu öffnen. Die Verpflichtung der Kirche, dem Frieden zu dienen, dem Kriegsdienstverweigerer seelsorgerlich zur Seite zu stehen und alles zu tun, um die Wiederkehr eines Krieges unmöglich zu machen, wurde mit solcher Wucht empfunden, daß daneben andere Erwägungen kaum einen Raum hatten. Als es dann doch zu der Frage einer militärischen Wiederaufrüstung Deutschlands kam, brach der Zwiespalt der Geister in schroffster Form auf, zumal diese Frage sich sehr rasch mit der anderen nach einer atomaren Rüstung verband. Zwar lag es nahe anzunehmen, daß die militärische Aufrüstung ohne atomare Rüstung unvollkommen und sinnlos sei, aber das hieß noch nicht, daß man beides ohne Widerstand hinzunehmen bereit war. Und so entbrannte die heftige Diskussion um die Wiederaufrüstung innerhalb der evangelischen Christenheit. Es ist schwer zu sagen, ob diese Diskussion ein Ruhmesblatt gewesen ist; zu fragen ist, ob sich die Auseinandersetzung allezeit auf der Höhe prinzipieller Klarheit bewegt hat oder welche Rolle emotionale Elemente dabei spielten. Es kam hinzu, daß der Gegensatz zwischen Ost und West sich auf westlichem Boden immer wieder in einer Abneigung gegen Maßnahmen der Bundesregierung entlud; auch das diente der sachlichen Klärung nicht. Schließlich wurde in der Auseinandersetzung der Gegensatz so scharf, daß führende Theologen mit bekannten Namen zu solchen unmöglichen Sätzen sich verleiten ließen: Atom ist Sünde. Es nützte nichts, ihnen entgegenzuhalten, daß es gewiß auch nicht die Aufgabe der Kirche und kein Zeugnis für die Klarheit des Evangeliums sei, wenn man etwa sagen würde: nie wieder Elektrizität! Von denen, die anders dachten, wurde das höchstens als unerlaubte Ironie empfunden. Wir haben in jenen Jahren in erbitterten Auseinandersetzungen gekämpft.

Die Theologen Gollwitzer, Vogel, Iwand, um nur die bedeutendsten Namen zu nennen, waren entschlossene Gegner der Aufrüstung überhaupt und natürlich in besonderer Weise auch der atomaren Aufrüstung. Die anderen, die der Meinung waren, daß man die Entwicklung atomarer Rüstung in der Welt nicht einfach künstlich durch Beschluß aufhalten könne, sondern daß es darauf ankomme – um mit Weizsäcker zu reden –, »mit der Bombe zu leben«, und daß jede Stärkung einer vernünftigen Friedensordnung wirkungsvoller sei als der bloße deklamatorische Protest, haben sich mit dieser Erkenntnis nur mühselig durchgesetzt. Die Kluft zwischen den verschiedenen Anschauungen war tief und schmerzlich; sie hat manche Synodaltagung ausgefüllt, und es sind seltsame Äußerungen über die Applikation des Evangeliums in der Gegenwart dabei gefallen.
Eine Sonderfrage, an der man die Schiefheit der Diskussion besonders illustrieren kann, bezog sich auf den Militärseelsorgevertrag. Dieser Vertrag hat eine unvermutete und ungewöhnliche Rolle gespielt. In der Propaganda der DDR spielt er sie noch immer, und die Evangelische Kirche des Westens heißt dort in propagandistischer Verkürzung schlankerhand die Militärkirche; jemand wie Bischof Lilje, der dem Militärbischof Kunst mehr als einmal mit einem Worte beistand, hieß von Stund an in der gleichen propagandistischen Verkürzung in der gesamten östlichen Presse, sooft er erwähnt wurde: der Natobischof, obwohl ich nachweislich nicht ein einziges Wort für die Nato gesagt habe. Eine bestimmte Gruppe von Theologen hatte es sich im Laufe der weiteren Auseinandersetzungen zur Aufgabe gemacht, einen Aufsatz von mir aus dem Jahr 1942, »Der Krieg als geistige Leistung«, wieder auszugraben und auf dem Umweg über einen primitiven Raubdruck zum Stuttgarter Kirchentag einer begrenzten Öffentlichkeit erneut vorzulegen. Interessanterweise hatte der Jesuit Delp, mit dem ich im Tegeler Gefängnis zusammen gewesen war und der noch gegen Ende des Krieges hingerichtet wurde, unter demselben Thema einen Aufsatz in den »Stimmen der Zeit« veröffentlicht. In beiden Fällen, also auch

gerade in meinen Ausführungen, ging es selbstverständlich nicht um eine Verherrlichung des Krieges und schon gar nicht des von den Nationalsozialisten entfesselten Krieges, sondern die Absicht in beiden Veröffentlichungen war die, dem Mann, der schicksalhaft in das Kriegsgeschehen verwickelt war, geistige Hilfeleistung zum Bestehen dieser Situation anzubieten. Daß meine gesamte übrige Tätigkeit einschließlich der Tatsache, daß ich in Gestapohaft war, diese böswillige Interpretation widerlegte, blieb unberücksichtigt. Natürlich war es ein eklatanter Fall von östlicher Fernsteuerung.

Zu den seltsamsten Dingen gehören folgende eigenartige Beobachtungen: Erstens, daß diese propagandistische Stenographie von vielen im Westen einfach übernommen wurde, daß – was ich ebenso gravierend empfunden habe und empfinde – so gut wie niemals einer von den Kirchenführern, die den östlichen Gewalthabern und -denkern näher standen, irgendein Wort der Rechtfertigung oder Verteidigung für die Angegriffenen gewagt hat, dagegen häufig genug diese Etikettierungen auch noch übernommen und gerechtfertigt hat. Seltsam aber auch war der Werdegang des Militärseelsorgevertrages. Für alle ruhig Denkenden war klar, daß in diesem Falle das staatliche Angebot ungewöhnlich großzügig war. Es gibt wohl auch im Augenblick noch kein europäisches Land, in dem der Militärseelsorge ähnliche, großzügige und freie Möglichkeiten eingeräumt sind wie in der Bundesrepublik. Das trat in der Hitze des Kampfes fast völlig zurück. Dieselben theologischen Brüder, die sich etwa mit führenden französischen Protestanten in den meisten theologischen Fragen sofort verstanden, nahmen nicht den geringsten Anstoß daran, daß einer von ihnen der damalige Feldbischof Marcel Sturm gewesen war; ganz zu schweigen von den Engländern und Amerikanern und Holländern, die alle ihre uniformierten Feldgeistlichen hatten. Aber auch die einfache und direkte Verpflichtung der Kirche, ein Angebot nicht auszuschlagen, das ihr die Möglichkeit gab, sich mit Tausenden junger Männer in wichtigen Jahren seelsorgerlich zu beschäftigen, wurde

kaum realisiert. Unter der Hand verwandelte sich das ganze Problem in eine politische, tagespolitische und außenpolitische Frage; aber diese seelsorgerliche Chance, die nun doch wirklich einzigartig war, wurde in den Gesprächen so gut wie nie erwähnt.
Fast ein wenig grotesk war aber folgendes. Als die EKD im Begriff war, den Militärseelsorgevertrag abzuschließen, also einen Vertrag mit der Bundesregierung über die gesetzliche Regelung der Militärseelsorge, beharrten in den Vorgesprächen unsere Brüder aus den östlichen Landeskirchen darauf, daß ein solcher Vertrag in unser aller Namen abgeschlossen werden müsse. Sie waren der Meinung, nur so könne zum Ausdruck kommen, daß hier die EKD in einheitlicher, gemeinsamer Verantwortung zu handeln entschlossen war; kurze Zeit danach wurde die Synode veranlaßt, ausdrücklich zu erklären, daß der Militärseelsorgevertrag lediglich für die Kirchen des Westens Bedeutung habe.

Theologische Positionen

Es kann müßig erscheinen, die Diskussion von damals wieder lebendig werden zu lassen; die Ereignisse haben längst ihren Weg genommen. Mehr als anderthalb Jahrzehnte sind ins Land gegangen, und man wird redlicherweise sagen müssen, daß viele einzelne Aktionen der großen östlichen Militärmacht, wie etwa die Niederschlagung des ungarischen Aufstandes oder der Einmarsch in die Tschechoslowakei, nicht geeignet sind, Zutrauen zu den friedlichen Absichten sowjetischer Bündnispolitik zu erwecken. Trotzdem gibt es noch jetzt Theologen und Theologumena, nach denen alles, was prowestlich aussieht, Verdacht erwecken muß. Zu diesen, wie man zugeben muß, grotesken Übertreibungen kam es aufgrund der Voreingenommenheit, die alles Westliche von vornherein mit negativen Vorzeichen sah und blind war für die Unerläßlichkeit der Auseinandersetzung mit dem östlichen Partner.

Warum ist es nötig, auf alle diese Erinnerungen, die zu einem nicht geringen Teil unerfreulich sind, einzugehen? Wir behalten die Frage im Auge, welchen Weg die evangelische Christenheit seit dem Tag, da sie die Freiheit ihrer Handlung wiedergewann, gegangen ist. Es ist betrüblich, daß sich eine doppelte Feststellung nicht vermeiden läßt. Erstens: die von vielen inbrünstig und selbstverständlich erwartete geistliche Erneuerung ist nicht eingetreten, weder in Form einer »Erweckung«, noch in Form irgendeiner unmittelbaren theologischen Erneuerung, die allgemeine Kraft und Geltung besessen hätte. Zweitens: Es haben sich immer wieder Fragestellungen in den Vordergrund gedrängt, die zwar viel öffentliche Aufmerksamkeit erregten, die sicherlich auch jede für sich wertvolle geschichtliche und politische Aufschlüsse geben konnten; aber der Lärm des Streites hat die einzelnen Fragen fast immer überdeckt, und zu einer einheitlichen Meinungsbildung ist es nicht gekommen.
Beide Aspekte müssen noch kurz entfaltet werden. Die eigentliche theologische Diskussion ist in diesen zwei Jahrzehnten in Deutschland sehr lebendig gewesen. Es wäre zwar verfehlt zu meinen, daß die theologische Arbeit unmittelbar an die oft zitierten, selten genau umschriebenen Ergebnisse des Kirchenkampfes angeknüpft hätte. Der Kirchenkampf ist in einer unzweideutigen Weise Vergangenheit. In dem Maße, in dem der furchtbare Gegner jener Jahre dem Gedächtnis entschwindet und seine geschichtliche Wirkungskraft erlischt, im gleichen Maße verliert auch die Bekenntnishaltung jene Eindeutigkeit und Faszination, mit der sie ihm gegenübertrat. Die Entfaltung der theologischen Arbeit ist sehr verschiedene Wege gegangen. Gleich zu Anfang flammte schon der Gegensatz von Bonhoeffer und Barth auf. Er ist nicht allen deutlich geworden; aber immerhin hat sich Bonhoeffer klar genug ausgesprochen über den »Offenbarungspositivismus« von Karl Barth, und die Äußerungen Barths über die theologische Lebensarbeit von Bonhoeffer sind ebenfalls deutlich genug. Der großer Schweizer Theologe ist objektiv genug zuzugestehen, daß der fragmentarische Cha-

rakter der Äußerungen von Bonhoeffer ein abschließendes Urteil nicht erlaube; aber daß er sich von dem Bonhoefferschen Ansatz zu unterscheiden gedenkt, hat er so oft und so deutlich ausgesprochen, daß daran nicht zu zweifeln ist.
Nach diesem lebhaften, polemischen Dialog, der weniger von den Partizipienten getragen wurde, als sich in der Fortwirkung dieser Fragestellungen äußerte, nahmen dann in einer alles überragenden Weise die Fragestellungen von *Rudolf Bultmann* das theologische Blachfeld ein. Er gehört neben Barth zu den einflußreichsten Theologen unserer Generation. Auch wenn man mit solchen Urteilen sparsam umgehen muß, kann man doch leicht erkennen, daß er in der Tat durch seinen 1942 gehaltenen, aber erst sehr viel später zur vollen Wirkung gekommenen Vortrag über die Entmythologisierung die theologische Fragestellung total beherrschte. Von seinem Auftreten an gibt es Schüler, oft sehr eigenwillige und sehr selbständige Schüler Bultmanns; aber von seinen Erkenntnissen haben sie fast alle ihren Ausgang genommen, und Jahre hindurch ist die Auseinandersetzung um Rudolf Bultmann das dominierende Thema der deutschen Theologiegeschichte gewesen. Er hat weit über die deutschen Grenzen hinaus gewirkt und genau wie Bonhoeffer auf theologischem und Heidegger auf philosophischem Gebiete in den angelsächsischen Ländern eine ungewöhnliche Breitenwirkung entfaltet.
Ein anderer Theologe, der hier erwähnt werden muß, ist nicht in der gleichen Weise zur Geltung gekommen, obwohl die Kraft und die Originalität seiner Gedanken und die Luzidität seiner Sprache ihn den Genannten ebenbürtig machen: das ist *Paul Tillich*. Er hat nicht unmittelbar in Deutschland gelebt, und infolgedessen ist seine Wirkung von gewissen retardierenden Momenten begleitet gewesen. Das ist nicht nur durch den Fortgang der theologischen Forschung selbst geschehen; hier ist die erstaunliche, emsige, mit immer neuen Ansätzen arbeitende neutestamentliche Forschung vor allem zu erwähnen und sicherlich auch die Auseinandersetzungen mit dem Schrifttum von Qumran. Der eigentliche Wandel ist aber dadurch eingetreten, daß die Theologie sich den Fragen der Ge-

sellschaftspolitik zugewandt hat. Das ist die Dominante des heutigen theologischen Gesprächs, besonders seit der großen Konferenz von Genf 1966 über »Church and Society«. Hier wurde das Thema angeschlagen, dem sich von da ab eigentlich die gesamte theologische Auseinandersetzung zugewandt hat und das in der IV. Vollversammlung des Weltrats der Kirchen in Uppsala 1968 der bestimmende Aspekt war. So aktuell diese Fragestellungen im einzelnen auch waren, so wenig waren sie geeignet, der Theologie eine beherrschende Stellung in den geistigen Auseinandersetzungen der Gegenwart zu geben. Das Ringen um nicht nur eine neue Sprache, sondern auch eine neue Denkhaltung innerhalb der Theologie ist zwar von allen, die geistig mitgearbeitet haben, aufgenommen worden. Das hat zu respektablen Äußerungen moderner Theologie geführt. Die Tatsache, daß der Kirchentag von Stuttgart 1969 mit einem kritischen Publikum rechnen mußte, das ihm »repressive Toleranz« und einen formalistischen Neutralismus vorwarf, zeigt die Grenzen der bisherigen Auswirkungen.

An dieser überraschenden Wendung der Dinge wird deutlich, welchen verwickelten, gewundenen Weg die Theologie in Deutschland genommen hat. Man tut niemandem unrecht, wenn man ausspricht, daß es keinem der wichtigen und wesentlichen theologischen Lehrer in Deutschland vergönnt gewesen ist, die theologische Diskussion schlechthin zu beherrschen, geschweige denn der öffentlichen Diskussion Eindruck zu machen. Man sollte ein derartiges Urteil nicht undifferenziert aussprechen, denn auf der anderen Seite ist nicht zu bestreiten, daß selten soviel Theologumena in der öffentlichen Erörterung vorgekommen sind wie gegenwärtig. Nach außen sieht das Bild so aus, daß die herkömmliche Theologie und vor allem die herkömmliche kirchliche Situation schlechthin der Vergangenheit angehören und durch den Fortgang der geistigen Erörterung erledigt sind. Auf der anderen Seite aber ist nicht zu bestreiten, daß zahlreiche theologische Probleme die Öffentlichkeit mehr interessieren als irgendeine andere Form von Ideologie; und käme es auf geistesgeschichtliche Vergleiche an, so hätten Kirche und Theologie keinerlei Anlaß, diese Vergleiche zu scheuen, sondern es würde sich zeigen, daß sie eine sehr wesentliche, vitale Bedeutung innerhalb des geistigen Gesprächs haben. Nur – bestimmend ist die Theologie an keiner Stelle gewesen, auch die Kirche nicht. Ihre wirksamsten Äußerungen lagen vermutlich auf diakonischem Gebiet, da, wo sie der Hilfe von Mensch zu Mensch ihre Möglichkeiten zur Verfügung stellte. Einer sorgfältigen Betrachtung wird es nicht verborgen bleiben, wie viele Impulse gerade hier von der Christenheit ausgegangen sind. Aber noch einmal: theologische Wirkungen im eigentlichen Sinne waren es nicht. Die Kirche hat eindrucksvolle Verkündiger gehabt, Theologen von beachtlicher Wirkung, die am geistigen Gespräch der Gegenwart beteiligt gewesen sind und es mitgestaltet haben, aber dominierend war sie nicht. Die schwere Krise, in der heute die öffentliche Position der Kirche sich befindet, ist das Resultat solcher zu kurz gekommener theologischer Erwägungen. Auch wenn man fest überzeugt ist, daß diese Krise sich verwandeln wird und am Ende sogar die großartige Möglichkeit einer tiefen Erneuerung der Kirche von innen her steht, darf man den gegenwärtigen Augenblick nach dieser Richtung nicht falsch einschätzen.

Zur Frage der Aufgeschlossenheit der Kirche für die gesellschaftspolitischen Fragen bedarf es noch eines Wortes. Die Beflissenheit, mit der manche Teile der Kirche sich diesen neuen gesellschaftspolitischen Perspektiven öffnen, müßte an sich schon mißtrauisch machen. Es gibt Leute, die ohne intellektuelle Beschwer die Theologie für Soziologumena eintauschen. Das ist in weiten Kreisen bei der jungen Generation so beherrschende Mode, daß nicht nur die Klischees, die Slogans, die schablonenhaften Wendungen oft ganz ungeprüft übernommen werden, sondern es äußert sich vor allem in der Tatsache, daß jeder Versuch, eine substantielle Christlichkeit mit einer greifbaren Erinnerung an den Offenbarungsgehalt des christlichen Glaubens auszusprechen, als Traditionalismus verdächtigt wird. Die praktische Folge ist ganz klar: wer von den jungen Menschen sollte sich durch eine Kirche angezogen fühlen, die so deutlich fortgesetzt ihren Bankrott erklärt, und was könnte einen jungen Menschen veranlassen, das Amt in dieser Kirche anzunehmen und für eine Lebensaufgabe zu halten! Auf der anderen Seite aber ist die Einebnung aller christlichen Aussagen in diese gesellschaftspolitischen Strukturen von solchem Erfolge begleitet gewesen, daß irgend etwas von dem Spezifikum Christianum so gut wie nicht mehr erkennbar ist. Die Frage, ob der Christ der Bürgerrechtsbewegung in Amerika sich aufgeschlossen zeigt, ob er den Vietnam-Krieg verurteilt, ob er den Monopolkapitalismus – was immer das sein mag – verurteilt, erscheint wesentlicher als irgendeine Zustimmung zu den großen altkirchlichen Bekenntnissen, und es wird wohl bei der satirischen Bemerkung bleiben, die ein moderner katholischer Schriftsteller gemacht hat, daß der Mensch, der diesen sozialpolitischen Kategorien folgt, mehr zu glauben willig ist, als das gesamte Athanasianum von ihm fordern würde. Hier haben wir ganz seltsame Auswirkungen dieser theologischen Wandlung, an deren Ende eigentlich nur die Auflösung der Kirche stehen kann. Für einen Augenblick denkt man an Richard Rothes Ideal, daß sich die Kirche in der allgemeinen Kultur auflösen müsse. Aber das klang in der Mitte des 19. Jahrhunderts anders, als es heute bei den theologischen Nihilisten klingt. Daß diese Extremisten der Kirche irgendeine Zukunft sichern könnten, ist ausgeschlossen. Was hier als die eigentliche Verkündigung der Kirche ausgesprochen wird, das wird so kurzlebig sein, wie nur wenige Epochen der Kirchengeschichte gewesen sind. Gemeindebauende Kraft wird es nie haben, und vorerst wird in diesem Zusammenhang die ganze Hoffnung der Kirche bei den Gemeinden sein, bei denjenigen Gliedern der christlichen Kirche, die noch etwas bekennen, das nicht einfach der Erosion dieses geistesgeschichtlichen Wandels ausgesetzt ist. Wo so hemmungslos und unkritisch die soziologischen Kategorien an die Stelle des Evangeliums gerückt werden, da ist von kräftiger Wirkung der Kirche in die Welt hinein sicherlich keine Rede mehr.

Vierter Teil

Reise in die Vergangenheit

Der Rückblick auf alles, was die vielgestaltige Begegnung mit der ökumenischen Bewegung gebracht hat, beginnt in jener Sphäre der Romantik, mit der ich dies faszinierende Gebiet betreten habe. Für die Weihnachtszeit 1928 war eine Tagung des Studentenweltbundes in Indien angesetzt. Es hatte zu den eigentümlichen, progressiven Zügen dieser christlichen Weltorganisation gehört, daß sie ihre zentralen Tagungen nicht immer nur in die europäischen Anrainerstaaten oder nach Amerika verlegte, sondern auch in die Weite ging – nach Peking, nach Istanbul und also auch nach Indien. Wir hatten eine kleine Gruppe zusammengestellt, die gemeinsam reisen sollte und nach den etwas strengen und kargen Regeln der ausreisenden Missionare mit dem Schiff fuhr. Von Flugreisen war damals selbstverständlich noch keine Rede. So bestiegen wir in Marseille ein Schiff der Ellermann-Linie, eine kleine, bunte Schar, zusammengesetzt aus Amerikanern, Briten, einer Französin, einem Schweizer und zwei Deutschen. Wir reisten die übliche Route, die, weil es sich um ein englisches Schiff handelte, grundsätzlich nur Häfen anlief, die unter der britischen Flagge waren. Als wir die Straße von Bonifacio, zwischen Sardinien und Korsika, passiert hatten, begegnete uns eines Tages, glücklicherweise in ausreichender, sicherer Entfernung, eine Wasserhose, deren mächtiger Trichter sich nach oben breit entlud. Unser Schiff hatte vorsichtigerweise einen ausreichenden Bogen gemacht, so daß wir dieses schauerlich-schöne Schauspiel bewundern konnten, ohne unmittelbar von ihm betroffen zu sein. An der immer weicher und wärmer werdenden Luft spürte man, daß wir uns der afrikanischen Küste näherten. Zum ersten Mal in meinem Leben sah ich fliegende Fische, die in Herden dicht über der Oberfläche hurtig dahinschwirrten. Auch einige Delphine, diese wunderbar schönen Tiere, waren zu sehen, und in Port Said, der Stadt, wo drei Kontinente zusammenzustoßen scheinen, hatten wir den ersten Vorgeschmack des wirklichen Fernen Ostens. Ich kaufte mir einen Tropenhelm und mußte nach den Gesten des Händlers, der ihn mir nach einer endlos langen Zeit des Verhandelns überließ, den Eindruck gewinnen, daß ich ihn herzlos in seiner gesamten wirtschaftlichen Existenz ruiniert habe. Es folgte die Fahrt durch den Suezkanal, von dem ich heute noch denke, daß er ein geniales Element des Weltverkehrs sein könnte, wenn er nur nicht gesperrt wäre. Und im Anschluß an den Kanal die Fahrt durch das gefürchtete Rote Meer! Die Hitze war entsprechend. Aber die Couragierten unter uns legten ihre Matratze an Deck auf, und die nächtliche Kühle war ausreichend, uns zu erfrischen. Das Bild der Fahrt durch das Rote Meer war sehr schön. Zur Linken das Gebirgsmassiv des Sinai, zur Rechten das afrikanische Bergland, das mit einer tiefschwarzen Silhouette abends von den goldenen Strömen der untergehenden Sonne umleuchtet war. Die kleine Insel Perim erregte meine Aufmerksamkeit. Sie erinnerte mich daran, daß ein englischer Kommandant jenes französische Kanonenboot, das die Okkupation der kleinen Insel vollziehen sollte, zum Diner eingeladen hatte, und als dem Franzosen unbedachterweise das Wort Perim entfuhr, wußte der englische Kommandant, was gemeint war; als die Franzosen ankamen, wehte schon die britische Flagge über der kleinen, aber strategisch wichtigen Insel. Der Aufenthalt in Aden war natürlich wegen der großen, riesigen Wassertanks eindrucksvoll. Es pflegt dort nur alle drei oder vier Jahre zu regnen, und die kostbare Flüssigkeit wurde in diesen riesigen Felsentanks aufgefangen und nur langsam verbraucht.

Aber dann kam der Morgen, wo wir uns dem Hafen von Bombay näherten. Alles war eindrucksvoll: die sehr schöne, frische, erquickende Morgenluft, aber auch das Gewimmel von Fahrzeugen aller Art, die diesen Hafen bevölkerten, einschließlich jener afrikanischen Dschunken, die, mit allen möglichen Gütern beladen, die weite und nicht ungefährliche Strecke von Afrika nach Indien zurückgelegt hatten.

In Bombay selbst empfing uns eine Abordnung unserer Christlichen Studentenbewegung und sorgte dafür, daß wir nach Erledigung der Paß- und Zollformalitäten in unser Quartier gebracht wurden. Meiner bemächtigte sich sofort der Chef der Kolonne, ein Dr. Verghese, Träger eines in Indien bekannten Namens portugiesischer Herkunft. Er war smart und effizient und von einer wohltuenden, unmittelbaren Aufgeschlossenheit. Als er sich zu mir in die offene Kalesche setzte, die uns transportieren sollte, war sein erstes Wort: »Never talk politics in this country« – sprechen Sie in diesem Lande nie von Politik. Aber buchstäblich sein zweiter Satz war: »What about the Kaiser?« Der Kaiser erfreute sich noch eines ungewöhnlichen Interesses, und die Erinnerungen an die Kriegsgreuelpropaganda wirkten noch nach. Ich habe seit jenem Morgen häufig genug den Apologeten der deutschen Situation machen müssen und habe es mit Überzeugung getan – welcher Unterschied zu der Situation nach dem Zweiten Weltkriege! Auch wenn ich vor Kinos Bilder von blutrünstigen deutschen Landsern sah, die im Begriff waren, Kinderhände abzuhacken, habe ich selbstverständlich unverdrossen mein Land in Schutz genommen.

Das Ziel unserer Reise war zuerst Mysore, die Hauptstadt eines indischen Fürstentums. Die Fahrt in der Eisenbahn, die sich über zwei Tage erstreckte, war aus einem doppelten Grunde durchaus erträglich. Einmal faszinierte mich alles, was ich sah. Es war voll großartiger fremder Eindrücke. Und zum andern waren die breiten Liegen der indischen Bahnen äußerst bequem, die Verpflegung war ausreichend und gut, und ich genoß die Gesellschaft zweier wackerer Soldaten aus der indisch-englischen Armee, mit denen ich mich gut unterhielt. Sie waren durchaus nobel, obgleich ihre Vorstellung von Deutschland noch völlig von der erwähnten Greuelpropaganda geprägt war. Sie hielten zum Beispiel Deutschland für einen der Erfinder des Kommunismus, und nach längerem Besinnen kamen sie auf den Namen des Philosophen, den sie für einen der Hauptschuldigen hielten, nämlich Kant. Seine Schrift »Zum ewigen Frieden« war in ihrer Vorstellung ein

Element prokommunistischer Propaganda. Es war mir nicht schwer, mit Überzeugung ihnen zu widersprechen, und zu einem begrenzten Teil ist es mir vielleicht sogar gelungen, ihnen ein anderes Bild von Deutschland nahezubringen. Wenigstens habe ich es versucht.

Die wunderbaren Eindrücke setzten sich fort, als wir in Mysore den Boden unseres Bestimmungslandes betreten hatten. Der Maharadscha war einer der fortschrittlichsten Herrscher Indiens, dessen Territorium vor allem deswegen ausgewählt war, weil er sich den modernen Bestrebungen seines Landes und auch einer solchen Bewegung wie der des Christlichen Studentenweltbundes unbefangen aufgeschlossen hatte. Wir wurden mit den landesüblichen Verkehrsmitteln sofort durch die Stadt hindurch auf den Hügel geführt, vorbei an dem heiligen Stier, dessen riesiges, eindrucksvolles Monument auf halber Höhe stand, und gelangten in das Zeltlager, das der Maharadscha uns zur Verfügung gestellt hatte. Das war nun eine fürstliche Unterkunft. Zu je zwei und zwei waren wir in einem Zelt untergebracht, das allen denkbaren Komfort enthielt, bis zum elektrischen Licht. Es gab Badegelegenheiten, zwar freilich nicht mit Duschen und ähnlichem, aber wie ein witziger Engländer sagte, statt des showerbath ein pourbath, was nichts anderes bedeutete, als daß man sich mit Hilfe von Kannen und Schüsseln das Wasser selber über den Leib goß. Für jedes Zelt gab es zwei Tentboys in malerischen, sympathischen Trachten, und wir wurden von ihnen hervorragend bedient. Noch herrschte die englische Schulung der Dienstboten.

Vom Verlauf der Tagung sind es vor allem drei Elemente, die mir in eindrucksvoller Erinnerung geblieben sind. Einmal das unverkennbare christliche Element: die Morgenandachten, das für mich immer noch neue, zumeist angelsächsische Liedgut, die knappen, meist geistvollen Bibelauslegungen. Dazu kamen die zum Teil sehr anspruchsvollen Referate, die mir Tag für Tag neue Ausblicke in die Weltsituation gewährten. Zu ihnen rechne ich auch den Vortrag von Radakrischnan, der in vollendetem Oxfordenglisch die Schönheiten des Hinduismus uns nahezubringen versuchte. Und schließlich als drittes Element die kritischen Erwägungen über die Weltlage, über den religiösen Auftrag der Christenheit, wobei besonders G. G. Cullmann eine Rolle spielte, ein Schweizer von großer Kraft des kritischen Denkens. Aber auch der Umgang mit all den anderen war tagtäglich gewinnbringend, weil sich immer wieder völlig neue Aspekte der Welt für mich auftaten.

Daß ich am Schluß in das Exekutivkomitee gewählt wurde, war eigentlich nicht zu vermuten. Zwar hatte ich den Auftrag von der deutschen Bewegung, einen Sitz im Exekutivkomitee zu verlangen. Da wir oft den Eindruck gehabt hatten, gegenüber den angelsächsischen Strömungen nicht ausreichend zur Geltung zu kommen, habe ich diesen Auftrag auch wahrgenommen und war etwas überrascht und beinahe konsterniert, daß meine dahingehenden Äußerungen auf ziemliche Ablehnung stießen. Einer der bedeutendsten Inder, der dort war, K. T. Paul, nannte mir gegenüber, als ich ihn darauf stellte, diese Forderung einen Ausdruck unserer europäischen »barocity«. Mit anderen Worten, es galt als eine Anmaßung, wie sie gerade aus deutschem Mund nicht unbedingt willkommen war. Da ich in diesen Dingen völlig naiv war, gelang es mir, doch allmählich den Eindruck zu erwecken, daß ich jedenfalls nicht Vertreter eines solchen Kryptochauvinismus war. Und als gegen Ende die Wahlen zum Exekutivkomitee anstanden, war es derselbe K. T. Paul, der mit sehr warmen und ehrenden Worten meine Kandidatur befürwortete.

Zu dem Gewinn dieser Tagung rechne ich vor allem auch die Begegnung mit einigen ausgezeichneten Mitchristen. Mein Zeltnachbar war William Paton. Die Kenner der Missionsgeschichte wissen, um welchen bedeutenden Namen es sich dabei handelt. Er selber war im Begriff, der Generalsekretär des Internationalen Missionsrates zu werden, und genoß als solcher die ganz besondere Zuneigung von Dr. John Mott, der die Tagung leitete. Er als mein Zeltnachbar war großartig zu mir. Diese Mischung von charaktervoller Offenheit, herzhaftem Humor und echter christlicher Gesinnung hat mich damals tief beeindruckt und mir den Aufenthalt im

fremden Lande auf den Spuren der Pioniermissionare ganz besonders wertvoll gemacht.
Mit dieser Wahl habe ich den Weg in die »Offizialität« der ökumenischen Bewegung betreten. Was den Christlichen Studentenweltbund angeht, so wurde ich bei einer der späteren Tagungen zum Vizepräsidenten gewählt und habe in den anderen ökumenischen Gremien, dem Lutherischen Weltbund und dem Ökumenischen Rat der Kirchen, ähnliche Ehrenpositionen bekleiden dürfen, im Lutherischen Weltbund das Präsidentenamt und im Ökumenischen Rat langjährige Mitarbeit im Exekutivkomitee und schließlich im Präsidium des Weltkirchenrates.

Eine völlig andere Welt tat sich auf, als ich an der Tagung des Exekutivkomitees in Amerika teilnahm. Es war das Jahr 1931, ein Schicksalsjahr, vor allem im Gebiete der internationalen Devisenwirtschaft. Die Abreise aus Bremerhaven, die ich mit dem schönen Schiff des Norddeutschen Lloyd, der »Europa«, antreten wollte, verzögerte sich um einen halben Tag, angeblich, weil Goldtransporte ein- und wieder ausgeladen werden mußten. Die Nachricht von dem Zusammenbruch der deutschen Devisenwirtschaft erreichte mich unterwegs und hat mich, vor allem, weil ich diesen Dingen völlig unwissend gegenüberstand, sehr mitgenommen. Aber dennoch war es ein schönes und gutes Treffen. Wir tagten in Williamstown in Massachusetts. Auch hier gab es eindrucksvolle Persönlichkeiten wie den Chinesen T. Z. Koo, der ganz unaufdringlich eine der bestimmenden Figuren dieser Zusammenkunft war. Er fiel auf durch seine Bescheidenheit und Zurückhaltung. Er trug ein langes chinesisches Gewand aus blauer oder weißer Seide. Er besaß eine Flöte, auf der er meisterhaft zu spielen verstand; eine Uhr dagegen hatte er nicht. Trotzdem habe ich ihn bei keiner Versammlung zu spät kommen sehen. Überragend war die Klarheit, Schärfe und Güte seines Intellekts. Er war ein eindrucksvoller Bote Christi.
Ein nicht geringer Teil der Konferenzteilnehmer bestand aus skeptischen amerikanischen Studenten. Einige von ihnen wa-

ren das, was man schon zu jener Zeit *sophisticated* nannte. Dr. Koo war der richtige Partner für die Diskussion mit ihnen. Noch mehr galt das freilich von dem mir so hochgeschätzten Pierre Maury, in dem sich die kartesianische Klarheit mit einer unaufdringlichen christlichen Wärme, ja mit einer tiefsitzenden Überzeugungstreue verband. Er war wohl der gesuchteste Gesprächspartner für seelsorgerliche Gespräche. Und ich sehe ihn noch mit einigen der besten (und auch schönsten) Studentinnen, die sich seinen Äußerungen willig öffneten, im ernsten Gespräch. Hier waren aber auch schon die großen Amerikaner der christlichen Bewegung, vor allem Reinhold Niebuhr, aber auch P. van Dusen und John Bennet, wichtige Träger des Gesprächs.

In der Rückerinnerung bin ich noch immer überrascht, in welchem Maße dieses studentische Gremium die sich abzeichnende weltpolitische Entwicklung, vor allem im geistigen Bereich, vorwegnahm. Wenn ich einen großen Vergleich gebrauchen darf, dann ist es dieser: Man hat die israelitischen Propheten Sturmvögel der Weltgeschichte genannt. In gewissem Umfange kann das von der christlichen Studentenbewegung jener Zeit auch gelten. Wir haben viele von den immer beschwerlicher werdenden Sozialproblemen bedacht. Aber am meisten Eindruck hat mir gemacht, mit welcher Entschlossenheit der Blick dieser Gruppe nach vorn gerichtet war. Die Überwindung bloßer Konventionen, die manchmal sogar schmerzhafte Loslösung von christlichen Traditionen und das entschlossene Suchen nach neuen Ausdrucksformen des Glaubens sind mir für ein weiteres Leben eindrucksvoll geworden. Und ich bin noch heute dankbar, daß man in der Lage war, in diesen schwierigen Diskussionen Schritt zu halten. Visser't Hooft, Pierre Maury, Francis Miller waren neben dem schon erwähnten Reinhold Niebuhr und den anderen die wirklichen Führer im geistigen Gespräch. Dazu kam der Hintergrund solcher hervorragenden akademischen Institute wie Union Theological Seminary von New York, an dem ich später einmal als Gastprofessor wirken konnte, oder Princeton Theological Seminary, wo John Mackay, der große Kenner des christlichen Südamerika, wirkte. Das Ganze hatte Niveau.

Auf dieser Reise konnte ich zum ersten Mal die Pracht der Niagarafälle bewundern. Ich habe noch häufig dazu Gelegenheit gehabt, vor allem auch zu dem Schauspiel der späteren Jahre, wo die Fälle illuminiert wurden und der Aussichtsturm, der auf der gegenüberliegenden, der kanadischen Seite sich befand, in langsamer Drehung das ganze Panorama vorbeiziehen ließ. Amerika ist ein wunderbares Land mit großen Eindrücken.

Aber ebenso eindrucksvoll war für mich nun doch das christliche Amerika. Man nehme ruhig alles das zusammen, was an Kritik gegenüber dem amerikanischen Christentum vorgebracht worden ist. Daß es hier die seltsamsten Erscheinungsformen auf religiösem Gebiet gegeben hat, ist unbestreitbar. Man lese *Elmer Gantry* von Sinclair Lewis, der ein anschauliches, leider auch zutreffendes Bild mancher Auswüchse der amerikanischen Frömmigkeit bietet. Aber man vergesse über all diesen Skurrilitäten nicht, daß es eine breite, solide Schicht der Gemeindefrömmigkeit in Amerika gibt, die in mancher Hinsicht unseren deutschen Gepflogenheiten überlegen ist, vor allem deswegen, weil hier die Tradition noch nicht jene lähmende Kraft hat, als die sie gelegentlich in Europa erscheint. Diese Gemeinden sind alle als Freiwilligkeitgemeinden entstanden, haben früh gelernt, Opfer für ihre Existenz zu bringen, und haben sich deswegen einen unverkennbaren missionarischen Zug bewahrt, der auch große Opferbereitschaft einschließt. Wenn man die Ziffern der Finanzgebarung zwischen drüben und hier vergleicht, kann man nur beschämt sein. Andere als »mündige Christen« sind dort überhaupt nicht verwendbar.

In meiner Erinnerung dominieren nun aber die Bilder der Großveranstaltungen, an denen ich teilgenommen habe. Als ich Präsident des Lutherischen Weltbundes war, fand die 2. Vollversammlung, nach der von Hannover 1952, in dem Zentrum des mittleren Westens in Minneapolis im Jahre 1957 statt. Diese Doppelstadt Minneapolis/St. Louis stand für die Zeit unserer Tagung völlig im Zeichen des Lutherischen Weltbundes. Die große Halle in Minneapolis, die sicherlich 12000 Leute faßt, war der hervorragend geeignete Mittelpunkt der Großversammlung. Das gottesdienstliche Leben vollzog sich in erster Linie in der Central Lutheran Church, einer lutherischen Kirche, bei der in normalen Zeiten sonntäglich 5–6000 Menschen zum Gottesdienst zusammenkamen. Diese rege, auf Aktivität erzogene Gemeinde war der ideale Gastgeber für das, was uns zusammenführte. Und die Bibelarbeiten, die Arbeitsgruppen, vor allem aber auch die Hauptversammlungen selbst waren von großer Durchschlagskraft. Unvergeßlich ist das Referat, das der ungarische Bischof Ordasz hielt, eine Stimme von hinter dem Eisernen Vorhang. Es war sein letztes öffentliches Auftreten in dieser Eigenschaft überhaupt.

Noch einen Blick auf Rußland. Es gehört zu den erstaunlichen Zügen der ökumenischen Bewegung, daß es im Laufe der Jahre gelungen ist, die Verbindung zu den christlichen Kirchen in jenem großen Lande wiederherzustellen. Was über die Christenheit Rußlands dahingegangen ist, was ihr die Verfolgungen eingetragen haben, ist bekannt. Nach einer bestimmten Zeit konnten jedoch die Fäden zu der christlichen Kirche in Rußland wieder geknüpft werden, wobei das Erstaunlichste war, daß sie überhaupt noch existierte. Die Verfolgungen haben nicht vermocht, sie völlig auszulöschen, aber die Kirchen, besonders die orthodoxe, waren auf das schwerste reduziert. Als dann die Verbindungen enger wurden, ergab sich eine Einladung an das Exekutivkomitee des Ökumenischen Rates. An dieser Reise habe ich mit lebhaftem Interesse teilgenommen. Wir waren von dem Augenblick an, da wir das große russische Flugzeug in Amsterdam bestiegen, Gäste der russischen Kirche, flogen nach Moskau, wurden von den führenden Männern der Kirche auf dem Flughafen empfangen und in unser Hotel geleitet. Neben den wichtigen Besprechungen und Beratungen hatten die Russen, die ja bekanntlich ein großes Talent für Gastfreundschaft haben, eine ganze Reihe von anderen Veranstaltungen arrangiert, die uns den Aufenthalt interessant und wertvoll machten. Ich erinnere mich zum Beispiel der Tretjakow-Galerie, jener großen Sammlung von Ikonen. Es war nicht nur eindrucksvolle Schönheit, die uns dort grüßte; sondern jene sehr geschickte, kluge, zurückhaltende Kunsthistorikerin, die zu unserer Führung abgeordnet war, hat, indem sie die jeweilige Heiligenlegende knapp und eindrucksvoll schilderte, so etwas wie ein volksmissionarisches Werk getan. Denn wir entdeckten, daß sich unserer Gruppe immer eine größere Gruppe von jungen Russen, die offenbar Englisch verstanden, anschloß und mit Staunen diese Äußerungen christlicher Vergangenheit in sich aufnahmen. Da sie nicht unter einer Überlast von christlicher Tradition zu leiden hatten, wirkte alles auf sie sozusagen funkelnagelneu. Auch die anderen Schätze Moskaus wurden uns gezeigt, und man spürte den Stolz auf die grandiose Vergangenheit hindurch, die nun weit genug zurücklag, um ihren politischen Anschauungen nicht mehr gefährlich werden zu können. Immer riefen die Kathedralen unsere Bewunderung hervor, auch wenn die meisten längst auf das Niveau eines Museums herabgedrückt waren. Aber die Gottesdienste, an denen wir teilnehmen konnten, waren dafür doppelt bewegend. Wie dicht gedrängt standen die Menschen! Und das für eine Gottesdienstdauer von mindestens drei Stunden. Der Eindruck von der Andacht und Frömmigkeit der Gottesdienstbesucher war überwältigend. Man konnte gar nicht darauf kommen, daß es sich hier um eine gestellte Schau handele; es sah wie echte Frömmigkeit aus. Eine besondere Beachtung fanden natürlich bei uns die musikalischen Leistungen des russischen Klerus. Welche herrlichen Tenöre und noch mehr, welche kraftvollen Bässe hörte man da!

Der Höhepunkt dieser Eindrücke war der Ausflug nach dem berühmten Kloster Sagorsk. Das fing mit dem Glockengeläut an. Glockengeläut ist ja in Rußland eine Seltenheit geworden. In Sagorsk war es noch in seinem vollen Glanz: die tiefe, sehr tiefe Glocke, die den Grundton angab und in langsamen, schweren Klängen vernehmbar war, und darüber das fröhliche Gebimmel hellklingender, leichter Glöckchen in großer Zahl; dazu die Ströme von Pilgern. Uns war klar, daß schon das Faktum dieser Pilgerzüge Ausdruck frommer Loyalität war. Denn wie konnten diese Scharen aus der Weite Rußlands bis nach Sagorsk vordringen? Das Wichtigste ist die geistliche Akademie in Sagorsk, das Institut zur Schulung des begabten Priesternachwuchses. Erstaunlich war die Zahl und vor allem die Qualität dieser jungen Russen. Sie waren alles andere als verkümmerte, weltabgewandte Erscheinungen. Und von dem Lehrkörper mußte man den Eindruck haben, daß er seiner theologischen Aufgabe in vollem Umfange, natürlich im Verständnis der russischen Orthodoxie, gewachsen war. In dem Buch von Hagelstange »Die Puppen in der Puppe« findet sich eine Schilderung dieser Akademie, die bei einem so bedeutenden Schriftsteller wegen ihrer Negativität erstaunlich ist. Er hat offenbar den Eindruck gewonnen, daß die Glieder des Lehrkörpers überalterte, leicht senile Erscheinungen waren, die für das flutende Leben nicht mehr zählten und eine Art Denkmalschutz innerhalb der Sowjetunion genossen. Leider kein Wort darüber, daß es schon eine Leistung war, überhaupt unter solchen Widrigkeiten zu überleben; und die bei westlichen Journalisten leider naheliegende Vermutung, daß dies nur auf dem Weg der Akkumulation möglich war, wird auch von Hagelstange aufgegriffen – jede nähere Bekanntschaft mit diesen Klerikern könnte das widerlegen, vor allem die Gestalt des Patriarchen. Er war schon in hohem Alter, an die neunzig, und hatte schon im Zarenreich seine klerikale Laufbahn begonnen, Glied einer fürstlichen Familie, Aristokrat in der Erscheinung und im Habitus, und dann eben doch überragend auch in seiner theologischen und geistigen Haltung. Auffallend häufig gab es unter den hohen Klerikern auch solche, die zuerst einen ganz anderen Beruf ergriffen hatten und dann in den Klerikerstand übergetreten waren, frühere Offiziere, vor allem auch Ingenieure und Gelehrte aller Art. – Wir haben damals auch einen Ausflug nach Odessa

gemacht und diesen interessanten Teil Rußlands kurz kennengelernt, einschließlich jener berühmten Treppe, die in den Hafen hinabführt und in Eisensteins Film »Panzerkreuzer Potemkin« eine zentrale Rolle spielt.
Es war nur eine verhältnismäßig kurze Zeit, die wir in Rußland zubringen konnten. Aber wir gewannen doch den Eindruck, daß die Christenheit in Rußland immer noch lebt, daß ihre Kirche immer noch kraftvolle Äußerungen christlichen Lebens und Denkens zu geben bereit ist und daß der russische Mensch, soweit wir seiner in den großen Gottesdiensten ansichtig wurden, von derselben tiefen, schlichten Frömmigkeit erfüllt ist, die aus der Literatur und anderen Quellen geläufig ist. Gleichzeitig mit uns war eine Abordnung von kommunistischen Funktionären aus der DDR in Moskau. Sie verrieten sich übrigens sofort durch den unbefangenen Gebrauch ihrer Landessprache – es war echtes Sächsisch! Ihr Erstaunen hatte keine Grenzen, als sie uns entdeckten, die wir auf Wunsch unserer russischen Gastgeber in klerikaler Tracht auftraten. Es war offenkundig, daß sie die Tatsache, daß wir mit Amtsrock und Kreuz dort uns frei bewegen konnten, schwer mit ihren Gepflogenheiten zusammenbringen konnten.
Das Ganze war für uns eine eindrückliche Illustration der Tatsache, daß es auch in der Gegenwart mit ihren zum Teil harten politischen Unterscheidungen doch die Möglichkeit gibt, über die vorhandenen geographischen und ideologischen Grenzen hinweg mit den Christen eines anderen Landes Fühlung zu haben. Die Tatsache einer gemeinsamen christlichen Tradition erwies sich als kräftig und im unmittelbaren Sinne glaubensstärkend.

Die weite Welt

Am Anfang des Weges, der mich in die weite, faszinierende Welt der Ökumene führte, steht die lebhafte Erinnerung an einen schönen Augusttag des Jahres 1933. In Deutschland waren schon die ersten schweren Schatten des Dritten Reiches

über unsere Arbeit gefallen, aber hier in der Schweiz, auf dem Genfer See, dicht vor Coppet, war die Welt noch in Ordnung. In einem großen Kahn saßen wir zu viert oder fünft, Männer der Leitung des Christlichen Studentenweltbundes, Teilnehmer an der Sitzung des Exekutiv-Komitees, das in dem sehr schönen Internat von La Châtaigneraie tagte. Dieser nachmittägliche Ausflug auf den sonnigen Genfer See ging auf eine Anregung Willem Visser't Hoofts zurück, der für solche Originalitäten einen ausgeprägten Sinn besaß. Im Boot waren außer dem Generalsekretär des Christlichen Studentenweltbundes, Dr. Visser't Hooft, auch dessen Präsident Francis Pickens Miller aus Fairfax/Virginia, außerdem Henry Louis Henriod, langjähriger Sekretär für die welsche Schweiz, dann einer der Besten in diesem Kreis, den ich sehr verehrt habe und dem ich durch Freundschaft eng verbunden war: Pierre Maury. Es waren alles Leute, die später in führenden Positionen der ökumenischen Bewegung eine wichtige Rolle spielten. Zur Führungsgruppe des Studentenweltbundes gehörte auch Reinold von Thadden-Trieglaff, der Vorsitzende der deutschen Bewegung, der nur zufällig nicht an diesem Ausflug teilnahm. Im August des voraufgegangenen Jahres 1932 war ich zum Vizepräsidenten des Studentenweltbundes gewählt worden und war, da ich seit 1928 Mitglied des Exekutivkomitees gewesen war, schon mit den Aufgaben dieser Führungsgruppe vertraut.
Die Atmosphäre jenes Augustnachmittags war unvergleichlich. Die bedrückenden Probleme der Heimat waren uns für einen Augenblick ferngerückt; wir waren in einem Kreise von Menschen, die sich ohne jede Einschränkung Vertrauen entgegenbrachten und an der gemeinsamen Aufgabe mit Hingebung hingen. Diese Tätigkeit im Christlichen Studentenweltbund war eine ausgezeichnete Vorschule der Ökumenischen Arbeit überhaupt. Ein Jahr vorher hatten wir bei einer Tagung in Wouldschoten in Holland schon eine Begegnung, bei der eines der brennendsten Probleme jener Zeit direkt zur Verhandlung stand. Das Hauptthema der Konferenz war: »Christ und Staat«. Man hatte die interessante Methode ge-

wählt, das Thema, das schon damals brisant war, von dem französischen Generalsekretär und mir, dem deutschen Generalsekretär, behandeln zu lassen. Die Referate liegen noch vor und beweisen, daß wir beiderseits bei aller Verschiedenheit des Hintergrundes doch den Mut hatten, die besondere christliche Sicht dieser Fragestellung gerade auch darin deutlich zu machen, daß wir alle cäsaristischen oder diktatorischen Züge im Staatsdenken theologisch scharf abwehrten. Teilnehmerin jener Konferenz in Wouldschoten war auch die damalige Kronprinzessin Juliana, die spätere Königin, die als Studentin Mitglied der Christlichen Studentenbewegung gewesen war und in der bewußt christlichen Tradition ihrer Familie stand. Am Ende des Vormittages wurden wir beiden Vortragenden mit dem Generalsekretär und dem Präsidenten des Studentenweltbundes an die Tafel gebeten, an der die Kronprinzessin Platz genommen hatte. Es ereignete sich ein kleiner humoristischer Zwischenfall, der glücklicherweise im Augenblick keine Beachtung fand: Ich hatte in jenen Tagen immer wieder mit einer scheinbaren, natürlich keineswegs vollgültigen Kenntnis der holländischen Sprache kokettiert, und als die Dame des Hauses mich aufforderte, noch etwas zu nehmen, habe ich geantwortet in dem, was ich für holländisch hielt: »Nee, dank uw well, ik bün hel satt.« Ich sah nur, daß Visser't Hooft die Hände vors Gesicht schlug, als ich diesen Satz vernehmlich, aber glücklicherweise nicht zu vernehmlich gesagt hatte. Später wurde ich darüber belehrt, daß »satt« im Holländischen eine recht negative Bedeutung hat; ich hatte ganz einfach gesagt: »Danke schön, ich bin total besoffen.«

Die Diskussion um das Verhältnis des Christen zum Staat wurde in jenen Jahren intensiv fortgesetzt. Sie hat vor allem auch die ersten Vorläufer der ökumenischen Konferenzen, nämlich die Tagungen von Oxford und Edinburgh von 1937, bestimmt; und das Thema des Verhältnisses des Christen zum Staat und der staatlichen Ordnung überhaupt ist in jener Zeit von den Kirchen immer wieder aufgegriffen worden.

Dies ist einer der besten Züge der Ökumenischen Bewegung: die Möglichkeit und der Zwang zum gemeinsamen Durchdenken solcher grundlegenden Fragen. An der vorbereitenden Literatur für Oxford und Edinburgh haben wir alle uns in irgendeiner Weise beteiligt und Aufsätze beigesteuert, in denen erkennbar wurde, wie wir uns mit diesen lebenswichtigen Problemen der Christenheit auseinanderzusetzen versuchten.

Dann folgten die Jahre des Krieges. Es war ungewöhnlich schwierig, die Verbindung zu halten. Hohes Lob verdienen einige, die den Kontakt unter diesen Schwierigkeiten aufrechterhielten. Zunächst war da Stewart Hermann, der Pfarrer der amerikanischen Gemeinde in Berlin. Er hat mit Unerschrockenheit und Unabhängigkeit des Denkens die Position gehalten und viele direkte Beziehungen hergestellt. Als ich einmal bei einem Freunde in Dahlem war, dem bekannten Missionsdirektor Jakob Kroeker, der bei einem sehr wohlhabenden Gemeindeglied seiner mennonitischen Glaubensgemeinschaft wohnte, bot der Hausherr sich am Ende meines Besuches an, mich in die Stadt zu fahren. Er hatte irgendein Ehrenamt in der SS und trug deren Uniform. Auf die Frage, wohin er mich fahren solle, gab ich eine etwas allgemeine Auskunft und bat ihn dann, am Nollendorfplatz zu halten. Worauf er verständnisvoll sagte: »Ah, die amerikanische Kirche!« Das war ein in diesem Fall harmloser Vorgeschmack der Tatsache, daß die führenden SS-Leute unsere »where abouts« besser kannten, als uns bekannt und vor allem lieb war.

Als Stewart Hermann »evakuiert« war, hielten einige unerschrockene Schweizer die Fühlung, vor allem der noble und tapfere Professor Courvoisier aus Genf, der sich an der Kriegsgefangenenarbeit beteiligte. Er benutzte unbefangen die Möglichkeit, mich aufzusuchen und über den Stand der ökumenischen Diskussion, soweit sie überhaupt noch geführt werden konnte, zu unterrichten. Besonders verdienstvoll ist in jenen Jahren die Tätigkeit von Dr. Hans Schönfeld gewesen. Schönfeld, einer der wenigen deutschen Mitarbeiter im Genfer Stabe, besaß die Fähigkeit, möglichst harmlos auszusehen, und konnte auf diese Weise wichtige Materialien nach Deutschland bringen. Eine Schutzmaßnahme jener Zeit war die Verbindung zur »Abwehr«, vor allem zum Admiral Canaris. Diese Schutzmaßnahme hat sich bewährt bis zu dem Augenblick, wo auch Canaris verhaftet und umgebracht wurde. Viel Material ging über diese Adresse; die wichtigsten Informationen wurden natürlich nur mündlich ausgetauscht; aber über ganz wesentliche Aspekte der Kriegsführung bin ich auf diesem Wege laufend unterrichtet worden.

Als ich verhaftet wurde – im August 1944 – hatte ich zufällig noch einen handgeschriebenen Brief von Robert Mackie, dem wackeren Generalsekretär der Briten, in der Tasche; es hat mich einige Mühe und Findigkeit gekostet, mich dieses Briefes zu entledigen, ohne daß die Veranstalter der Haussuchung, zwei Gestapobeamte, es merkten. Ich tat es mit einem ganz einfachen Trick: ich öffnete die Flügeltüren zu der kleinen Terrasse unseres Hauses, und selbstverständlich trat der Beamte, der mich beschatten mußte, während der andere meine Sachen durchsah, nach draußen; beim Hinausgehen habe ich unauffällig diesen Brief in den Mülleimer geworfen und überließ es der göttlichen Weltlenkung, was daraus werden sollte. Nach den damals üblichen Vorstellungen vom »Ausland« wäre der Besitz dieses ganz persönlichen Briefes ein hochverräterischer Akt gewesen und hätte zu endlosen weiteren Verhören geführt.

Nach dem Kriege war es nun wirklich eine Befreiung, daß wir die Verbindung zu den Christen anderer Länder wiederherstellen konnten. Das Eindrucksvollste war die Begegnung anläßlich des »Stuttgarter Schuldbekenntnisses«, von der an anderer Stelle die Rede ist. Man muß nur wissen, daß jene Begegnung psychologisch völlig echt, völlig unmittelbar und völlig ohne Krampf vor sich ging. Das hing damit zusammen, daß wir alle Beteiligten seit Jahren gut kannten und wußten, daß sie vertrauenswürdig waren. Unsere ökumenischen Freunde haben es uns nicht schwer gemacht, die Loyalität ge-

genüber unserem eigenen Lande mit der Aufgeschlossenheit für die ökumenische Aufgabe zu verbinden.
Wir sind also innerlich gut gerüstet den ersten ökumenischen Zusammenkünften entgegengegangen.
Die erste größere ökumenische Tagung nach dem Kriegsende war die Tagung des Lutherischen Weltbundes, der 1947 in Lund in Schweden begründet wurde; sie war ein besonderes Zeichen solcher Aufgeschlossenheit. Natürlich hatten es die Lutheraner in dem Sinne leicht, daß sie sich als eine Glaubensfamilie fühlten und daß sie lange schon, Jahre vorher, intensive Verbindung miteinander gehalten hatten. Ich habe es immer als ein Ruhmesblatt der Lutherischen Kirchen angesehen, daß nicht in erster Linie konfessionelle oder dogmatische Gedankengänge sie zusammengeführt haben, sondern das erste war schon 1923 der Wille zu helfen. Die Hilfsaktionen haben seither immer eine entscheidende Rolle im Zusammenhalt der Lutheraner gespielt. Bereits die Losung der ersten großen Zusammenkunft von 1923 in Eisenach stand unter dem Leitwort »Wir wollen einander helfen«.
Die Tage in Lund waren festlich. Der herrliche Dom ergab einen wunderbaren Hintergrund, und die kultivierte Gastfreundschaft der Schweden hat das übrige getan. Als am 23. August 1948 die Gründungsurkunde des Lutherischen Weltbundes unterzeichnet wurde, haben wir wirklich den Schritt in ein verheißungsvolles neues Gebiet kirchlicher Zusammenarbeit getan. Wir waren eine gut geordnete Gruppe, als es ein Jahr später galt, den Zusammenschluß zum Ökumenischen Rat zu vollziehen. Es sei bei dieser Gelegenheit betont, daß die Lutheraner zu keiner Zeit eine Sonderpolitik betrieben haben; das Bewußtsein der Zusammengehörigkeit mit den anderen Gliedern der ökumenischen Bewegung war immer kräftig.
Daß immer noch ein solches Zusammensein von Christen verschiedener nationaler Herkunft nicht unproblematisch war, versteht sich von selbst. Wir spürten die großen psychologischen Schwierigkeiten, die fast alle Vertreter aus den Ländern, die von Deutschen besetzt gewesen waren, uns gegen-

über empfanden. Es war ein bemerkenswerter Unterschied zwischen den ehemaligen Feindländern und den kleineren Nationen, die gar nicht in den Krieg eingetreten und trotz ihrer Neutralität von Deutschen besetzt worden waren. Als ich einmal Koechlin fragte, worin dieser Unterschied begründet sei, sagte er: »Bedenken Sie, wie sehr diese Völker durch den Einmarsch der Deutschen in ihrem nationalen Selbstgefühl getroffen waren.« Nach 1952 ereignete es sich, daß nach dem Abschluß der II. Vollversammlung des Lutherischen Weltbundes einer der französischen Vertreter auf mich zutrat und erklärend, wenn nicht sogar entschuldigend sagte, die Franzosen hätten mir bei der Wahl zum Präsidenten des Weltbundes mit Rücksicht auf die Stimmung in ihrem Lande nicht ihre Stimme geben können; aber auch sie haben es in den folgenden Jahren niemals an loyaler Mitarbeit fehlen lassen.
Ein kleiner, nicht erfreulicher Zwischenfall ereignete sich in den Tagen von Lund. Als wir an festlicher Tafel saßen, sagte plötzlich eine von den »hohen« dänischen Damen zu ihrem Nachbarn mit einer gewissen pädagogischen Schärfe: »Sind Sie sich darüber im klaren, daß es eine Gnade und Herablassung von uns ist, daß wir überhaupt mit Ihnen deutsch reden?« Das war mir zuviel, und ich habe, ehe ihr Nachbar sich zur Wehr setzen konnte, gesagt: »Sind Sie sich klar darüber, daß der Herr, dem Sie das eben gesagt haben, wegen der ›nichtarischen‹ Vergangenheit seiner Frau viele Demütigungen und Zurücksetzungen von den Nazis erduldet hat? Und daß ich monatelang in strenger Einzelhaft in einem Gestapo-Gefängnis mit gefesselten Händen gesessen habe? Wenn die christliche Liebe nicht ganz ausreicht, daß wir uns unbefangen begegnen, sollte doch ein so undifferenzierter Angriff von Ihnen schon aus Gründen der vernünftigen Redlichkeit nicht möglich sein.« Man muß aber hinzufügen, daß ein solches Vorkommnis ganz vereinzelt war und daß uns im übrigen im überwiegenden Maße Aufgeschlossenheit und ehrliche brüderliche Gesinnung begegneten.

Die erste große ökumenische Veranstaltung, an der ich teilgenommen habe, war übrigens schon die Zusammenkunft der Bibelgesellschaften im Jahre 1947 in London gewesen. Das war nun wirklich die erste Begegnung aller getrennten Brüder. Die Polen waren nicht die einzigen, die Schwierigkeiten hatten, uns gegenüberzutreten, und ich empfand deutlich, daß die Deutschen hier nicht einfach unbefangen mittun konnten. Ich habe infolgedessen mich bescheiden auf eine der hinteren Bänke gesetzt. Dann kam der »roll call«, die Verlesung der Teilnehmerliste. Diese Verlesung der Namen war diesmal in mehr als gewöhnlicher Weise interessant, so auch in meinem Fall. Gegen Ende des Krieges, nach meiner Verhaftung, hatte sich das Gerücht verbreitet, daß ich nicht mehr am Leben sei, sondern in der Gestapohaft wie Bonhoeffer und Perels umgekommen sei. Der ausgezeichnete und unvergeßliche Bischof Berggrav aus Norwegen, ein tapferer, gerader und aufrechter Mann, der aus eigner Erfahrung Gestapo und Haft kannte, führte den Vorsitz. Als bei der Verlesung der Liste mein Name aufgerufen wurde, rief er nur: »Lilje – where is Lilje?« Und verließ sein Chairman-Pult, kam mir im Mittelgang entgegen und umarmte mich. Auch er hatte von meiner Verhaftung und meinem Aufenthalt im Gestapogefängnis erfahren und war bis zuletzt in Ungewißheit über mein Schicksal. Dieser Vorgang war eine großartige menschliche und christliche Geste, weil damit eigentlich alle Möglichkeiten einer falschen Hemmung auf seiten ehemaliger Feinde ausgelöscht waren; ich bin ihm für diesen spontanen christlichen Akt bis heute dankbar.

Der August 1948 brachte in Amsterdam den Zusammenschluß der vielen übrigen Kirchen zum Ökumenischen Rat. Zwar war die Liste keineswegs vollständig; es waren 147 Kirchen, die sich zum Ökumenischen Rat der Kirchen zusammengeschlossen hatten. Er hatte Vorläufer. Man hatte schon im Jahre 1938 in Utrecht den Ökumenischen Rat »in process of formation« gebildet, und in dieser losen Form hatte er sich die Kriegesjahre hindurch gehalten. 1948 war nun das Jahr des offenen, direkten Zusammenschlusses. In Amsterdam waren die Schwierigkeiten der Begegnung kaum noch zu spüren. Sie äußerten sich ernsthafterweise in theologischen Verschiedenheiten; aber politische Ressentiments spielten in der Tat so gut wie keine Rolle mehr.

Zu den Erinnerungen, die mir wertvoll sind, gehört die Tatsache, daß ich als Diskussionsleiter der Sektion I bestellt war: »Die Mannigfaltigkeit in der Verschiedenheit der Kirchen und die Verschiedenheit in der Mannigfaltigkeit.«

Diese Sektion vereinte einige der besten theologischen Köpfe der damaligen Zeit. Der spätere britische Erzbischof war als Professor Michael Ramsey von Durham unter uns, dazu Emil Brunner und vor allem Karl Barth und der bedeutende lutherische Professor und Bischof Anders Nygren, der ein Jahr zuvor zum Präsidenten des neugegründeten Lutherischen Weltbundes gewählt worden war. Man wird begreifen, daß ich mit großem Zögern die Leitung der Sektion übernahm. Eine kleine Vorsichtsmaßnahme hat sich dabei sehr bewährt. Der mir ursprünglich zugeteilte Raum erwies sich als äußerst ungeeignet. Es war ein kapellenähnlicher, enger Raum mit den dazugehörigen unbequemen Holzbänken. Ich habe mir einen Tag vorher die Lokalität angesehen und konnte erreichen, daß mir ein anderer, sehr viel schönerer Raum für unsere Zusammenkunft zugeteilt wurde. Das hat sich für den Verlauf der Tage bewährt, zumal ich auch außerdem für den Ablauf der Sitzungen auf die Innehaltung der »coffee-breaks« gehalten habe, der kurzen, aber erfrischenden Kaffeepausen in der Mitte des Vormittags.

Was aber meine Befürchtungen anging, so machte ich bald eine überraschende und sehr schöne Entdeckung: die Leitung eines Kreises von so klugen und bedeutenden Leuten war ganz leicht. Denn da Intrigen und dergleichen keine Rolle spielten, war es ein Gremium, das sich sozusagen selbst in Gang hielt. Eine Schwierigkeit bestand begreiflicherweise darin, daß so kundige und gelehrte Männer oft unter der Fülle ihrer eigenen Gedanken längere Voten abgaben, als es für den praktischen Ablauf der Tagung erwünscht sein konnte. Eine kleine Kriegslist hat mir geholfen. Ich habe einige der wichtigsten Kontrahenten, natürlich auch Karl Barth, zu einer kurzen Besprechung im internen Kreise gebeten und ihnen erklärt, daß mich äußerste Besorgnis erfülle hinsichtlich der Frage, ob wir termingemäß mit unserem Statement fertig werden würden. Diese besorgte Frage tat ihre Wirkung: die Männer versicherten mir, daß sie das Ihre tun würden, um den termingerechten Ablauf zu gewährleisten. Ein weiterer Glücksfall war, daß als Protokollant Oliver Tomkins vorgesehen war, der spätere Bischof von Bristol. Ich kannte ihn schon seit Jahren aus der Arbeit der Britischen Studentenbewegung als einen klugen und geschickten Mann. Er hat bei vielen späteren ökumenischen Tagungen das Amt des Sekretarius versehen, in dessen Händen die Aufgabe der abschließenden Formulierung des Protokolls lag. Diesen wertvollen Dienst hat er in meisterhafter Überlegenheit und Einsicht getan. Mit seiner Hilfe gelang es, das erforderliche Protokoll unserer Beratungen tatsächlich so rechtzeitig fertigzustellen, daß wir es als erste dem Plenum abliefern konnten! Für mich war das eine ganz beachtliche Erleichterung, und der Sache hat dies so geförderte Tempo nur gedient.

Die Zusammenkunft von Amsterdam enthielt einige Elemente der sich neu anbahnenden ökumenischen Arbeit, die erwähnenswert sind. Es bildete sich ein gemeinsamer ökumenischer Stil heraus, der in den gottesdienstlichen Veranstaltungen, in der gemeinsamen Abendmahlsfeier und in anderen gemeinschaftsbildenden Elementen sehr kräftig zum Ausdruck kam. Auch die Methodik und Technik solcher Versammlungen wurde immer besser beherrscht, zumal noch einige Leute dabei waren, die in den Jahren vorher ihre linguistischen Fähigkeiten hell unter Beweis gestellt hatten. Eine besonders wertvolle Figur in dieser Hinsicht war der Präsident des schweizerischen Kirchenbundes, Alfons Koechlin, der mit meisterhafter Fähigkeit und ohne Ermüdung viele schwierige Passagen der Beratung übersetzt hat. Wie der inzwischen veröffentlichte Briefwechsel, den er während des Krieges mit dem Bischof von Chichester geführt hat, beweist,

war er zugleich ein loyaler und überlegener Beobachter der deutschen Szenerie und hat zur Aufrechterhaltung des Verständnisses uns gegenüber Wesentliches beigetragen.
Ein schöner Augenblick war, als im Concertgebouw vor allem Volk Visser't Hooft durch die Verleihung eines hohen holländischen Ordens geehrt wurde. Und wer weiß, wie stark Visser't Hooft für sein Land empfand, konnte sich nur mit ihm über die großartige Ehrung freuen.
Bei diesem Anlaß sei noch eine andere Szene erwähnt, die sich in jenen Tagen kurz vor dem Beginn der ersten großen Vollversammlung zutrug und die sich mir tief eingeprägt hat. Wenige Tage vorher, am 15. August, war der Zeitpunkt gekommen, an dem die Königin Wilhelmina der Krone entsagte und sich von ihrem Volk verabschiedete. Das Amsterdamer Stadion war überfüllt, und der naive Beobachter konnte den Eindruck haben, daß ganz Holland versammelt sei. Die Fülle der Empfindungen, die einen Holländer bewegt haben mögen, konnten wir Deutschen nur ahnen. Es war diese Königin gewesen, die ihrem Volke die Treue gehalten und aus dem Exil die Fühlung mit der Heimat aufrechterhalten hatte. Das Bild war keineswegs nur militärisch getönt. Fahnenschwinger und Volksliedgruppen trugen zu seiner Farbigkeit bei. Ein Deutscher wie ich war bewegt von der Tatsache, daß die Holländer über eine Nationalhymne verfügten, die sie glaubhaft und unverkrampft singen konnten: »Wilhelmus von Nassauen ...«, eine Nationalhymne, die sich von den meisten europäischen durch ihren eindeutig christlichen Gehalt abhebt und damit auch die Würde des Textes zur Geltung kommen läßt. Wir, die Deutschen, hatten zu jener Zeit – es war ja das Jahr 1948 – weder Hymne noch Fahnen.
Das Eindrucksvollste aber waren die Abschiedsrede der Königin Wilhelmina und ihr ganzes Auftreten. Sie sprach wie eine Mutter des Volkes; was sie sagte, geschah in der denkbar schlichtesten Form – von dem heimgegangenen Prinzgemahl sprach sie nur als »mein Mann« –, ihre ganze Ansprache war ohne jeden Anflug von Hybris. Besonders eindrücklich war der unverkennbare Respekt, den sie dem Volk, ihrem Volk,

bezeugte. Sie hat sich bei diesem Anlaß vor dem Beifall der Menge in königlicher Demut verbeugt. Es mußte uns, die Deutschen, die wir aus dem Dunstkreis eines theatralisch überhitzten nationalen Gehabes kamen, tief berühren, daß eine so echte und einfache Begegnung zum Abschied möglich war.

Die neue Königin Juliana stand ganz in der christlichen Tradition ihres Hauses. Auch sie war eine im besten Sinne fromme Frau, und wir kannten sie aus den Jahren der Zusammenarbeit in der Christlichen Studentenbewegung, als sie noch Kronprinzessin gewesen war. Sie zeichnete sich durch dieselbe ungekünstelte Natürlichkeit im Umgang mit ihren Kommilitoninnen und Kommilitonen aus, und die nüchterne Heiterkeit kam bei einer unserer Tagungen sehr hübsch zum Vorschein. Als eine ihrer Gefährtinnen sie ziemlich unverhohlen auf ihre kräftigen Beine ansprach, sagte sie: »Du darfst nicht vergessen, daß auf ihnen die Verantwortung für acht Millionen liegt!«

Für die Vorgänge nicht nur der Christlichen Studentenbewegung, sondern später auch der ökumenischen Bewegung hatte sie volles, kluges Verständnis. Daß 1948 die erste Tagung des Ökumenischen Rates und seine offizielle Konstituierung in Amsterdam stattfanden, entsprach völlig ihrer Gesinnung. Und als fünfundzwanzig Jahre später der Weltrat seine offizielle Tagung im Gedenken an die Gründung in Utrecht hielt, war die Tochter, Kronprinzessin Beatrix, mit derselben Aufgeschlossenheit und mit der gleichen Anteilnahme gegenwärtig, eine Frau mit einer erstaunlichen Verbindung von Frömmigkeit und außergewöhnlicher Klugheit.

Begegnungen mit der Macht und dem Geist

Im Glanze dieser festlichen Ereignisse schien es so, als vollziehe sich langsam die geistige Überwindung der Nachkriegssituation. Die Freude und die Aufgeschlossenheit für den neuen Abschnitt ihrer eigenen Geschichte machten es den

Holländern sichtlich leicht, mit uns, den Deutschen, umzugehen, obwohl sie uns als ehemalige Besatzungsmacht mit allen negativen Aspekten in der Erinnerung haben mußten. Sehr viel schwieriger war das in Dänemark und Norwegen. In Norwegen wurde im Jahre 1953 das 800jährige Bestehen des Bistums Nidaros-Trondheim gefeiert. Der dortige Bischof Fjellbu, einer der tapfersten und charaktervollsten Männer des norwegischen Widerstandes, hatte, da er selber ein großzügiger, unbefangener und tapferer Mann war, viele ökumenische Gäste eingeladen, darunter auch uns. Obwohl von seiner Seite kein Problem vorlag, war doch die Situation in Nidaros selbst alles andere als einfach. Es kam hinzu, daß nicht weit von diesem Ort entfernt einer der niederdrückendsten Vorgänge des Krieges sich zugetragen hatte: nach einem Überfall von Partisanen hatte die deutsche Besatzungsmacht, da sich niemand als schuldig zu bekennen bereit war, die Erschießung von zahlreichen Geiseln angeordnet und vollzogen. Diese furchtbare Erinnerung war noch jedem Bewohner jener Gegend bewußt. Es war deshalb schwierig, in den Läden oder mit dem Gepäckträger deutsch zu sprechen. Bei dem festlichen Akt, der nach dem Festgottesdienst in dem alten, schönen Schloß der norwegischen Könige stattfand, hatte auch ich ein Grußwort für den Lutherischen Weltbund zu sagen, dessen Präsident ich war. Trotz großer Bedenken habe ich mich entschlossen, dieses Grußwort in deutscher Sprache zu erstatten, zumal ich nicht als deutscher Vertreter, sondern als Präsident des Weltbundes sprach, der eben Deutscher und dessen Muttersprache Deutsch war. Als ich die ersten Sätze sprach, spürte ich, wie in dem festlichen Saal sofort die Atmosphäre eisig wurde. So schwer war es den Zuhörern, die Sprache der ehemaligen Besatzer zu ertragen! Als wir einen Tag später noch einmal in ein Jagdschloß des Königs zum festlichen Mahl eingeladen waren, wurde gegen Ende eine Anzahl von uns einzeln dem Könige vorgestellt. Unter den letzten kam auch ich dran. Mir schoß blitzschnell durch den Sinn, als ich vor dem König stand, daß es nicht meine Aufgabe sei, ihm im Blick auf seine Umgebung zusätzliche Schwierigkeiten zu bereiten. Ich habe daher, als er mich auf norwegisch anredete, auf englisch geantwortet und spürte, wie dieser noble, aristokratische ältere Herr erleichtert war, daß ich ihm die für ihn peinliche Nötigung, sich der deutschen Sprache zu bedienen, erspart hatte. Da er ein wirklich nobler Mann ohne penetrante nationalistische Haltung war, fiel es mir nicht schwer, und die Erleichterung, die er über mein Verhalten empfand, teilte sich unserem Gespräch mit, das sich dann mühelos und frei über die Aufgabe der Kirche innerhalb der internationalen Situation entfaltete.

Auffallend viel leichter war das alles auf englischem Boden. Als wir nach der 50-Jahrfeier der Weltmissionskonferenz von Edinburgh in der St.Giles-Kathedrale zum festlichen Gottesdienst versammelt gewesen waren, wurden im Anschluß daran die Offizianten des Festgottesdienstes der Königinmutter vorgestellt. Wir standen in der Sakristei, und die Königinmutter schritt an unserer Reihe entlang und wechselte mit jedem einige Worte. Ich war nicht sicher, wie sie reagieren würde, wenn ich als Deutscher vorgestellt würde. Als gesagt wurde: »Bishop Lilje of Hanover/Germany«, erwiderte sie sofort: »Germany – Hanover – we have a lot in common, haven't we?« Das war aus ihrem Munde, dem einer charmanten Frau, eine ungewöhnliche Erleichterung in einer Situation, die schwierig hätte werden können. Und ich habe ganz nebenher die Fähigkeit bewundert, die die »Royalty« bei solchen Audienzen im Umgang mit Menschen entwickelt, nämlich rasch ein direktes, persönliches Wort zu sagen.

Diese Bejahung der Verbindung mit dem Haus Hannover wurde ebenso deutlich bei ihrer Tochter, der Königin Elisabeth II., als sie ihren Deutschlandbesuch machte. Bei dem feierlichen Empfang in Herrenhausen hat sie diese Verbindung besonders betont, und das Gespräch, das alles andere als knapp und flüchtig war, hatte dadurch eine beglückende Substanz gewonnen. Wir sind etwas später als Exekutivkomitee des Weltkirchenrates sogar ihre Gäste in Schloß Windsor gewesen und haben in den alten Räumen, in denen noch der Geist der Königin Victoria zu atmen schien, ihr lebhaftes In-

teresse an den Aufgaben der ökumenischen Bewegung noch einmal deutlich erfahren. Der Prinzgemahl, Prinz Philipp, der ja mühelos deutsch spricht, war ein äußerst geschickter und hilfreicher, leicht humorvoller Genosse dieser Begegnungen. Eine besondere Erwähnung verdienen auch die Lieblingshunde der Königin, die sogenannten Corgies, die unbefangen die ekklesialen Potentaten bei dieser Begrüßungszeremonie beschnupperten.
Das Verhältnis zu den englischen führenden Kirchenmännern war fast problemlos. Wir waren rechtschaffene Gegner im Kriege gewesen, und da bekannt war, daß die Deutschen aus unserer Delegation alles andere als Nazis gewesen waren, traten auch keine Zusatzprobleme auf. Im Laufe der Zeit wurde dieses Verhältnis immer besser, vor allem in dem Maße, in dem Deutschland ein vollgültiger Partner im internationalen Umgang geworden war.

Ich muß an dieser Stelle auch die Begegnung mit dem griechischen Königspaar, König Paul und Königin Friederike, erwähnen. Sie geschah aus Anlaß der 1900-Jahrfeier der Ankunft des Apostels Paulus auf griechischem Boden. Die Einladung dazu hatte auch uns Deutsche erreicht, und wir waren selbstverständlich gern gekommen.
Die visuellen Eindrücke sind diejenigen, die am längsten haften. So habe ich von all den glanzvollen Veranstaltungen in der Kathedrale von Athen und in der Aula der Universität vor allem den Abendgottesdienst in Erinnerung, der auf dem Areopag gehalten wurde, jenem Hügel, von dem in der Apostelgeschichte, Kapitel 17, die Rede ist. Schon die landschaftliche Situation war wunderbar. Ein strahlender Abend ging über Griechenland zu Ende, und man sah in das weite Land, in die attische Ebene. Die Geistlichkeit war in ihren goldleuchtenden Gewändern der Mittelpunkt der Festlichkeit. Der König wohnte nach ostkirchlicher Sitte der ganzen Feier stehend bei. Die Chöre der griechischen Klerisei waren herrlich; der Höhepunkt dieser gottesdienstlichen Handlung war eines der schönsten Abendgebete der Christenheit: »Freund-

liches Licht des heiligen Glanzes deines ewigen Vaters, der in der seligen Himmelhöhe ist, Jesus Christus! Bei der Sonne Untergang, während wir schauen in das Abendlicht, preisen wir den Vater und den Sohn und Gottes Heiligen Geist. Dir gebührt es, daß wir immerdar in Ehrfurcht dich ehren, Gottes Sohn, dich, den Quell des Lebens! Und so huldigt dir die Welt. Amen.«

Der liturgische Text, der nach alter Weise gesungen wurde, war das 17. Kapitel der Apostelgeschichte, jener klassische Text der Begegnung des Paulus mit den Philosophen auf dem Areopag. Man kann sich denken, mit welch tiefer Anteilnahme ein empfängliches Gemüt das alles aufnahm, auch wenn die neugriechische Aussprache eine leise Verfremdung dieses berühmten alten Textes schuf. Glücklicherweise war niemand von uns durch die Erinnerung behelligt, daß dieses 17. Kapitel der Apostelgeschichte nach der Meinung der Ausleger eine literarische Erfindung des Lukas sei. Man spürte an jenem Abend an der Stelle des Areopags, daß hier eine Echtheit ganz anderer Art waltete und daß die Zeilen dieses Kapitels eine Meisterleistung des Lukas sind, die ausgezeichnet in diese Gesamtsituation paßte.

Über dieser Erinnerung liegt freilich ein Hauch von Vergänglichkeit; das Königtum und die erstaunliche Verbindung von Kirche und Staat sind nicht mehr, und wie sehr die Griechen an diesem Typus Frömmigkeit noch hängen, ist für den Beurteiler von außen nicht ganz leicht zu entscheiden. Auch hier wirkt die Gesamtveränderung, der die christliche Botschaft in der Welt von heute ausgesetzt ist, und kein poetischer Glanz kann über die ernste Problematik hinwegtäuschen. Die Romantik spielt ohnehin in Griechenland in christlicher Hinsicht eine andere Rolle als wir denken. Die äußerst bewegliche Mentalität der Griechen gilt auch für dies Kapitel. Wenige Jahre vorher hatte noch der Bürgerkrieg getobt. Die Königin Friederike hatte sich damals die begeisterte Zuneigung des Volkes erworben, weil sie bis in die vordersten Gräben vorgegangen war, die Soldaten hatten sie auf den Schultern getragen. Nun ist die Monarchie vergangen, und wieviel von der griechischen Frömmigkeit noch lebt, ist nicht einfach zu sagen. Immerhin hatten die Griechen, eines der intelligentesten Völker der Welt, einige ihrer besten Theologen für die Auseinandersetzung zwischen moderner Mentalität und christlichem Glauben hervorgebracht und darin unbestreitbare Verdienste um die geistliche und theologische Vertiefung der ökumenischen Bewegung erworben.

Es ist wohl selbstverständlich, daß die Reisen, die ich ja ausschließlich in amtlicher Eigenschaft zu machen hatte, manche Gelegenheit boten, mit gekrönten und ungekrönten Staatsoberhäuptern in kurzem formellen Besuch zusammenzukommen. Wenn man bedenkt, wie viele Reisen ich vor allem im Dienste des Lutherischen Weltbundes als dessen Präsident und im Zusammenhang mit den Tagungen der Leitungsgremien des Ökumenischen Rates gemacht habe, ist es nicht verwunderlich, daß es eine lange Liste ist, die man aufzählen müßte. Ich habe einmal eine Reise rings um die Welt gemacht und dabei viele Anlässe zu solchen Begegnungen überall gehabt. Die Liste ist lang und hochinteressant. Sie schließt den Kaiser von Japan und Nehru, den damaligen Präsidenten von Indien, ebenso ein, wie die skandinavischen Monarchen und andere; aber es wäre alles andere als interessant, wenn ich diese Begegnungen ausführlich schildern wollte. Um aber darüber hinaus den Verdacht auf ein byzantinisch gefärbtes Weltbild völlig abzuwehren, erkläre ich schon an dieser Stelle, daß ich die Schar dieser gekrönten und ungekrönten Häupter summarisch behandeln werde.

Der faszinierendste Fall war sicherlich der Kaiser von Japan. Es war das erste Mal, daß ein evangelischer Bischof bei ihm empfangen wurde. Die weltpolitische Szenerie war interessant genug. Der amerikanische Eroberer MacArthur hatte dort wie ein asiatischer Monarch regiert, und Japan, diese feinnervige Nation, hatte es zunächst nicht ganz leicht, sich in einer Situation zurechtzufinden, in der sie wieder auf eigenen Füßen stehen sollte. Aber die mystische Reputation des

japanischen Kaiserhauses war natürlich nie ganz erloschen, und jene Courtoisie, mit der am japanischen Kaiserhof das Leben gegenüber dem Monarchen und seiner Familie gestaltet wurde, war wie selbstverständlich wieder das bestimmende Element geworden. Es kam hinzu, daß der Kaiser unstreitig eine sehr kluge Persönlichkeit war, die alle Übertreibungen vermied und gleichzeitig doch jene unaufdringliche Würde behielt, die es ihm möglich machte, weiterhin unbestritten die Rolle des Herrschers zu spielen.
Wir waren durch die verschiedenen Vorhöfe hindurchgeleitet worden und fanden uns dann in den Vorgemächern zum kaiserlichen Audienzsaal. Wir, das waren die Vertreter des Lutherischen Weltbundes, zwei oder drei, und nach internationaler Sitte kam auch der deutsche Botschafter Kroll mit, um mich dem Kaiser vorzustellen. Kroll war, um einen undiplomatischen Ausdruck zu gebrauchen, absolut sauer. Die Vorbereitungen für diese Audienz waren nicht über ihn gegangen, sondern von anderen internationalen Stellen vorgenommen worden, und er ärgerte sich ziemlich unverhohlen, daß er dabei nicht die führende Rolle gespielt hatte. Schade – auch wenn er als Konvertit von dem Phänomen eines evangelischen Bischofs offenbar nicht viel hielt, war doch seine diplomatische Aufgabe völlig klar, und wenn ihn irgend etwas gekränkt hatte, ging es nicht auf mich zurück. Der Kaiser ahnte von diesen Wölkchen am diplomatischen Himmel nichts, und deswegen verlief das Gespräch äußerst angeregt und lebendig. Mit welcher Aufmerksamkeit er meinen Antworten gefolgt war, geht aus folgendem hervor: Ihn interessierte in ganz besonderer Weise unser Verhältnis zum Osten, zur DDR und zu den anderen Ostländern, zu denen noch Kontakte bestanden. Ich habe Auskunft gegeben, aber als wir dann aus der Audienz entlassen worden waren, war auf einem anderen Weg in Blitzesschnelle einer der Höflinge gekommen, um die Frage des Kaisers modifiziert vorzubringen: wie ich denn bei der Trennung, über die ich Klage geführt hatte, überhaupt in der Lage sein könne, solche Auskünfte über die Zustände im Osten Deutschlands zu geben? Ich habe geschil-

dert, daß ich in den ersten Jahren nach 1945 manche Gelegenheit gehabt hatte, den Osten Deutschlands zu besuchen, und daß wir späterhin bei gelegentlichen Treffen in Ostberlin und auf viele andere Weisen laufend Informationen bekämen: offensichtlich war Majestät mit diesen Auskünften zufriedengestellt. Nicht nur bei diesem Anlaß habe ich den Vorzug meiner kirchlichen Position gespürt; unwillkürlich traute man einem kirchlichen Repräsentanten politische Unbefangenheit zu. Japan ist mir im ganzen sehr schwer zugänglich gewesen. Unter alle fremden Nationen, die ich besucht habe, blieb Japan auf lange hinaus die fremdeste. Aber gerade deswegen war es nach meiner Meinung besonders wertvoll, daß ein Geistlicher solche Kontakte herstellen und ohne politischen Mißklang aufrechterhalten konnte. Denn die Berührung mit den Glaubensbrüdern lutherischer Prägung brachte mich mit der wirklichen japanischen Volksnähe in Berührung. Die Studenten und Dozenten des Lutherischen Seminars in Tokio vermittelten mir unmittelbare Einblicke in die Mentalität dieser japanischen Bevölkerungsschicht. Der sympathischste Eindruck war der von der vorbildlichen Sauberkeit, von der einzigartigen Disziplinierheit des öffentlichen Lebens, von dem Fleiß der Studenten und der Loyalität gegenüber dem eigenen Volk, die ohne nationalistische Untertöne praktiziert wurde. Stärker aber als alles andere berührte mich die noble Architektur der Tempel und anderer Baulichkeiten, und die ziselierte Kunst der Gärten war schlechthin bezaubernd.

Um ein ganz anderes schwieriges Kapitel danebenzustellen, erwähne ich meinen Besuch in Argentinien, wo damals noch Juan Peron regierte. Hier war eine eindeutige Militärdiktatur. Die dreifache Postenkette, die man am frühen Morgen durchschritt, um zu dem Diktator zu gelangen, der zu einer Tasse Kaffee eingeladen hatte, war eindeutig genug. Peron selber gefiel sich in der Rolle des Gentleman-Diktators und war im Gespräch zugänglich sogar bis dahin, daß die einzige direkte Bitte, die ich ihm vorzutragen hatte, nämlich eine lutherische Kirche im Grenzgebiet, die geschlossen war, wieder freizugeben, anstandslos gewährt wurde. Diktatoren pflegen, wenn sie sich entschlossen haben, etwas Derartiges zu tun, es an nichts fehlen zu lassen. So habe ich dann auch zwei oder drei äußerst festliche Empfänge von Gliedern des Kabinetts Peron über mich ergehen lassen müssen, vor allem auch des Kultusministers. Ich habe dabei die Eigentümlichkeit dieses romanisch-spanischen Lebenselementes kennengelernt. Die Redner ließen es an vollen Wendungen nicht fehlen; daß ich als ein anderer Luther – altero Luthero – gepriesen wurde, war fast noch das wenigste, zumal man mit Sicherheit annehmen konnte, daß der Redner keine zu genaue Vorstellung von unserem Reformator haben würde. Nachdem der Festredner geendet hatte, trat der Kultusminister oder Erziehungsminister auf mich zu, wir schüttelten uns lebhaft die Hand, und da das noch als eine sehr zurückhaltende Äußerung verstanden werden konnte, umarmten wir uns mit Heftigkeit. Als ich einen kirchlichen Mitarbeiter bei einer zweiten derartigen Ansprache, während ich dem Redner kräftig den Rücken klopfte, fragte, wer denn dies sei, sagte er nur: »Das ist genauso ein Schuft!« Das entsprach der Gesinnung, die zur Zeit des auslaufenden Peron-Regimes im Lande herrschte. Als seltsamer Zug erschien mir, daß in allen Schaufenstern ein Bild der verstorbenen Evita zu finden war und daß manche Schaufenster sich in nationaler Loyalität auszuzeichnen versuchten, indem sie mindestens drei Bilder dieser verstorbenen Landesfürstin zeigten.

Unter den zweifelhaften Zügen des Peron-Regimes war die Verehrung Evitas der eindeutigste. Evita war Peron eine unschätzbare Hilfe gewesen, weil sie eine Meisterin im Umgang mit den Volksmassen war. Als sie einmal bei einer großen Massenkundgebung von einem Zwischenrufer unterbrochen wurde: »Wann bekommen wir endlich die Bodenreform? Wann bekommen unsere Frauen solchen Schmuck wie den deinen?« rief sie: »Die Bodenreform gibt es, so rasch es geht, und meinen Schmuck könnt ihr sofort haben.« Dabei streifte sie Armbänder und anderen Schmuck ab und schleuderte ihn in die Menge – eine Szene, die niemand vergaß. Daß sie nach ihrem Tode bis an die Grenze der Nekrophilie verehrt wurde, ist psychologisch begreifbar.

Eine andere Diktatorengestalt war Nasser. Auf meiner Reise durch Ägypten war auch ein Empfang bei ihm arrangiert worden, und auf ihn traf in noch höherem Maße als auf Peron die Formel vom Gentleman-Diktator zu. Er war entschieden zivil, äußerst höflich, europäische Umgangsformen, englische Sprache. In jeder Hinsicht war sein Bemühen zu erkennen, einem Besucher aus dem westlichen Europa den Eindruck einer zivilen demokratischen Herrschaftsform zu machen. Es ist nicht zu leugnen, daß Nasser in den erste Monaten seiner Regierung einen sympathischen Eindruck machte, vor allem im Gegensatz zu dem Parasiten-König Fuad, an dessen Entthronung er beteiligt gewesen war. Nasser selbst machte eine bessere Figur als die Vertreter der arabischen Legion. Sie waren ungewöhnlich gesprächig, priesen ihre eigene Überlegenheit, vor allem über die Israelis, und ergingen sich in gefährlichen Schwüren gegenüber diesem ihrem Erbfeind, den sie, wie sie monoton sagten, ins Meer jagen wollten. Nasser selbst äußerte sehr vernünftige und gemäßigte Ansichten. Es war der Augenblick, in dem die Amerikaner ihm die Unterstützung für den Bau des Assuandammes abgeschlagen hatten. Ich habe begriffen, welch eine kapitale Torheit dies auf seiten der Amerikaner war. Nasser selbst sagte mir, ihm bleibe nichts anderes übrig, als sich nun an die andere Seite zu wenden, von welcher er finanzielle und andere Unterstützung bekommen würde. So hat sich Ägypten auf die Seite der Sowjetunion geschlagen! Er hatte noch einmal unterstrichen, wie nötig dieser Staudamm für ihn zur Bewässerung des Landes sei, und sagte wörtlich etwa, mit einem solchen Damm könne er sein Land verbessern, die Wüste in fruchtbares Land verwandeln und damit ein selbständiger Partner im weltwirtschaftlichen Austausch sein. Sehr interessant war sein Zusatz, die malthusianischen Bevölkerungstheorien, die im Westen immer noch umgingen, könnten durch ein solches Experiment in Ägypten schlechthin widerlegt werden. Eine drohende Gefahr der Überbevölkerung wäre in dem Maße nicht gegeben, in dem die Wüste in fruchtbares Land verwandelt würde. Die Umgangsformen waren angenehm, vernünftig und doch von einem großen Verantwortungsbewußtsein gegenüber seinem Lande getragen.

Von Nehru ist schon die Rede gewesen. Man kann ihn nicht in einem Atemzuge mit den Diktatoren nennen. Er war wirklich bestrebt, aus seinem großen, riesigen Lande eine Demokratie nach glaubhaftem westlichen Vorbild zu machen. Zwar war er auch gleichzeitig eine gute Illustration dafür, wie schwierig eine solche Umstellung im politischen Leben eines so großen östlichen Volkes ist. Indien bedurfte einer ausgeprägten, bewußten politischen Führung, und ich kann meine Bewunderung nicht verschweigen, daß dieses Land, das in den Fragen der politischen Führung alle nur erdenklichen Schwierigkeiten vor sich hatte, so rasch den Schritt in die Selbständigkeit vollzogen hat, nachdem es aus dem Verbande des britischen Empire gelöst war. Die Eisenbahnen verkehrten, die Post war von einer gewissen Regelmäßigkeit, und manche andere Züge eines geordneten Staatswesens waren unübersehbar. Das hing mit der beinah asketischen, noblen, skeptischen und überlegenen Haltung Nehrus zusammen, der eine der eindrucksvollsten staatsmännischen Führergestalten dieser Jahre war.

Zu den wichtigsten Bereicherungen meines Lebens, die ich der ökumenischen Bewegung, vor allem in ihren Frühstadien, verdanke, gehört die Kenntnis einiger überragender europäischer Geister jener Zeit. Es wäre eine lange Liste von Namen, die ich aufzählen müßte; ich greife nur einige heraus.
Unwillkürlich taucht in meiner Erinnerung an erster Stelle der Name von Nikolai Berdjajew auf. Sein Lebensschicksal hat mich fasziniert. Der Mann, der aus Überzeugung kommunistische Philosophie lehrte, dann eine regelrechte Bekehrung erlebte, der das schlimme Schicksal der Emigration auf

sich nahm, das auch in seinem Falle zu den großen fruchtbaren Unglücksfällen der Lebensführung gehörte, der diesen Schritt aus der Welt des Ostens in die Welt des geistigen Westens so tat, daß nicht nur sein persönlicher Gesichtskreis durch fruchtbare Spannung erweitert wurde, sondern daß er in der Tat der Interpret einiger der besten Züge des Ostens gegenüber der westlichen Welt sein konnte, dieser Mann hat mich durch sein Schicksal auf das lebhafteste interessiert; auch seine Bücher, die ich von da ab zu lesen begann, haben eine bis heute mit Dankbarkeit vermerkte Erweiterung meines Horizontes gebracht. Die tiefgründige Art, in der das orthodoxe Christentum des Ostens christliche Grundwahrheiten neu zu interpretieren versuchte, hat mir auch dann erhebliche, fruchtbare Denkanstöße vermittelt, als mir deutlich wurde, wie stark der Untergrund seines Denkens durch eine gnostische Tendenz bestimmt war. In den geistigen Raum, in dem die Reformation mit ihrer Spannweite und ihrer Radikalität der Fragestellung bestimmend war, fügte sich die Gedankenwelt von Berdjajew nicht ohne weiteres ein; aber die ständige Erinnerung an jene christlichen Grundwahrheiten, die in der Orthodoxie mit selbstverständlicher geistiger Vitalität festgehalten und ausgeführt waren, war die wichtigste Bereicherung, an die ich denken kann. Bei den studentischen Tagungen, wo Berdjajew gegenwärtig war, vor allem bei jener in Bad Boll, die ich zu leiten hatte, habe ich etwas von dem Geheimnis dieser schöpferischen Persönlichkeit gespürt. Sie war durch ihre Anwesenheit wichtig. Die Gegenwart eines Mannes wie Berdjajew zwang die Gesamtatmosphäre, in der Zustimmung oder in der Auseinandersetzung, zur strengen Bindung an die Wahrheit, zur unablässigen Bemühung, diese Wahrheit gerade auch des christlichen Glaubens und der christlichen Offenbarung immer besser und tiefer zu erfassen und immer genauer zu präzisieren und auszudrücken.

Um nur eine Parallele zu ziehen: Wie anders wirkte der nicht weniger bekannte spanische Denker Ortega y Gasset, eine bis an die Grenze der Selbstherrlichkeit ihres geistigen Ranges bewußte Persönlichkeit von breit dahinströmender Fülle der Gedanken, die gerade in ihrer Eigenwilligkeit Impulse auslösten, an denen das eigene Denken sich messen mußte. Zu den eindrucksvollsten Zügen seines Denkens gehörte das, was man mit einem mißverständlichen Ausdruck die geistige Aristokratie seiner Haltung nennen könnte. Sie war nicht einfach die Wiederholung konventioneller Vorstellungen. Seine Abneigung gegen eine vom Massendenken geprägte Haltung wirkte sich immer als ein Zwang zur Ausweitung des eigenen Denkens aus. Und was er über die Grenzen demokratischen Denkens sagte, ist bis heute ein wichtiges Gegengift gegen die urteilslose Gleichmacherei. Im Umgang war er fast unerträglich in seiner Selbstherrlichkeit; ich habe jedenfalls bei ihm kein Wort über die Lippen kommen hören, das von bereitwilliger Anerkennung der Mitmenschen und seiner Zeit geprägt worden wäre. Bis hin zu der Eigentümlichkeit, daß er seine eigene Kaffeesorte, die er in einem kleinen Säckchen bei sich trug, als allen sonstigen Angeboten überlegen erachtete, äußerte sich diese Haltung ebenso auch in der fast hochmütigen Ablehnung der Möglichkeit, sich irgendwo einzufügen. Daß er in der Evangelischen Akademie Loccum in einer geistigen Welt sich bewegen mußte, die – damals wenigstens – den Versuch machte, unerschüttert christlich zu denken, war schon, wenn man den Ausdruck nicht mißverstehen will, ein Schauspiel, aber zugleich eine wichtige Bereicherung meiner Kenntnis der geistigen Welt jener Jahre. Für Ortegas Stil ist folgende Äußerung charakteristisch: Einer unserer Mannen fragte ihn, wie sich beide Wohnsitze, der eine in Spanien, der andere in Portugal, zueinander verhielten. Von seinem portugiesischen Sitz sagte er: »Wissen Sie – das ist eine Landschaft für Heidegger – man sieht nichts!«

Wiederum ein völlig anderes Bild liegt in der Erinnerung an Dr. J. Oldham, dessen geistige Beiträge zur Entstehung der ökumenischen Bewegung und zur Bildung des Ökumenischen Rates von wahrhaft unschätzbarer Bedeutung sind. Er war ein schottischer Theologe, das heißt wie Carlyle dem kontinentalen Denken sehr viel näher als das übliche Angelsachsentum. Er war ein Mann von beträchtlichem geistigen Fleiß; ich sah ihn, als ich Gast in seinem Hause war, am Morgen, während er noch im Bett sein Frühstück einnahm, bei der Lektüre von Tillich im deutschen Text, einer für den englischen Leser gewiß nicht einfachen Lektüre. Das war nur ein Zeichen für seine Aufgeschlossenheit gegenüber dieser Denkwelt, die er ernst nahm, weil er sie verstand. Seine geistigen Beiträge entstanden in einer schönen, vorbildlichen Nähe zu Visser't Hooft, der ihm manches von dem nahebrachte, was er aus den Bereichen der deutschen Theologie kennengelernt hatte. Die Aufgeschlossenheit dieses schottischen Denkers für solche gewiß nicht einfachen theologischen Perspektiven hat sich immer als ein sehr wohltuender kritischer und positiver Einfluß für das Gesamtgebiet ökumenischer Theologie ausgewiesen. Wieviel er wirklich bedeutet hat, wird nie ganz nachgewiesen werden können, zumal er literarisch nur sehr sparsam produzierte. Aber er war einer von denen, in deren Geist die Fülle dieser Perspektiven gegenwärtig war. Dieser Reichtum hat sein Denken ständig beeinflußt, bereichert und damit auch ein heilsames, kräftigendes Element der theologischen Bemühungen jener Zeit abgegeben.

Der weitere Weg der Ökumene

Von großer Bedeutung für den Ökumenischen Rat der Kirchen war 1948 die Wahl des ersten Präsidiums. Natürlich ging eine ganze Reihe von Diskussionen voraus, die sich vor allem auf das Formale bezogen. Eine nicht unwichtige Frage war beispielsweise die, wie groß das Präsidium sein sollte. Solange William Temple lebte, war gar kein Zweifel, daß er der Präsident des Weltkirchenrates geworden wäre. Es hatte sich aber die Überzeugung durchgesetzt, daß man ein mehrköpfiges Präsidium wählen sollte, zumal eine ganze Reihe weiterer Gesichtspunkte berücksichtigt werden mußte, vor allem die Verteilung auf die Kontinente, die Rassen, die Konfessionen und dergleichen. Das Ergebnis war, daß folgende fünf Persönlichkeiten gewählt wurden: Der Erzbischof von Canterbury, Dr. Fisher, als Vertreter der Anglikaner und gleichzeitig auch der englisch sprechenden Welt, der orthodoxe Erzbischof Germanos von Thyatira, der lutherische Erzbischof Eidem von Uppsala, der Präsident des französischen Kirchenbundes Marc Boegner, der Bischof Oxnam von Amerika, der gleichzeitig einen beachtlichen Teil der Freikirchen vertrat, und Bischof Tsu-Chen-Chao, Peiping, dessen Nachfolge bald die hervorragende indische Führerin Sarah Chakko antrat. Wieviel »Kirchenpolitik« sich in diesen Wahlerwägungen niedergeschlagen hat, ist heute nicht mehr interessant. Es ist noch immer erstaunlich, daß es in jenem Augenblick eine ganz beachtliche Zahl charismatisch begabter Personen innerhalb der Weltchristenheit gab. Die Genannten waren alle wegen ihrer herausragenden Bedeutung für diesen wichtigen Posten geeignet. Ein besonderes Wort sei der Inderin Sarah Chakko gewidmet. Auch sie ist leider früh gestorben, aber in der Zeit ihres Wirkens war sie eine beglükkende Ausnahmeerscheinung wegen ihrer führerischen Qualitäten. Obwohl sie zu Hause, in Indien selbst, immer nur sehr zurückhaltend auftrat, ohne die jahrhundertealte Zurücksetzung der Frau in irgendeiner Form von Aufsässigkeit erkennen zu lassen, war sie doch von einer schönen Verbindung von Grazie und christlicher Substanz geprägt. Eine im besten Sinne fromme Frau und doch eine frauliche Erscheinung, die ihren Landsleuten gerade in dieser Hinsicht ein gutes Exemplum bedeutete.

Von den Pionieren, also denjenigen, die schon vorher den ökumenischen Gedanken kraftvoll vertreten haben, verdienen besondere Erwähnung vor allem Nathan Söderblom und William Temple. Söderbloms Verdienst war es, die erste große christliche Weltkonferenz zusammengeführt zu haben. Sie trat 1925 in Stockholm unter dem Titel »Life and Work« zusammen; die etwas hölzerne deutsche Übersetzung hieß: »Weltkonferenz für praktisches Christentum«. Sie ist einer der wichtigsten Eckpfeiler der ökumenischen Arbeit geworden. Wer die Bilder jener Jahre sieht, spürt den Unterschied der Generationen greifbar. Es waren kirchliche Potentaten, die sich mit Gehrock und Zylinder oder in ihren klerikalen Trachten dort im festlich geschmückten, repräsentationsgewohnten Stockholm einfanden. Söderblom war zum Führer prädestiniert durch einen glühenden Willen, durch eine flammende Überzeugung von der Notwendigkeit der Einheit der Christen und durch eine Reihe hervorragender persönlicher Gaben, unter denen vor allem seine Sprachbegabung bemerkenswert war. Ich habe ihn bei einer internationalen christlichen Jugendkonferenz in Helsinki 1926 fünf verschiedene Sprachen auf der Kanzel gebrauchen hören. Seine organisatorische Fähigkeit war nicht minder groß. Gegenüber den theologischen Grundfragen besaß er, der einmal Professor an der Leipziger Universität gewesen war, eine erfreuliche Unbefangenheit, die ihm erlaubte, über manche theologischen Bedenken hinweg mit glücklicher Hand zu organisieren.

Der andere Erzbischof, William Temple von Canterbury, war in vielem Söderblom ähnlich und in einigen anderen Charakteristika wiederum deutlich von ihm unterschieden. Er verfügte nicht über die sprachliche Geschicklichkeit Söderbloms; aber auch er war Universitätsdozent gewesen, hatte Philosophie gelehrt und war in der akademischen Welt ebenso sicher zu Hause wie im Umgang mit der arbeitenden Bevölkerung. Seine schriftstellerischen Qualitäten waren hervorragend; er schrieb einen luziden Stil, der Tiefe mit Klarheit verband; und ein vielfältig geprägtes Schrifttum weist ihn als einen Lehrer der Kirche aus, der ebenso im Neuen Testament zu Hause war wie in den philosophischen Diskussionen seiner Zeit. Sein früher Tod war ein schwerer Verlust für die ökumenische Bewegung, die sich unter ihm organisatorisch gesammelt hatte. Die Verbindung von kräftiger Verwurzelung im eigenen Kirchentum mit ökumenischer Aufgeschlossenheit war sein Hauptcharakteristikum. Eine besondere Befähigung besaß er im Umgang mit der jungen akademischen Generation. Bei der Vierjahreskonferenz der

Britischen Christlichen Studentenbewegung im Jahre 1933 in Edinburgh, die damals die blühendste Studentenbewegung der Welt war, spielte Temple ungesucht die Hauptrolle. Ich habe damals die Leichtigkeit bewundert, mit der er diese große, gar nicht einfache Versammlung akademischer Jugend anredete. Ihm stand ein kräftiger, wirkungsvoller Humor ebenso zur Verfügung wie ganz einfache, tiefe Aussagen des christlichen Glaubens. Was den Humor anlangt, der original und nicht gequält war und auch vor einer leichten Ironisierung seiner selbst nicht zurückschreckte, so war Temple zugleich einer seiner besten Zuhörer: »His laughter is one of the great things in the British Isles«, sagte einer der Sekretäre der Bewegung im Hinblick darauf, daß William Temple seine humorvollen Bemerkungen selbst als erster mit kräftigem Lachen zu begleiten pflegte.

Was die geistige Welt der großen ökumenischen Versammlungen angeht, so war es nicht einfach, das einheitliche und übergreifende Thema durchzuhalten, das jeder dieser Versammlungen gestellt wurde. In Amsterdam hatte das Thema gelautet: »Die Unordnung der Welt und Gottes Heilsplan« – es erwies sich als ein ausgezeichnetes Thema, das auch für die tägliche Arbeit fruchtbar war. Das Thema von Evanston hieß: »Hoffnung«. Die Frage nach der christlichen Hoffnung war selbstverständlich eine theologisch ungewöhnlich wichtige, und ein ausgesuchter Kreis von 25 Theologen hatte eine theologisch hervorragende Vorarbeit geleistet, so daß es fast fraglich war, was an Ergebnissen darüber hinaus noch zu Tage gefördert werden konnte. Unter den Mitarbeitern an dieser Studie war auch Karl Barth, und das war an sich schon eine beinah sensationelle Wendung, weil ja die Aversion Karl Barths gegen solche Großveranstaltungen hinlänglich bekannt war. Sehr hübsch war die Abschlußbesprechung, die sich im engeren Kreise an die Tagung anschloß. Die Gefahr einer gewissen Monotonie, die in der strikten Befolgung eines solchen Generalthemas enthalten sein kann, wurde besonders geistvoll und auch in großer persönlicher Lebhaftigkeit von Pierre

Maury vorgetragen, und er faßte seine Eindrücke von dieser Schwierigkeit in seinem interessanten, französisch geprägten Englisch so zusammen: »I am fed up with hope«, was man wohl übersetzen könnte: Mir hängt die Frage der Hoffnung zum Hals heraus!

Die Tagung in Neu-Delhi war nicht in erster Linie durch das Gesamtthema bestimmt, sondern durch die nun wirklich sensationelle Tatsache, daß in ihrem Verlauf das russisch-orthodoxe Patriarchat von Moskau in den Ökumenischen Rat aufgenommen wurde. Dies war vielleicht der größte sachliche Triumph in der Lebensarbeit von Visser't Hooft. Welche Schwierigkeiten in all den Jahren voraufgegangen sein mögen, das kann der Beobachter nachträglich sich mühelos klarmachen. Noch in Amsterdam hatte Karl Barth gesagt, die große Versammlung möge stolz darauf sein, daß sowohl der Papst als auch das russische Patriarchat dieser Konferenz nicht angehörten, das sei ein schöner Beweis für die sachliche und theologische Unabhängigkeit dieser Zusammenkunft!
Im Jahre 1961 war es keine Frage, daß alle diesen Beitritt der russischen Orthodoxie begrüßten, und die Bedeutung der Tatsache, daß eine so volkreiche Kirchengemeinschaft hinzukam, war allen bewußt. In der Folgezeit hat sich dieser Sachverhalt vor allem nach einer doppelten Richtung als wohltuend ausgewirkt. Die russische Kirche kann in ihrer ganzen Theologie nicht ohne eine Fülle biblischer Erkenntnis existieren. Die orthodoxen Väter haben die christliche Substanz ihrer Kirchengemeinschaft auch in den Beratungen der späteren Konferenzen eingebracht. Auf der anderen Seite haben sie auch die Aufgeschlossenheit für die gesellschaftliche Implikation der christlichen Verkündigung wachgehalten, und gerade auch da, wo sie nicht einfach auf der Durchsetzung ihrer eigenen kulturpolitischen und gesellschaftspolitischen Vorstellungen beharrten, haben sie doch ein lebhaftes Element kritischer Wahrhaftigkeit dargestellt.

Bei dem Rückblick in diese faszinierende weite Welt kann es

heute so scheinen – so hat es Visser't Hooft gelegentlich ausgedrückt –, daß die Akteure von damals sich wie die Überlebenden einer prähistorischen Gruppe empfinden müßten, die eigentlich in ein paläontologisches Museum gehört, daß aber die unerläßliche Klärung der mit vielen diffusen Impulsen belasteten ökumenischen Diskussion nur dann recht geschehen kann, wenn man noch einmal die Ansätze des Anfangs ins Auge faßt. Die Empfindungen bei diesem Rückblick sind mit einem Hauch von Nostalgie untermischt. Der Anfang war ein geistlicher Frühling, und er fiel mit der Jugend der ökumenischen Bewegung und eben merkwürdigerweise auch mit unserer eigenen Jugend zusammen. Es waren lauter junge Menschen von einer zum Teil brillierenden Geistigkeit, aber auch von einer glühenden Einsatzbereitschaft. Sie waren das, was man heute engagierte Menschen nennen würde.
Bei nüchterner Betrachtung lassen sich drei wesentliche Elemente unterscheiden, die für diese Anfänge der Bewegung charakteristisch sind. Es ist zuerst ein kraftvolles evangelistisches Element. Die besten Schriften aus Dr. John R. Motts Anfängen sind diesem Thema gewidmet. Sie haben zu ihren Zeiten eine beträchtliche Wirkung auf die akademische Jugend ausgeübt und sind auf vielen Gebieten der Christenheit anregend gewesen. Dies war ein Element jener Anfänge, und einige der Schriften, die aus jenem größeren Kreis hervorgegangen sind, haben ihre geistliche Kraft bis heute in einer dichten und evangeliumsgemäßen Redeweise behalten. Auch die akademischen Auseinandersetzungen, die in dem ebenso klaren wie anschaulichen Denkstil Karl Heims oder in der schönen Luzidität William Temples geführt wurden, gehören zu den unverlierbaren Zügen jenes Abschnittes.

Das zweite Element, das für jene Lage sehr bestimmend war, bestand im missionarischen Aspekt im engeren Sinne. Es ist nicht zufällig, daß der Zusammenschluß zum Internationalen Missionsrat von denselben Persönlichkeiten vorangetrieben wurde. Das missionarische Interesse im engeren Sinne verlieh der Bewegung eine ganz unvermutete weltweite Aufgeschlossenheit. Diese Aufgeschlossenheit gegenüber fremden geistigen Welten, die Beschäftigung mit den verschiedenen Religionen jener Zeit und der sich fortgesetzt wandelnden religiösen Gesamtlage hielten das geistige Denken ungewöhnlich frisch. Ein Buch wie das von Heinrich Frick, »Deutschland inmitten der religiösen Weltlage«, enthält nicht nur diese evangelistischen Motive, die alle von biblischer Substanz gesättigt waren, sondern bezeugt auch eine eindrucksvolle Weite des Blicks, die aus der Auseinandersetzung des Evangeliums mit den verschiedenen Religionen der Welt entsprungen war. Ein Meisterwerk in dieser Richtung ist das Buch von Hendrik Kraemer, »The Christian Message in a Non-Christian World« (1936), das die Bedeutung eines klassischen Werkes der vergleichenden Religionsgeschichte erworben hat. Es war nicht nur von eminenter wissenschaftlicher Sachkunde, sondern auch geadelt durch eine reiche persönliche Erfahrung, die der Verfasser im praktischen Missionsdienste erworben und nun auch in seine zusammenfassende Schau des christlichen Glaubens inmitten der Weltlage eingebracht hatte.

Um ein anderes Beispiel zu nennen: Auf der mehrfach erwähnten Tagung des Christlichen Studentenweltbundes, die 1928 in Mysore, Indien, gehalten wurde, hatte die Leitung eine ausgezeichnete literarische Vorbereitung für die Teilnehmer geschaffen. In knappen Kurzreferaten von ersten Kennern der einzelnen religiösen Gruppen war uns die geistige Landschaft Indiens geschildert worden, diese verwirrend vielgestaltige, glutvolle und doch auch mystisch verhangene geistige und religiöse Landschaft Indiens. Die Tatsache, daß man in einem solchen intensiven geistigen Austausch mit den großen Weltreligionen der Zeit hineinbezogen war, bedeutete schon etwas Unverlierbares, und die Christenheit hatte damals eine ganze Schar von führenden Denkern, die diesen Problemen nachgehen konnten.

Für manchen wird es erstaunlich sein, die Feststellung zu hören, daß damals gerade auch das soziale Engagement der

Christenheit deutlich begriffen war. Es war noch keineswegs allgemein akzeptiert, aber es gab schon die ersten eindrucksvollen Vertreter dieser Denkhaltung. Für mich und viele andere ist die beste Erinnerung in dieser Hinsicht die Tätigkeit von Reinhold Niebuhr. Er war einer der wesentlichsten Redner auf den großen studentischen Tagungen jener Zeit, wegen seiner sprudelnden Fülle von Gedanken für den jungen Studenten nicht immer leicht zugänglich, zumal seine Rede sich im Drange seiner glühenden Überzeugung und geistigen Kraft in wahren Kaskaden über die studentischen Zuhörer ergoß; aber das, was sie so eindrucksvoll machte, war der prophetische Charakter dieser Verkündigung. Niebuhr hat als einer der Bedeutendsten die soziale Verantwortung des christlichen Glaubens mit Nachdruck verkündet. Das Besondere daran war, daß er keineswegs dem reichlich rationalistischen und eudämonistischen Social-Gospel erlag, das damals in Amerika Mode war; er hat sich im Gegenteil bemüht, von einer tiefverstandenen reformatorisch-biblischen Sicht des christlichen Glaubens aus die Mängel dieses opportunistisch gefärbten sozialen Denkens Amerikas zu attackieren. Hierauf beruhte seine erstaunliche Stoßkraft und sein beträchtlicher geistiger Einfluß.

Es ist unschwer zu erkennen, daß die wesentlichen Elemente schon in der Frühzeit vorhanden waren, die später für den Ökumenischen Rat der Kirchen charakteristisch waren.

Auf den Vollversammlungen vollzog sich die ökumenische Heerschau. Anhand der Themenstellungen kann man feststellen, daß von Vollversammlung zu Vollversammlung die Systematik sich weiter entfaltete. Die theologische Durchdringung der Fragen ist immer eindrucksvoll gewesen; sie hat ihren vorläufigen Abschluß gefunden in einer gemeinsamen Arbeit, an der alle Zweige der ökumenischen Bewegung beteiligt waren, die unter dem glücklich formulierten Thema stand: »The Finality of Christ«. Es gibt kaum eine zureichende deutsche Übersetzung dieses Themas von der »Endgültigkeit Christi«, von seiner »Allgenügsamkeit«, wie man mit einem etwas altmodischen Worte sagen könnte. Hier war zusammengefaßt, wie das Christuszeugnis Motiv und Leitstern der ökumenischen Bewegung sein sollte.

Es ist ein merkwürdiges Zusammentreffen, daß nach diesem theologischen Höhepunkt plötzlich eine ganz andere geistige Situation eintrat. Es war ein Klimawechsel von beträchtlichem Ausmaß, als durch die Genfer Konferenz über »Church and Society« 1966 programmatisch in breiter Fülle das soziale Engagement der Christen völlig in den Vordergrund trat. Begleitmotiv war das Aufkommen der Dritten Welt, das sich rasch vollzog. Ihre Glieder wurden fast schlagartig mündig und machten von ihrer Mündigkeit lebhaften, manchmal aggressiven Gebrauch, auch wenn es ihnen selbst noch gar nicht immer im einzelnen klar war, was das alles bedeuten werde. Die Formel von der responsible society – von der verantwortlichen Gesellschaft – war zwar schon 1948 verwendet worden und ist immer ein Leitthema geblieben. Aber der große Unterschied besteht darin, daß nun die Christenheit immer weniger sich mit irgendeiner Form von Gettoexistenz abfinden wollte und in breitester Front sich der Welt zuwandte, der das Evangelium gelten sollte. Die Vorstellungen von einer Besonderheit oder gar Überlegenheit des christlichen Glaubens traten in den Hintergrund; die Solidarität mit den Menschen anderer Religionen und vor allem anderer Sozialstrukturen wurde das beherrschende Motiv.

Das war kein gleichgültiger Vorgang. Diese Auseinandersetzung konnte nicht mit retrospektiven Methoden behandelt werden; der Rückblick genügte nicht. In dieser veränderten Welt mußte sich auch die Christenheit zurechtfinden. Man muß dem Ökumenischen Rat bezeugen, daß er das mit aller Redlichkeit und auch geistiger Entschlossenheit zu tun versucht hat. Es konnte nicht ausbleiben, daß dabei auch ganz andere und zum Teil wirklich fremde Töne auftauchten. Wenn der Eindruck entstand, daß diese große Bewegung immer mehr, ja vielleicht ausschließlich an solchen sozialen Perspektiven interessiert war, dann kann man verstehen, wie von daher auch starke Kritik an den Ökumenischen Rat herangetragen wurde. Die Bewegung, die sich in der Auseinanderset-

zung mit dem Verhältnis der Christen zu den neuen Sozialstrukturen auf die biblische Grundlage zurückbesann, hat inzwischen auch weltweites Ausmaß angenommen. In der ökumenischen Fachsprache trägt diese Gruppe den Namen der Evangelikalen. Es ist wie bei allen Sammelbegriffen viel Undeutlichkeit in diesem Terminus enthalten. Das wesentliche gemeinsame Merkmal ist aber die Entschlossenheit, bei dem Zeugnis vom biblischen Christus zu bleiben; und wenn es erlaubt wäre, aus der etwas distanzierten Sicht des Historikers die Vorgänge zu beurteilen, würde man sagen müssen: es ist ein äußerst interessantes Zusammentreffen, daß auf der einen Seite das soziale Engagement der Kirchen zu solchen seltsamen Maßnahmen wie dem wirtschaftlichen Boykott bestimmter Regierungen innerhalb des Antirassismus-Programms gediehen ist und auf der anderen Seite eine so von unproblematischer Frömmigkeit geprägte Gruppe wie die Jesus-People aller Schattierungen am Horizont auftaucht.
Ein sehr interessantes Beispiel für dieses Dilemma waren die Verhandlungen der letzten Tagung des Zentralausschusses in Utrecht. Während im Plenarsaal das Antirassismus-Programm mit Vehemenz vorangetrieben wurde, hatte sich in der Halle eine Schar Jesus-People gesammelt, die sich mit Gitarre, neuem Liedgut und aggressiver missionarischer Freundlichkeit draußen unter die Delegierten mischte. Natürlich verdient es uneingeschränktes Lob, daß über den Wandel der sozialen Strukturen so vehement nachgedacht wurde; daß eine Reihe von sehr wertvollen Studien auf diesem Gebiete geleistet worden ist, kann man nicht übersehen. Schon Jahre vorher war der Ökumenische Rat wohl die erste große internationale Körperschaft, die dem Problem der Bevölkerungsexplosion mit Sorgfalt nachgegangen war. Das lag durchaus auf der Linie der Aufgabenstellung des Ökumenischen Rates. Aber die brennende Frage, wie man mit einer immer mehr den christlichen und schließlich auch allen religiösen Impulsen fremder werdenden Welt an dem ursprünglichen Auftrag der ökumenischen Bewegung festhalten konnte, durfte auf keinen Fall so in den Hintergrund treten,

wie es gelegentlich den Anschein hatte. Zwar gab es immer noch eindrucksvolle gottesdienstliche Veranstaltungen bei einer solchen Tagung des Zentralkomitees; es gab auch erstaunlicherweise immer noch neues Liedgut, das nachwuchs, aber der brennende Impetus der Frühzeit war nicht immer erkennbar. Es muß ein Ausgleich zwischen beiden Aspekten gefunden werden, ohne daß der eine gegenüber dem anderen als minderwertig oder auch nur weniger der Aufmerksamkeit würdig angesehen wird.
Man darf hoffen, daß die Persönlichkeit des neuen Generalsekretärs Philip Potter (Ehrendoktor von Hamburg) viele Garantien für eine fruchtbare Behandlung dieser Fragestellung bietet. Ein Sohn der Christenheit im karibischen Raum, steht er nicht nur seiner Herkunft nach in der Mitte zwischen den Fronten der Dritten Welt und der europäischen Christenheit. Er hat europäisches theologisches Denken in jahrelanger Berührung sehr gut kennengelernt und doch die Fühlung mit dem Erbe der Dritten Welt behalten. Ein schöner Ausdruck dieser Doppelhaltung waren die Lieder der karibischen Christenheit, die er gelegentlich in der Vollversammlung sang; die neue Vertonung des Vaterunsers, die über den Kirchentag auch bei uns Eingang gefunden hat, geht auf ihn zurück.

Nach so viel Rückschau ist es unvermeidlich, nunmehr den Blick nach vorn zu lenken. Der Wandel, der sich im Blick auf die ökumenische Arbeit vollzogen hat, kann gar nicht übertrieben werden. Die Zeit des Anfangs, die mit so viel Romantik in der Erinnerung überdeckt ist, war zugleich auch die Periode eines beglückenden Enthusiasmus. Man kann ihn am besten zusammenfassen in den Zeilen eines der bekanntesten und kräftigsten Lieder jener Epoche, des großen Isaac Watts:

Jesus shall reign wherever the sun
does his successive journeys run.

Einer der bekanntesten Kirchenhistoriker, Professor Latourette, hat in seinem mehrbändigen Werk diese Epoche »The Great Advance«, den »großen Fortschritt« genannt, und auch

der flüchtige Kenner dieser Dinge weiß, welche Stoßkraft dieser Pionierzeit innegewohnt hat. Das alles ist heute völlig anders. Die Welt ist zwar auch für die ökumenische Betrachtung sehr viel weiter geworden; wo einstmals in schlichten Büros diese Arbeit getan wurde, gibt heute das schöne, große Verwaltungsgebäude des ökumenischen Zentrums in Genf schon einen äußerlichen Eindruck von dem Wachstum dieser Bewegung. Ganze Stäbe neuer Arbeitsgebiete sind entstanden, und vom Finanziellen bis zum Theologischen ist eine erstaunliche Ausdehnung zu verzeichnen.
Damit ist nun gerade auch das Problem gekennzeichnet: die Welt ist weiter, aber auch komplizierter und vor allem härter geworden, und vor der ökumenischen Arbeit der Kirche steht die Frage, wie es weitergehen soll. In jedem Falle ist eine sehr viel kompliziertere Situation entstanden, und die Härte der Anforderungen an die ökumenische Bewegung kann gar nicht übersehen werden. Was ist von der veränderten Situation zu halten?
Daß es hier ein Auf und Ab gibt, kann schon an der Beziehung zur römisch-katholischen Kirche deutlich werden.
Es war ja in gewissem Umfange sensationell, daß die römische Kirche sich an den ökumenischen Tagungen und Arbeiten in wachsendem Maße beteiligte. Um so auffallender ist, daß die immer wachsende Kooperation doch einer merklichen Abkühlung ausgesetzt gewesen ist. Auffallenderweise hat gerade die Verlegung der verschiedenen ökumenischen Sekretariate der katholischen Kirche in den Vatikan selbst eine Dämpfung dieser Beziehungen mit sich gebracht. Die enthusiastische Zeit ist auf allen Gebieten vergangen. Und nun ist die ökumenische Begegnung ein hartes Geschäft mit wachsenden schwierigen Anforderungen geworden. Davon sind alle Zweige der ökumenischen Bewegung betroffen. Das gilt gerade, wenn man die Weltlage ernsthaft ins Auge faßt. Man kann jedes beliebige Beispiel nehmen, um an ihm deutlich zu machen, worin die zunehmende Härte der Arbeit besteht. Man denke vor allem an Afrika und hier wieder an Südafrika. Die Problematik, die noch vor wenigen Jahrzehnten nicht

aufregend erschien, hat jetzt eine Schärfe gewonnen, der die ökumenische Arbeit mit gesammelter Kraft sich stellen muß. Natürlich bedeutet das Aufkommen der Freiheitsbewegungen und die damit verbundene interne Problematik nicht, daß hier etwas zu Ende zu gehen im Begriff ist. Das Wesentlichste, was man feststellen kann, ist, daß immerhin über die Welt hin von Kirche zu Kirche und Volk zu Volk Fäden geknüpft worden sind, die vorerst nicht einfach zerrissen werden. Man kann an diesem Beispiel auch den Wert der ökumenischen Bewegung deutlich machen, wenn man sich fragt, wie diese Kontakte aussehen würden, wenn es solche Fäden nicht gäbe. Noch vor kurzem hat es ein gutes Beispiel für die Wirksamkeit dieser Verbindungen gegeben, als der Weltrat der Kirchen dazu beitragen konnte, die schweren Spannungen im Sudan zu überwinden. Hier liegt auch sicherlich die gedämpfte Verheißung für die Zukunft. Wenn der Enthusiasmus der ersten Zeit zwangsläufig und natürlicherweise nachläßt, so ist doch das härter werdende Geschäft der ökumenischen Berührungen eine der wenigen Verheißungen, die es in der Welt für heute gibt. Das politische Instrumentarium hat sich ausgebildet und nicht wenige neue Kontakte zwischen den Nationen geschaffen; aber immer bleibt eine Sphäre, in der der unmittelbare Einsatz der Kirchen gerade außerhalb und oberhalb der direkten politischen Kontakte zwischen den Völkern seine besondere Chance behält.

Die Aufgabe, vor die sich in dieser Hinsicht die Christenheit gestellt sieht, ist eine doppelte. Zur Härte der Anforderungen, die jetzt an sie gestellt werden, gehört auch die zwingende Notwendigkeit nach gründlicher, scharfer intellektueller Arbeit. Die ganze Fülle der Anforderungen, die von der Aufgeschlossenheit für die Veränderungen der Strukturen in der Welt bis zur Neudurchdenkung der eigentlichen Botschaft reichen, erfordern eine Totalmobilisierung der intellektuellen Fähigkeiten. Was einstmals die Behauptung von der Absolutheit des Christentums war, wird sich in anderer, neuerer und gewiß auch agressiver Form neu darstellen müssen. Die Frage, wie die christliche Kirche mit dem Wandel der Struk-

turen umgeht, stellt harte Anforderungen an ihre Denkbereitschaft.
Die schwere Frage, wie überhaupt in dieser heutigen Weltsituation gegenüber der Mentalität des modernen Menschen noch von Gott geredet werden kann, ob man der seltsamen Formel von dem Tode Gottes ein kraftvolles Wort entgegenzusetzen habe, ist viel zu wichtig, als daß sie zurücktreten dürfte. Man muß wünschen, daß es dem Ökumenischen Rat gelingt, seine zu Zeiten ausgezeichnete Studienarbeit gerade auch auf diese Frage auszudehnen, wie man überhaupt noch in einer solchen Welt christlich reden kann. Die literarischen Möglichkeiten sind durchaus vorhanden und auch erkennbar. Sie bedürfen ebenso der sorgfältigen Förderung wie die übrigen Programme des Weltkirchenrates.
Aber ganz wesentlich ist, daß über diesen intellektuellen Anforderungen auch die Phantasie sich den weiter und größer gewordenen Notwendigkeiten stellen muß. Was von der Christenheit erwartet wird, ist nicht eine Summe intellektueller Lösungen, sondern daß die Phantasie, die eine Tochter der Liebe ist, in großer Aufgeschlossenheit und Bereitwilligkeit eingesetzt wird, damit dieser weite Bereich von neuen Aufgaben nicht einer dürren, abstrakten, theoretischen Betrachtung verfällt.
Merkwürdig deutlich aber ist die Forderung, daß in dem allen die Realität der christlichen Gemeinde erkennbar werde. Jetzt ist am wenigsten mit ökumenischen Funktionären etwas zu machen. Sondern hier muß so unmittelbar, wie es nur möglich ist, von der Basis, und das heißt von der Gemeinde her, die neue ökumenische Aufgeschlossenheit praktiziert werden.
Ich leugne nicht, daß mich die Persönlichkeit des neuen Generalsekretärs des Ökumenischen Rates, Dr. Philip Potter, mit besonderer Zuversicht erfüllt. Seine Erscheinung ist in folgender Hinsicht symbolkräftig. Er bringt zu einer wachen theologischen Intelligenz das Erbe einer lebendigen, warmen Frömmigkeit mit. Es wäre nicht wohlgetan, wenn wir das Feld ausschließlich jenen rationalen Denkern überlassen würden, die sicherlich auch Wesentliches zur Klärung der

ökumenischen Diskussion beizutragen haben, denen aber oft diese Unmittelbarkeit der Glaubensüberzeugung fehlt. Hier liegt die größte Aufgabe, und wenn sie begriffen und ergriffen wird, liegt hier auch die Chance der ökumenischen Arbeit der Kirchen für die vor uns liegende Zeit. Die Härte der Weltsituation bedarf keiner Schilderung. Ökumenische Rhetorik reicht nicht mehr aus. Das Schwergewicht der institutionellen Kirche aufs neue in Bewegung zu bringen und neuen Problemen sich aufzuschließen, das ist eine Aufgabe, die schwer genug ist. Aber wir haben kein Recht, zurückhaltend oder gar verzagt zu sein, sondern es könnte noch einmal so sein, daß die Gemeinde wieder wird, als was sie in bestimmten Zeiten der Ökumene galt, die Hoffnung der Völker. Der Kampf der Ideologien ist weltweit entbrannt. Was wäre das für eine Christenheit, die angesichts dieses geistigen Schlachtfeldes der Resignation verfiele! Mit neuem Schwung, mit neuen beherzten Ansätzen ihrer Glaubensphantasie sich dieser Situation zu stellen, das ist die Aufgabe der Zukunft. Weil sie nicht ohne die »Basis«, die Gemeinde, wirkungsvoll getan werden kann, darum ist es wichtig, die ökumenische Aufgabe an der Wurzel neu zu begreifen und anzugreifen. Die Skepsis, die das Vorrecht der europäischen Nationen auf Grund ihrer langen christlichen Geschichte ist, muß als ein hohes Gut bewertet werden. Sie hilft, die Aufgabe der Christenheit von unnützen Emotionen und oberflächlichen Erbaulichkeiten freizuhalten. Aber wenn sie ihren reinigenden Dienst getan hat, sollte das Ergebnis ein neuer, klarer Wille zu ihrer unersetzlichen Aufgabe sein. So geht sie nach vorn, und das ist das Entscheidende.

Bilanz

Am 5. Juni 1973 habe ich in der Martini-Kirche zu Bremen, der Schifferkirche, einen Gottesdienst gehalten, der mir unvergeßlich bleiben wird.

Es gibt eine europäische Gemeinschaft der »Caphorniers«;

las sind jene Kapitäne aus allen europäischen Nationen, die noch mit dem Segelschiff um das gefürchtete Kap Horn gefahren sind. Der Anblick dieser seefesten Männer hat mich sehr bewegt. Sie alle konnten mit einem gewissen Stolz darauf zurückblicken, daß sie diese schwierige und gewiß oft auch gefährliche Reise ein oder mehrere Male geschafft hatten. Sie waren befehlsgewohnt, das sah man ihnen an. Schiff und Besatzung hatten sie mit ihrer Kommandogewalt um die schwierige Landspitze herum zu führen vermocht. Der Schimmer jener Autorität verband sich mit der Sachlichkeit, die von solchen Errungenschaften kein unnötiges Aufheben macht – ich habe Respekt vor dieser Schar von Kapitänen gehabt. An ihnen ist mir deutlich geworden, daß ein Mannesleben selten so verläuft, daß überhaupt nichts Positives von seinem Ertrag zu berichten wäre. Eitler Selbstruhm ist in aller Regel nicht da; diese Seeleute wußten mehr als manche intellektualisierte Landratte von dem Geheimnis der göttlichen Bewahrung. Die großen alten Choräle unserer Kirche klangen in ihrem Munde glaubhaft und nicht von Skepsis durchsetzt. »Nach dem Sturme fahren wir sicher durch die Wellen ...«

Der Lebensweg eines Theologen ist natürlich sehr verschieden von dem dieser seefesten Männer, aber es gibt einige erstaunliche Parallelen.

Kritische Realisten, die über geistige Unbestechlichkeit verfügen, sagen gelegentlich, daß in jeder Biographie oder Autobiographie gelogen wird. Man wird ihnen glauben können. Diejenige Objektivität der Darstellung, die eine andere Form der Wahrheit ist, wird wohl nur selten erreicht. Es gibt aber eine Perspektive, mit deren Hilfe man die Grenze dieser Behauptung feststellen kann. Da ist die einfache Frage nach der Bilanz. Wer eine so lange Wanderung durch einige Jahrzehnte seines Lebens beschrieben hat, muß sich am Ende der Frage stellen, welches der Ertrag dieser Lebensspanne war.

Bilanzierung ist eines der ernsthaftesten geistigen Geschäfte. Es wird nur noch übertroffen von einer ehrlichen Beichte.

Das klassische Beispiel einer säkularen Beichte ist jener namenlose Mann, der in Camus' berühmter Novelle »Der Fall« in dem von bernsteinfarbenem Nebel eingehüllten Spätnachmittag in Amsterdam über sein Leben nachdenkt und es mit einer bohrenden Ehrlichkeit vor einem anonymen Gegenüber ausbreitet. Am Anfang steht der deprimierende Augenblick, in dem es ihm an dem Mut gebricht, einem in die Seine gesprungenen Mädchen zu Hilfe zu kommen. Und die anderen ähnlichen, mehr oder weniger gravierenden Vorkommnisse seines Lebens schließen sich an bis zu der brutalen Einsicht: Ich habe im Grunde immer nur mich selbst geliebt. Gravierend ist im Grunde auch der simple Satz, daß nach einem bestimmten Alter jeder Mensch für sein Gesicht verantwortlich ist – eine enthüllende Bemerkung! Und am Schluß richtet er an sein anonymes Gegenüber die beschwörende Frage, die den andern wie ein Dolch treffen muß: Sagen Sie mir, wie Sie es geschafft haben, niemals Ihr Leben wirklich zu riskieren! Es gibt also Rückblicke, die alles andere als vergnüglich sind. Wenn man, wie es bei einem solchen Anlaß unvermeidlich ist, Urteile über Situationen und Mitmenschen fällt, dann ist es nur gerechtfertigt, auch die eigene Schilderung derselben Schärfe der Kritik auszusetzen.

Dieses Beginnen kann man aufteilen nach dem, was man gewünscht, erträumt, erstrebt hat, und nach dem, was davon Wirklichkeit geworden ist.

Einiges Erreichte ließe sich aufweisen, auch wenn man als Mann und Christ weiß, daß das Versäumte schwerer wiegt als das Erreichte.

Was in unserer Kirche seit dem Ende des Krieges geschehen ist, glich mehr als einmal einer kühnen Fahrt ins Ungewisse. So war das schöne alte Kloster Loccum nicht nur Ort bewahrender Pflege, sondern auch Stätte mehrfachen Aufbruchs in die Zukunft. Da war vor allem die Evangelische Akademie, die sich gegen dunkle Unheilsprophezeiungen der Skeptiker durchsetzen mußte, aber auch das Religionspädagogische Institut, von dem ein gleiches gilt, weiterhin das Pastoralkolleg und schließlich die etwas ferner gelegene, aber noch zum

Loccumer Bereich gehörende Marahrens-Heimvolkshochschule.
In diesen Bereichen hat sich eine Fülle von Aktivitäten entfaltet, und hier ist aus der Lebensarbeit etwas erwachsen, das Bedeutung über den Tag hinaus hat.

Mir ist bewußt gewesen, daß alle diese »Errungenschaften« nicht denkbar gewesen wären, ohne einen Kreis ausgezeichneter Mitarbeiter. Ich habe schon früh angefangen zu sagen: »Nächst meiner Frau sind meine Freunde das Beste an mir.« Das trifft auch auf diese Arbeitsgebiete zu. An der Spitze der Freunde, die meinen Weg durch Jahrzehnte begleitet haben, steht Reinold von Thadden. Als er nach harten Führungen aus der bedrückenden Kriegsgefangenschaft in der Nähe des Eismeeres zurückkehrte, begleitete ihn die Vision des Kirchentages. In einer erstaunlichen, vorbildlichen Zähigkeit hat er dieses Projekt verfolgt. Als nach dem Vorspiel in Hannover 1949 ein Jahr später in Essen die große Arbeit des Kirchentags in vollen Chören begann, ist er auf Jahre hinaus der unbestrittene Führer dieser Arbeit gewesen, die kirchengeschichtliche Bedeutung gewonnen hat.
In meiner landesbischöflichen Kanzlei wirkten in den ersten Nachkriegsjahren, die voll von Aufbruch waren, Erich Ruppel, ein ungewöhnlich kundiger Kirchenjurist, der frühere General Kuntzen, dessen Personalkenntnis uns bei den vielen Anfragen nach Neubesetzungen wesentliche Hilfe geleistet hat, und der schon mehrfach erwähnte Wilhelm Plog, dessen Sachkunde und Loyalität gerade auch die literarische und journalistische Qualität unserer Arbeit garantierte. Daß diese Arbeitsgebiete an den verschiedenen Problemen, die auftauchten, Anteil hatten, versteht sich von selbst.
Schwierig waren die verschiedenen geistigen Krisen, die insbesondere in der Akademie sich geltend machten. Nach dem ersten, relativ problemlosen Prozeß der weitreichenden Zustimmung begannen mehr und mehr problematische Entwicklungsstufen. Es ist der Leitung nicht immer gelungen, ihrer Herr zu werden; aber im Laufe der Zeit hat sich auch

hier ein Prozeß der Klärung vollzogen. An den sich wandelnden Aufgaben konnte man feststellen, wie wichtig die leitende Persönlichkeit in einer solchen Arbeit ist. Wenn der Leiter Ruhe und Klarheit ausstrahlt, gelingt die Arbeit auch unter problemreichen Situationen.
Jedenfalls bin ich, was mich betrifft, dankbar, daß man Arbeitsgebiete bei der Hand gehabt hat, deren Ertrag spürbar war. Daß man gleichzeitig gezwungen war, mit diesen schwierigen krisenhaften Fragen sich auseinanderzusetzen, war nicht nur unvermeidlich, sondern auch gut. Die Krisen haben jedenfalls dazu beigetragen, der Gefahr der Stagnation zu wehren.

Dieser Rückblick hat bei weitem nicht alles in Einzelheiten festhalten können, was mir auf meinem Lebenswege der letzten vier Jahrzehnte widerfahren ist. Doch über den vielen einzelnen Bildern, die bunt, erregend, erhebend und erheiternd sind, wölbt sich der weite Bogen ökumenischer Begegnungen. In der Frühzeit unserer ökumenischen Erfahrungen hatte einer meiner englischen Freunde eine Schrift veröffentlicht: »The Kingdom without frontiers«. Die Wahrheit dieses Buchtitels habe ich mit wachsender Ergriffenheit kennengelernt. Wo immer man kirchlich-christlichen Boden betrat, war man zu Hause.
Der durch sachliche Klugheit und menschliche Güte ausgezeichnete Generalsekretär des Lutherischen Weltbundes, der früh verstorbene Carl Lundquist, hatte mir, während ich Präsident dieser großen Weltorganisation war, eine Visitationsreise vorbereitet, die praktisch um den Erdball führte. Vorher hatte ich die Ost- und Westküste der Vereinigten Staaten gründlich kennengelernt, aber auch den Süden Afrikas, wo meine heimatliche hannoversche Landeskirche bis vor kurzem für siebzehn deutschsprachige Gemeinden verantwortlich war, die ich also als zuständiger Bischof visitierte. In Hongkong, dieser schön gelegenen, faszinierenden Stadt, wo sagenhafter Reichtum und unvorstellbare Armut hart aufeinanderstoßen, ergab sich der interessante Ausblick auf China;

dann weiter in das ferne, geographisch und geistig so ferne Japan, das im blühenden Aufstieg war; Indien, das ich durch mehrfache Besuche mehr als nur flüchtig kennengelernt habe; den Nahen Osten, die arabische und israelische Welt, Konstantinopel, Griechenland und andere Stätten voll eindrucksvoller Schönheit.

Solange man sich an einen Auftrag gebunden weiß, braucht man der Gefahr, ein Globetrotter zu werden, nicht zu erliegen. Denn anderes bedeutete ja eine solche Reise um die Welt nicht, als daß man überall auf die Spuren der Una Sancta Eclesia stößt. Als ich nach genau einem Jahrzehnt in Port Elizabeth, an der Ostküste Afrikas, eine Gemeinde wieder besuchte, deren Kirche ich auf den Tag zehn Jahre vorher eingeweiht hatte, wurde mir eine interessante kleine Begebenheit berichtet. Einer unserer Pfarrer, der noch zur hannoverschen Landeskirche gehört hatte, ehe er dort seinen Dienst in der schwarzen und weißen Gemeinde aufnahm, erzählte mir folgendes: Als er seinen Sohn auf einen der Kinderspielplätze brachte, kam er mit dem schwarzen Wächter ins Gespräch. Als unser schwarzer Freund erfuhr, daß sein Gegenüber aus Hannover war, fragte er: »How is our Bishop?«, und als der Pfarrer nachfragte, welchen Bischof er meine, sagte er nur, als ob es das Selbstverständlichste von der Welt sei: »Oh, of course Bishop Lilje from Hanover-Germany.« Mir hat diese kleine Szene begreiflicherweise sehr gefallen, nicht nur deshalb, weil ein unbekannter Hüter eines Kinderspielplatzes in Afrika meinen Namen kannte, sondern weil er es mit einer absoluten Selbstverständlichkeit sagte. Dies war auch eine Illustration zu dem Konzept von dem »Kingdom without frontiers« – dem »Reich ohne Grenzen«. Er war nicht der einzige, für den über alle harten Grenzen hinweg die Verbundenheit mit allen, die zu dieser Una Sancta gehörten, eine Realität war. Dieses selbe Bewußtsein hat mich mit Professoren und Studenten in Schottland, mit Staatsmännern und einfachen Christen in Afrika, mit Wirtschaftsbossen in Amerika und Leuten, die noch in Slums wohnten, verbunden;

nicht zuletzt auch mit vielen jungen Menschen, die als die künftigen Führer ihres Landes und Volkes erkennbar waren. Dieses Bewußtsein der Zusammengehörigkeit zur Una Sancta ist eine Realität. Selbstverständlich ergeben sich dieselben Probleme, die solche Verbindungen über die einzelnen Grenzen hinweg mit sich bringen, aber die völkerverbindende Kraft christlicher Kirchen ist eine Wirklichkeit.

Als wir bei einer Reise durch Finnland am Bahnhof von einer großen Menge finnischer Christen begrüßt wurden – es sind wohl an die tausend gewesen – war zwar die unmittelbare Verständigung begreiflicherweise schwierig, aber dann fingen die Finnen an, ein christliches Volkslied zu singen, dessen Weise auch uns bekannt war und in dessen Refrain wir einstimmen konnten. Dieselbe Erfahrung habe ich später am Fuße des Kilimandscharo gemacht. In der Nacht waren Tausende von Dschagga-Christen lautlos zusammengekommen. Am andern Tag, am Sonntagmorgen, hielten wir den Gottesdienst, und die wohlvertraute Weise der Liturgie wurden von uns allen gesungen, den Schwarzen und den Weißen. Man soll diese Zusammengehörigkeit in dem »Reich ohne Grenzen« nicht ausschließlich der kritischen Diskussion überlassen. Je mehr wir an unsrem Orte lernen, wirklich glaubende, lebendige Gemeinde Jesu Christi zu sein, um so glaubhafter könnte unser Zeugnis des Credo werden. Ich grüße in diesem Augenblick die vielen, mit denen ich durch diese gemeinsame Arbeit im Laufe der Jahre verbunden wurde. Dies ist eine Wirklichkeit, die über bloße menschliche Zweckmäßigkeitsplanung weit hinausreicht. Ich glaube eine Communio Sanctorum.

Zeittafel

1899	20. August. Johannes Ernst Richard Lilje in Hannover geboren
1917	Abitur am Reformgymnasium Leibnizschule Hannover
1917–1918	Wehrdienst an der Westfront
1919–1922	Studium der Theologie und Kunstgeschichte in Göttingen und Leipzig
1922–1924	Predigerseminar Kloster Loccum
1924	28. November. Ordination
1924–1926	Studentenpfarrer an der Technischen Hochschule Hannover
1927–1935	Generalsekretär der Deutschen Christlichen Studentenvereinigung
1932	Promotion zum Dr. theol. in Zürich
1932–1935	Vizepräsident der World Student Christian Federation
1935–1945	Generalsekretär des Lutherischen Weltkonvents
1944–1945	Gestapohaft in Berlin und Nürnberg
1945–1947	Oberlandeskirchenrat im Ev.-luth. Landeskirchenamt Hannover
seit 1945	Mitglied des Rates der Evangelischen Kirche in Deutschland
1949–1967	Stellvertretender Vorsitzender des Rates der EKD
1945–1957	Präsident des Centralausschusses für die Innere Mission
1947–1971	Landesbischof der Ev.-luth. Landeskirche Hannover
1947–1970	Mitglied des Exekutivkomitees des Luth. Weltbundes
1952–1957	Präsident des Luth. Weltbundes
seit 1948	Mitglied des Zentralkomitees des Weltrats der Kirchen
seit 1961	Mitglied des Exekutivkomitees des Weltrats der Kirchen

seit 1968	Mitglied des Präsidiums des Weltrats der Kirchen
seit 1950	Abt zu Loccum
1955–1969	Leitender Bischof der Vereinigten Evang.-Luth. Kirche Deutschlands
bis 1966	Mitglied des Präsidiums der Konferenz Europäischer Kirchen.

Wichtigste Veröffentlichungen

Das Technische Zeitalter, Berlin 1928. – *Luthers Geschichtsanschauung*, Berlin 1932. – *Das Letzte Buch der Bibel*, Berlin 1940. – *Luther, Anbruch und Krise der Neuzeit*, Nürnberg 1946. – *Im finstern Tal*, Nürnberg 1947. – *Welt unter Gott, Rechenschaft einer Reise*, Nürnberg 1956. – *Kirche und Welt*, München 1956. – *Atheismus – Humanismus – Christentum*, Hamburg 1962. – *Martin Luther*. Eine Bildmonographie, Hamburg 1964. – *Wanderer auf dem Wege*, Hamburg 1967. – *Gloria Deo in desertis*. Predigten, Göttingen 1968

Hanns Lilje

Im finstern Tal

Rechenschaft einer Haft
Stundenbücher Band 25

Aus seinem Berliner Pfarramt heraus 1944 verhaftet, befand sich Hanns Lilje acht Monate lang in ständiger Todesbereitschaft in der Berliner Strafanstalt Tegel. Seine Gedanken und Selbstprüfungen in dieser Lage sind hier sachlich niedergeschrieben. Dieser Band ist damit mehr als ein zeitgeschichtliches Dokument; er stellt zugleich ein ergreifendes menschliches Zeugnis aus den Tagen der Gewaltherrschaft dar, das mit der ihm innewohnenden geistigen Energie gläubige Zuversicht ausstrahlt und zum Tapfersein in allen Wechselfällen des Lebens ermutigt.

Furche-Verlag · Hamburg